U0957862

闺蜜游场景中同伴互动对其幸福感的影响研究

任 斐 著

中国财经出版传媒集团
中国财政经济出版社

图书在版编目（CIP）数据

闺蜜游场景中同伴互动对其幸福感的影响研究／任斐著．--北京：中国财政经济出版社，2022.11

ISBN 978－7－5223－1555－3

Ⅰ.①闺…　Ⅱ.①任…　Ⅲ.①女性－幸福－研究　Ⅳ.①B82

中国版本图书馆CIP数据核字（2022）第117557号

责任编辑：孙　琛　　　　责任印制：党　辉

封面设计：王　颖　　　　责任校对：胡永立

中国财政经济出版社 出版

URL：http：//www.cfeph.cn

E－mail：cfeph@cfeph.cn

社址：北京市海淀区阜成路甲28号　邮政编码：100142

营销中心电话：010－88191522

天猫网店：中国财政经济出版社旗舰店

网址：https：//zgczjjcbs.tmall.com

北京财经印刷厂印刷　各地新华书店经销

成品尺寸：170mm×240mm　16开　14.75印张　206 000字

2022年11月第1版　2022年11月北京第1次印刷

定价：65.00元

ISBN 978－7－5223－1555－3

（图书出现印装问题，本社负责调换，电话：010－88190548）

本社质量投诉电话：010－88190744

打击盗版举报热线：010－88191661　QQ：2242791300

前言

随着社会的进步和女性经济的独立，女性旅游已经成为一种潮流，女性出游无论是从频率还是从规模上均呈现出持续攀升的趋势。以女性为主体的出游行为产生了巨大的经济效益，同时正逐渐成为国内外旅游市场的重要组成部分。其中，出游者全部为女性的休闲旅游是一个快速增长的旅游细分市场，被称为“闺蜜游”（Girlfriend Getaway，GGA）。闺蜜游（GGA）指女性没有带自己的配偶或者另一半出游，而选择了与其他女性朋友或亲戚一起出游的现象。闺蜜游（GGA）属于新兴的旅游现象，关于此领域的研究还存在许多空白亟待探索。

国外学术界将闺蜜游市场作为一个重要的、特殊的利基市场①（niche market），着重从社会学和市场营销学角度分析了这一市场中女性消费者的出游动机、消费偏好，同时也从理论上初步探讨了女性参与闺蜜游与幸福感之间的关联。本书以国内参与闺蜜游的女性群体为研究对象，通过深入研究尝试回答以下问题：国内女性参与闺蜜游的动机是什么？在闺蜜游过程中有哪些特殊的行为和心理特征？女性在闺蜜游过程中的旅游者间互动行为是否能够影响女性心理幸福感？影响的路径是什么？有哪些中介变量在其中起到作用，又是如何影响的？这一路径中是否存在调节变量？这是本书试图要解决的问题。

本书聚焦闺蜜游现象，围绕女性参与闺蜜游过程中的旅游者间互动行为是如何影响女性心理幸福感的这一核心问题，以性别认同理论、社会互

---

① 利基市场（Niche）指在较大的细分市场中具有相似兴趣或需求的一小群顾客所占据的市场空间。

动理论、社会支持理论、存在的真实性等理论为基础，构建闺蜜游中旅游者间互动对女性心理幸福感影响的关系模型。本书的研究内容包括四个部分：第一部分为第一章绪论，介绍了本书的研究背景，闺蜜游现象的兴起和发展状况，对闺蜜游这一概念进行了梳理和界定。阐述了本书的研究目的和意义，从总体上介绍了本书的研究方法、研究内容、研究思路、技术线路图及可能的创新点。第二部分（第二章、第三章）介绍了本书的理论基础，对相关文献进行梳理和述评找到本书的突破口和立足点，并基于此运用质性研究的方法，构建了女性参与闺蜜游过程中的旅游者间互动对于女性心理幸福感影响的理论模型，初步提出研究假设。第三部分包括第四章和第五章，该部分基于第三章的结论提出理论模型并对其进行可测量化操作，按照 Churchill（1979）的量表开发程序，结合文献分析、专家小组法、EFA、CFA 等方法，开发了适用于闺蜜游情境的女性性别角色回归的量表，并对旅游者个体真实性量表进行优化。之后采用结构方程模型，对基于理论模型提出的假设进行实证检验，进行假设检验之前用正式调研的数据对开发的量表进行了信度和效度的检验。第五章介绍了正式调研问卷的设计、发放、数据的回收、处理和分析，借助验证性因子分析（CFA）和结构方程模型（SEM）对个体测量模型及整体模型进行信效度检验，并对第四章提出的假设检验一一进行验证。第四部分为研究结论及管理启示（第六章），这一部分对第三章质性研究的结论及第五章实证研究的结论进行了梳理和总结，并依据结论提出了对应的管理启示和建议。同时阐述了本研究的不足之处，对未来的研究方向提出了设想。本书遵循“发现问题——提出问题——构建理论模型——实证分析——结论建议”的逻辑思路展开研究；对 38 位女性进行了深度访谈，在国内知名的在线旅游网站上收集并严格筛选了 11 篇游记作为补充，获取了大量的文字资料，基于文字资料运用扎根理论进行质性研究，推导出本研究的理论模型，之后用正式调研收集的 438 份有效问卷的数据，对模型进行了实证研究，得出以下结论：

第一，闺蜜游中旅游者间互动行为对女性心理幸福感有正向影响。基于量表开展实证检验，女性参与闺蜜游的过程中旅游者间互动行为，确实会对其心理幸福感产生直接的正向影响，同时还会分别通过“旅游者个体真实性”和“女性性别角色回归”对参与者的心理幸福感产生正向影响。具体来说，闺蜜游中旅游者间互动行为对女性心理幸福感的正向影响共有三条路径。路径一：旅游者间互动行为对女性心理幸福感的直接的正向影响；路径二：旅游者个体真实性的中介作用，闺蜜游中旅游者个体真实性的中介作用，同时也验证了闺蜜游中旅游者间互动行为对女性心理幸福感影响的第二条路径；路径三：女性性别角色回归的中介作用，女性性别角色回归各维度在旅游者间互动行为与心理幸福感之间的中介作用。

第二，确认了闺蜜游中女性心理幸福感提升的边界条件。实际亲密度在旅游者间互动行为及旅游者个体真实性之间存在调节作用，当闺蜜间的实际亲密度高时旅游者间互动行为对旅游者个体真实性的正向影响显著。实际亲密度在旅游者间互动行为及女性性别角色回归之间存在调节作用，当闺蜜间的实际亲密度高时旅游者间互动行为对女性性别角色回归的正向影响显著。

综合以上研究结论，本书提出了管理启示和建议。一方面，关注女性身心健康，促进女性全面发展，女性需要更多的社会支持和家庭成员的理解；另一方面，旅游企业要了解闺蜜游中女性旅游者的行为特征，可以有针对性地为闺蜜游群体提供能够满足其需求的多样化的产品和服务，提供定制化服务。

本书共有五个创新点：第一，从关注旅游对女性心理幸福感的影响视角出发探讨闺蜜游是女性旅游研究领域的一个创新。本书锁定女性心理幸福感，丰富了“旅游使生活更幸福”这一功能的层次，揭示了旅游给参与者带来的幸福感不仅仅只停留在感官享受上的“幸福”，它还能给女性带来更深远、更有意义的“幸福”。第二，基于文献开发了女性性别角色回归的量表，对闺蜜游中的女性性别角色回归这一概念进行了界定。第三，通过质性研究推导出了闺蜜游中旅游者间互动行为到女性心理幸福感之间的影响机制模型，在一定程度上细化了前人学者的理论模型，相当于打开了闺蜜游中旅游者间互动到女性心理幸福感之间影响路径的黑箱。第四，进行了闺蜜游中旅游者间互动行为对心理幸福感影响的实证研究，不仅在理论上深化了对闺蜜游现象的研究，同时还有助于指导实践。第五，找到了闺蜜游中旅游者间互动行为对心理幸福感影响机制的调节因素。验证了实际亲密度在旅游者间互动行为和旅游者个体真实性之间以及旅游者间互动行为与女性性别角色回归之间的调节作用。这一研究结论也为后续研究提供了借鉴和启示，现实中差异的产生是否会是其他调节因素导致的。

本书的理论意义在于，通过深入研究闺蜜游这种新兴的休闲旅游方式的特征，发掘女性参与闺蜜游的独特动机，找到女性在参与闺蜜游过程中的旅游者间互动行为对女性心理幸福感的影响机制，开发了测量闺蜜游中女性性别角色回归的量表，并根据研究情境对旅游者个体真实性量表进行了优化。推进和深化了闺蜜游领域中现有的研究成果，尝试发掘现象背后的更深层次的原理和机制，以期为后续的研究提供一定的理论基础。本书的实践意义在于，从女性旅游者参与闺蜜游的现象出发，着眼于旅游过程中的旅游者间互动行为与女性心理幸福感的获得，探索女性在参与闺蜜游过程中的旅游者间互动行为对女性旅游者心理幸福感的影响机制。研究最终落脚于如何通过旅游提升现代女性的心理幸福感，并为旅游企业制定该细分市场的营销策略和开发相应的旅游产品提供依据。本书的预期结论可以指导旅游企业根据闺蜜游这一细分市场的旅游者心理特点和需求设计出更具有针对性、更加个性化的旅游产品，并且为旅游企业制定更为精准的营销方案提供参考。同时，也能为旅游目的地形象管理及旅游景区的开发建设提供新的思路，即针对不同的女性群体需求来合理地开发旅游资源，充分发挥资源禀赋优势，为女性旅游者创造更符合她们核心需求的服务体验和层次多样、内容丰富的旅游产品。此外，本书的另外一个现实意义在于引起社会和旅游企业对女性旅游者出游需求及女性自身发展需求的高度关注，为她们提供更便利、更安全、更宽松、更优质的出游环境及更公平的社会环境。

目　录

第一章　绪　　论

第一节　研究背景与问题提出

一、时代背景

（一）女性出游渐成大趋势

随着社会的进步和经济的发展，女性受教育程度得到了极大的提升，女性自主意识逐渐觉醒，越来越多的女性开始参与到经济及社会活动中，并成为中坚力量。当代社会对女性的包容度和认可度不断提高，女性自身的力量逐步增强，使现代女性有更多的自由去选择不同的生活方式。近年来，各年龄层的女性以休闲或商务目的出游，已经成为一种潮流，并且女性出游无论是从频率还是规模上均呈现持续攀升的趋势。越来越多收入稳定、受过良好教育、眼光敏锐、敢于冒险和自信的女性旅游者呼吁旅游企业将她们视为重要的顾客（Brownell，2011；Cave 和 Ryan，2007），这些女性旅游者活跃在各类旅游市场上，即便是被认为应该充斥着青年男性旅游者的户外探险旅游市场也已经由平均年龄在 47 岁的中年女性占据主要地位①。以女性为主体的出游行为产生了巨大的经济利益，同时正逐渐成为国内外旅游市场的重要组成部分②。

---

① Hotel & Resort Insider（2008）. The changing trends of women travellers. Retrieved Nov 28, 2014, form http：//www. hotelresortinsider. com/.

② Bond，M. Women travel statistics explained by travel expert. Retrieved Dec 16，2013，from http：//gutsytraveler. com/women－travel－statistics－2/.

女性旅游者是休闲旅游和旅游业的重要组成部分（Curcic 等，2009），无论是从现有的市场状况还是未来可能的市场规模上看，女性旅游者市场都不容小觑。以美国为例，女性旅游者人数在整个旅游市场中占比 51%，在休闲旅游市场中的占比更是高达 72%。据澳大利亚 2012 年女性旅游与生活方式调查报告显示，在被调查的 5000 名女性中，有 2/3 的人有过出国旅行的经历。这些女性旅游者拥有强大的经济实力（Silverstein 和 Sayre，2009），她们创造了超过 20 亿美元的全球消费，并且有 80% 的旅游决策是由她们作出的（Bond，2013）。

在国内，根据 2019 年马蜂窝旅游网与群邑集团旗下邑策联合发布的数据显示，截止到 2019 年，18—45 岁的旅行消费者占比达到 80% 以上，18—29 岁的年轻人占四成。其中，自由行用户中女性占比过半，她们对旅行的关注程度也高于男性。日常生活中无论是情侣同行还是家人同乐，女性多半都是最后的旅行决策者。

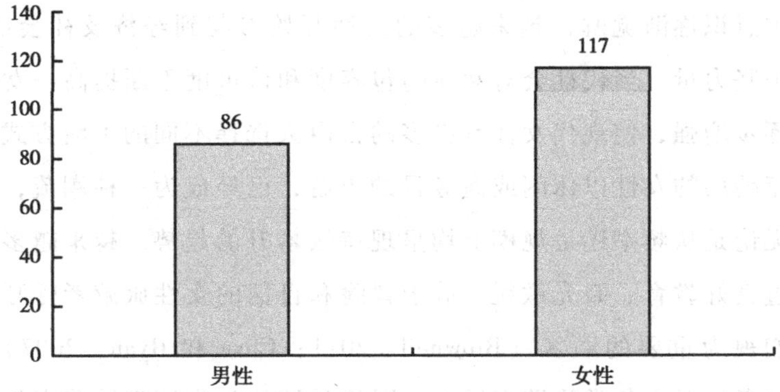

图 1-1　不同性别的旅游者对旅行的关注度对比

TGI：Target Group Index（目标群体指数）①

资料来源：邑策。

而途牛旅游网监测数据也显示，2018—2019 年，按照性别划分，我国

① TGI 指数表征不同特征用户关注问题的差异情况，TGI 指数等于 100 表示平均水平，高于 100 代表该类用户对某一问题的关注程度高于整体水平。

女性游客的出游人次已经超过男性游客，成为旅游市场的“主力担当”。从年龄构成和出游方式来看，拥有一定经济能力的“80后”女性在所有女性游客中占比最高，比例达33%，行程灵活、轻松自在的自助游是她们的“心头好”。成熟稳重的“70后”“60后”女性也表现出了较高的出游热情，合计占比为32%，省心省力的跟团游更受她们青睐。此外，富有朝气和活力的“90后”女性出游人次也增长明显，占比达26%。从客群身份特征来看，事业有成的都市女白领占女性游客的比例达到六成，她们多数需要面对工作和生活的双重压力，旅游可以帮助她们放松减压，获得身心的愉悦和美的享受。同时，追求“诗和远方”的女大学生群体也成为旅游的新生力量，受社交网络的影响，她们更爱“打卡”网红目的地。

在同伴选择上，32%的女性游客选择与伴侣同游，在旅途中升温感情；35%的女性更倾向与闺蜜结伴出游，享受女生之间同游的乐趣；同时，青睐与家人同游的女性也不在少数，占比达21%。此外，随着女性经济的独立和出游经验的提升，不少追求独立、向往自由的女性热衷于独自旅游，占比近5%。

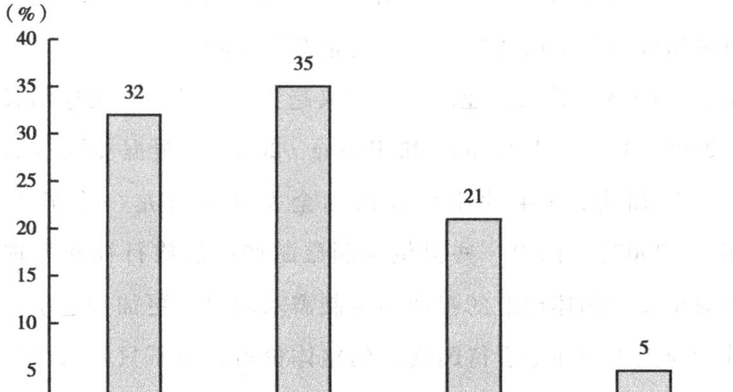

图1－2　女性游客结伴出游方式对比

资料来源：《2018—2019年女性游客旅游消费分析报告》，途牛网，2019。

因此，国内外现有的旅游研究都尝试将女性旅游者作为一个细分市场来研究，以便更好地了解她们的特征与需求。学者们从不同的研究视角出发将女性旅游者进一步细分为女性独游者（Chiang 和 Jogaratnam，2006；Jordan 和 Gibson，2005；McNamara 和 Prideaux，2010；Wilson 和 Little，2008）、中老年女性旅游者（Stone 和 Nichol，1999）、高知女性旅游者（Pennington - Gray 和 Kerstetter，2001）、商务出行中的女性游客等类型展开研究（Alamdari 和 Burrell，2000；Foster 和 Botterill，1995；Lutz 和 Ryan，1993；McCleary 等，1994；Newth，2011；Sammons 等，1999；Smith 和 Carmichael，2007）。

（二）闺蜜游市场迅速崛起

这种出游者全部为女性的休闲旅游是一个快速增长的旅游细分市场，通常被称为“闺蜜游”（Girlfriend Getaway，GGA）（Berdychevsky、Gibson 和 Bell，2016）或“全女性旅游”（all - female travel）。Khoo - Lattimore 和 Prayag（2018）将“闺蜜游”定义为由女性旅游者和她的朋友及女性家庭成员组成的小型出游团体，这个团体规模不大，通常由 2—4 个人组成。Burns（2014）[①] 和 Bond（2017）[②] 对该细分市场的定义更为宽泛，他们把由女性群体组成的出游团体也归入“闺蜜游”市场。

闺蜜游（GGA）是旅游业的一个新兴趋势，也是一个快速增长的市场（Bailey，2009；Khoo - Lattimore 和 Prayag，2015）。根据美国运通旅游公司进行的一项研究，3/4 的旅行社认为全女性旅行是一个显著的趋势（Wilkeming，2007）。国内一些提供定制旅游产品的旅行社和代理商也表示，顾客对全女性团体出游的咨询和定制需求较以前更加普遍了。作为研究者，我们应该更全面地看待闺蜜游的整体价值，而不只是从经济发展的角度去看待这一女性出游的新趋势，女性通过这种出游方式来放松身心，

---

① Burns，Monique. “Move over Guys，Women - Only Travel Is Growing. ” Travel Market Report. Accessed December 5，2014.

② Bond，Marybeth. “Women Travel Statistics and Women Travel Trends” . Accessed December 5，2017. https：//gutsytraveler. com/women - travel - statistics - women - travel - trends/.

强化与朋友或亲戚间的联结，并与她们内在的自我重新建立联系（Balneg，2010；Berdychevsky，Gibson 和 Bell，2013；Kasanicky，2009）。闺蜜游对女性的健康、压力管理和幸福感均能产生积极影响（Bailey，2009；Berdychevsky，Gibson 等，2012；Bond，2008；Cavallari，2008）。女性利用这种特殊的出游方式实现短暂的休息和“抽离”，并将旅行作为转变和调整自我的一种途径或手段，用过这样的“仪式”来调整自我以便更好地对应生活中的各种转变（Gibson 等，2012）。

由于闺蜜游属于新兴的现象，对这一现象的关注由行业转向专业研究领域不过十几年的时间，国内对这一现象尚未有相关概念阐述，国外学者对这一现象的关注和研究起步较早，在概念界定上也各有偏重，Kasanicky（2009）的概念强调了闺蜜游的作用——加强与朋友间的联结，同时实现与自我的对话；Balneg（2010）则认为闺蜜游主要指女性群体的度假游；Gibson 等（2012）阐述了闺蜜游的多样性；Durko（2017）着重指出女性“抛弃”了自己的配偶或男友而选择与女性朋友出游的决策行为；Catheryn Khoo - Lattimore 和 Girish Prayag（2016）、Khoo - Lattimore 和 Prayag（2018）对闺蜜游的参与人数作了界定；Berdychevsky 等（2017）将闺蜜游归属为休闲旅游的一种形式。

英文中“getaway”本身的释意为“逃离、逃逸”，若拆分为两个部分“get”和“away”，get 有“忘记”（to forget）意思，away 则意指“不拖延、勇往直前”（without delay；onward in time）①。因此，英文中“Girlfriend Getaway”很好地描述了“闺蜜游”这一现象深层次的含义，女性参与闺蜜游是通过这种休闲方式逃离日常生活中的压力，反抗社会给予女性的道德伦理约束和赋予女性的刻板印象（Gibson，Berdychevsky 和 Bell，2012）。

“闺蜜”一词也是近几年国内开始流行的词汇，“闺蜜”同“闺密”，意为闺中密友或是手帕交，是指女性漫长的一生中可以经得住俗事考验

① 全部释意来自《培根词汇——英语词根词源词典》，http：//www. dancite. com/.

的、能够相互之间诉说衷肠的女性朋友，彼此之间相互信任、相互依赖，不论境遇相差多远，都能真心祝福。本研究对闺蜜的界定借鉴了 Xiaolian Chen 和 Barry Mak（2020）的观点，特指女性最好的同性朋友，不包括其同性伴侣。因此，闺蜜游指女性没有带自己的配偶或是另一半出游，而选择了与其他女性朋友或亲戚一起出游的现象。

与国内把“休闲旅游”作为独立的术语词汇不同，国外学术界习惯将“休闲”和“旅游”作为两个独立领域开展研究，这两者之间既存在紧密的关联性，同时作为彼此独立的学术研究领域又存在很大的差别，旅游研究更倾向于造福行业及商业发展，而休闲研究则关注人类福祉，这种传统的价值取向差异主导着休闲与旅游的研究方向。因此，国外的学术界认为“旅游是一种休闲活动方式”（徐雨晨、张海洲和陆林，2019）。本研究将闺蜜游视为女性休闲的一种新兴的活动方式，属于女性休闲的一种自由选择的方式，因此它具备女性休闲的所有基本特征。

二、理论背景

早期研究休闲的学者们认为，休闲是人类行为中最能给人以自我满足的一个方面（Iso - Ahola 和 Weissiger，1984；Kelly，1983a；Neulinger，1982）。休闲有多种含义，总的来说，主要是指工作之余的自由时间、消遣活动、有意义的体验，或是这三种因素的混融。这一时期的研究者强调休闲的体验性，并试图确定休闲体验所包含的成分（如 Freysinger，1988；Gunter，1980；Iso - Ahola，1979；Kaplan，1975；Kelly，1983b；Neulinger，1982；Samdahl，1989）。这些成分包括自由选择或不受责任的限制，从而能遵从自身的意志选择做什么（Talbot，1979），内在动力、乐趣、放松、角色互动、个人的投入及自我表达。后续的学者在前人研究的基础上进一步拓展休闲的概念，增加了生命状态这一核心，将休闲概念拓展为四个维度：时间、活动、感知体验和生命状态（徐雨晨、张海洲和陆林，2019）。他们认为休闲首先是一种相对自由的状态，是在自由时间内个人意愿的自由选择；其次，休闲是一种内心的体验，是内心感受到“自由”和“快乐”的状态[①]；再次，休闲需要以一定的活动为载体，它是一种活动方式；最后，它是生命存在的一种方式，是人类发展也是个人发展的需求（熊欢，2014）。

历史上 Veblen（1899）就指出女性在社会中的地位及其生活状态有重要的研究价值，因为它们是衡量女性所处的社会其文明程度的显著指标之一，这一观点在一百多年后的今天依然得到学者们的认同（宋立中、谭深和周胜林，2009）。从社会学的角度出发，"性别"的概念中包含了文化背景和社会关系，性别指的是与一个人的生物性别相联系的各种文化联系，也是社会对男性和女性各自的行为特征的期待。一个人的生物性别使他/她一生的生活中都有很多基于性别的社会关系和社会期待。此外，性别代表的是一个持续的过程，而非一种与生俱来的生物特征。因此，性别是一系列由社会构建、解构和重构出来的关系，是通过人们的行动得以产生和延续的（Henderson，1994）。

现代社会中，休闲在社会经济发展和人民日常生活中所占的地位越来越重要，但是在过去相当长的时间内，在整个人类历史中，女性作为一个群体，她们的休闲权力一直被忽视，女性自身的价值也一直被低估甚至被贬低，在其生活的大多数领域，包括休闲领域，都受到压迫，至少是处于不利地位。在性构社会[②]中，大多数女性都在承受一种由社会结构强加给她们的无力感，社会体制以一些微妙的方式，强化了女性在家中的主要功能。将女性隔离在家中的做法并不一定是出于环境与经济的需要，而是由于社会性的限制，这些限制对女性的地位及其自我形象认知有决定性的影响且基本上都是负面的影响（Lenner，1977），女性往往认为自己很"无助"。而在性别角色上受到的灌输、训练与她们自己的实践经验使很多女性在思想和感情上都顺从了社会的要求，并阻碍了她们的心理发展。在20世纪以前，大多数女性都很彻底地内化了贤妻良母的角色，在家庭责任的压力下，女性作为自然个体感受自由和快乐、追求释放与自我发展成为了一种"奢望"。直至20世纪80年代末，女性作为独立个体的休闲问题才开

① 杰弗瑞·戈比. 你生命中的休闲［M］. 昆明：云南人民出版社. 2000.

② "性构社会"是指社会中男性与女性角色都是由社会构建出来的。

始得到公众的广泛关注，同时越来越多的学者们也看到了休闲给女性生活带来的巨大变化以及休闲赋予女性的特殊意义，即自由、赋权和个体发展。

法国社会学家 Joffre Dumazedier 认为个人发展是休闲最为持久的组成部分，也是休闲最高等级的追求①。休闲中放松与娱乐固然重要，但是个人发展对女性休闲的意义更重要。对男性来说，由于他们在工作的场域内可以完成自我发展的目标，也可以追求成功，享受社会交往，体现自我价值，因此，休闲的主要作用是释放工作中产生的压力，是单纯的放松和娱乐。而对于大部分女性来说，受到社会制度和文化的影响，她们的工作（无论是有偿工作，还是无偿家务工作）并不能完全为女性带来对心理、社会交往、自我价值、生活意义的需求和满足感，而休闲活动可以弥补这一缺失。在休闲活动中女性能够通过其社交功能，感受到对自我生活的掌控感并在与他人的交往中找到存在感（Coleman 和 Iso - Ahla，1993）。另外，休闲活动有助于女性获得自我认同感（Haggard. L. M 和 Williams. D. R，1991）。在休闲活动中，她们不仅能找到自己新的角色，还可以从这些新角色的扮演中获得自信与尊重。休闲是一种自由和自我表达，它是一种潜在的革命性的力量（Dawson，1986）。女性对休闲的参与可以使她们摆脱限制性的性别角色以及社会对她们的期望和规定，从而使她们得到赋权，对于女性来说，赋权意味着她们对自己的生活与身体享有自主权②。

然而传统的女性休闲活动，如逛街、聊天、看电视、看书、家庭娱乐活动等虽然能为女性带来一定程度上的身心愉悦、社会交往的满足感以及自我的体现，但并不能很好地满足女性寻找个人认同感、获得自信和尊重等心理需求，也并不一定能导致赋权（卡拉·亨德森等，2000）。因为传统的休闲活动往往与女性日常生活的其他方面紧密地交织在一起（Deem，1996），这导致了很多女性的日常休闲活动都缺乏结构性，带有自发性，且经常是跟家务工作混在一起的。传统的休闲活动或是被纳入她们日常的

① 张晓萍，李伟. 旅游人类学［M］. 天津：南开大学出版社，2008.

② 卡拉·亨德森，黛博拉·拜尔列席基，苏珊·萧等. 女性休闲——女性主义视角［M］. 昆明：云南人民出版社，2000：18.

家务劳动，或是强化了社会加诸于女性的传统角色或性别气质，并没有表达出女性作为完整且独立的个体对生活享受的积极体验，她们也无法通过日常的休闲活动获得超越原有生活范围的人生意义和体验。

女性休闲则不仅仅是一种个人体验，更是女性社会地位的体现。现代女性更多地获得了社会对她们的个性与自主性的认可与接纳，她们在人生的不同阶段都能独立于家庭而发现自己的认同和需求了（Degler，1981；Samuel，1995）。在女性自主意识崛起之后，传统休闲方式无法满足女性自我认同、赋权、个人发展及获得自信和尊重等较高层次精神需求的情况下，闺蜜游这一独特的休闲方式应时而生，进一步推动了女性休闲的发展与完善，弥补了传统休闲方式的缺陷。尽管女性出游的方式多种多样，但是大部分出游方式并不能使女性有效地摆脱性构社会规则下对女性的刻板印象，甚至有些出游模式对于女性来说可能只是家庭生活在非惯常环境下的延续，连最基本的追求自由、摆脱日常生活压力的需求都无法满足。例如，在亲子游和家庭出游中表面上看女性在出游决策中所起的作用越来越重要，但是实际上女性在做决策时更多的需要考虑家庭成员的需求和习惯，要更多地照顾到他人的感受，而女性作为独立个体的自我追求被最大限度的压缩和掩盖了（根据质性研究结果总结）。因此，本书认为随着社会的进步，闺蜜游对提升女性的个人认同、社会交往能力、心理幸福感等方面都有可能起到重要的作用。研究闺蜜游对提升女性生活质量的重要作用，以及如何增加女性心理幸福感具有一定的理论和现实意义。

三、问题的提出

在女性旅游意识崛起，闺蜜游逐渐成为一种新兴社会现象的大背景下，旅游行业及旅游研究领域先后开始关注这一现象并尝试从行业发展、消费者行为特征、消费者需求偏好及社会与女性发展等角度对其进行分析和解读。但是，首先大部分研究者在探索女性参与闺蜜游的目的、动机和行为特征方面选取了西方女性作为研究对象，即便是针对亚洲女性作出的研究，中国女性样本的选择所占比例也非常低，这限制了我们对东西方不同文化背景下尤其是中国女性与其他国家的闺蜜游参与者在行为特征、住宿偏好选择等方面差异的了解。其次，现有的研究不加批判的采用主观幸福感理论来诠释闺蜜游和幸福感之间的联系，将关注点着重放在享乐带来的快感。这在一定程度上限制了对闺蜜游的诠释，授权、旅游者的自我探索、身份的转换和解放，以及它们对自我实现或心理幸福感的贡献被忽略了。最后，现有的研究确认了参与闺蜜游有利于女性的身心健康发展，能够提升女性的幸福感（Janke，Nimrod 和 Kleiber，2008；Fullagar，2008；Berdychevsky, 2013），并且将闺蜜游与女性幸福感之间的联系明显地分为四个相互关联的维度：逃避、性别角色回归、存在的真实性和授权（Liza，Gibson 和 Bell，2017），但是女性参与闺蜜游与幸福感之间的作用路径依然是个黑箱。

因此，本书基于文献的回顾与梳理，结合实际现象与当前学术界关于闺蜜游与女性心理幸福感之间研究的不足，拟以中国女性为研究对象揭示闺蜜游对女性心理幸福感的影响机制。研究主要聚焦于女性参与闺蜜游的过程中旅游者间互动是通过何种路径影响女性的心理幸福感的，力图通过对闺蜜游进行系统的概念化和可操作化分析，打开闺蜜游对女性心理幸福感影响的黑箱，具体可细化为以下几个问题：

（1）女性在闺蜜游的过程中所产生的互动行为是否能够影响女性心理幸福感？

（2）影响的路径和机制是什么？

（3）有哪些中介变量在其中发挥作用，又是如何影响的？

（4）这一路径中是否存在调节变量？

第二节 研究目的与意义

一、研究目的

本研究主要目的是想深入了解女性是否能够通过参与闺蜜游来抵抗日常生活及社会性别角色带来的压力，并在这一过程中实现自我认同和自我成长，最终达到提高心理幸福感的目的。本研究还希望通过对闺蜜游现象的观察及分析，总结出女性参与闺蜜游的动机，发现参与闺蜜游的女性旅游者的行为特征，并通过实证研究探索闺蜜游是如何影响女性旅游者的心理幸福感的。

二、研究意义

（一）理论意义

通过文献阅读，笔者发现关于闺蜜游现象的研究目前以西方研究者为主，近期的成果集中于以 Heather J. Gibson，Liza Berdychevsky 以及 Catheryn Khoo - Lattimore，Girish Prayag 为代表的两个团队。现有的研究基本上停留在对于现象的描述和女性旅游者在参与闺蜜游过程中的偏好研究，且选取的研究对象多为西方女性，亚洲女性占比较低。本研究尝试从现象出发，结合理论与现有研究成果，深入研究闺蜜游这一由全女性参与的新兴的休闲旅游方式，期望在把握当前研究现状的基础上弥补现有理论研究中的不足，本研究的理论意义主要体现在下几个方面：

（1）以中国女性为研究对象，挖掘其参与闺蜜游的动机以及在参与过程中所展现出来的独特的行为和心理特征。

（2）尝试将闺蜜游这一现象所涉及的相关因素进行系统的概念化和操作化，开发适合这一研究情境的量表，以期为后续的理论研究提供一定的借鉴。

（3）尝试揭示女性参与闺蜜游时的旅游者间互动行为对女性心理幸福感的影响机制，进一步明晰女性参与闺蜜游与其幸福感之间的关系，这对女性旅游、旅游与幸福感之间的相关研究有一定的理论意义。

（二）现实意义

由于闺蜜游属于新兴现象，20 世纪 80 年代之前几乎没有相关的统计数据，据 2007 年国外的一份研究报告①显示，仅在美国，闺蜜游市场就占

---

① AAA，2007. AAA Girlfriend Travel Research，Retrieved from AAA and Aspire http：//aspire-marketing. com/girlfriend - getaway - report - conducted - by - aaa - and - aspire - marketing/（accessed 26. 02. 14）.

美国所有旅游支出的4%，并且已发展成为一个60亿美元的细分市场。该研究还发现，参与闺蜜游中的女性逐年增多，从2004年的30%增加到2007年的40%，而且大多数的闺蜜游都是由两名到三名女性组成的。美国运通旅行社（American Express Travel）的另一项研究发现，在全美246家旅行社中有2/3的旅行社称参与闺蜜游的人数在增加，该研究还显示，女性现在正在寻求更新奇、更舒适奢华的休闲游形式（Wilkeming，2007）[①]。美国度假游发展协会2010年的报告显示，38%的女性参与了闺蜜游，63%的女性计划在未来两年参与闺蜜游（Anon，2010）[②]。这些参与闺蜜游的女性，有72%已婚，60%介于35岁到45岁之间，88%的人有未成年的孩子（Cavallari，2008）[③]，其中既有来自美国中西部的母女，也有富裕的女商人，还有一些低收入的女孩（Euromonitor，2010）[④]。因此，美国的一些学者认为闺蜜游可以拆分出多个“利基市场”，具有很大的研究价值。

西方行业内对于闺蜜游的关注较早，美国主流的旅游企业和酒店开始瞄准闺蜜游这一新兴市场开展营销活动。例如，Tripadvisor公布了2010年十大闺蜜游度假目圣地，之后其他旅游机构也纷纷效仿，列出了他们自己的最佳闺蜜游必做事项和必游之地（Friesen，2013；Harranek，2014；Ward，2013）[⑤⑥⑦]。专门接待全女性旅游的旅行社从2007年的21家增加

---

① Wilkeming, D. , 2007. Poll finds new trends in girls getaways, Retrieved www. travelmole. com (9 September 2014).

② Anon, 22 September 2010. More women taking girlfriend getaway vacations. Road & Travel 22, 1.

③ Cavallari, R. , 2008. What women want: girlfriend getaways make up $6 - billion travel segment. Hotel Motel Manage. 8, 24.

④ Euromonitor, 2010. Future watch: Will the flourishing trend of female - friendly products continue into the next few years?, Retrieved from Euromonitor International http://blog. euromonitor. com/2010/04/future - watch - will - the - flourishing - trend - of - femalefriendly - products - continue - into - the - next - few - years. html (8 August 2014).

⑤ Friesen, T. , 2013. Five affordable (and 2 splurge - worthy) girlfriend getaways, Retrieved https://www. fodors. com/news/girlfriend - trips - and - bachelorette - party - destinations - 6531.

⑥ Harranek, C. , 2014. 15topgirlfriend getaways, Retrieved http://www. frommers. com (8 September 2014).

⑦ Ward, T. 2013. America's best girlfriend getaways, http://www. travelandleisure. com/articles/americas - best - girlfriend - getaways (7 September 2014).

到2009年的49家（Bond，2007，2009）[1][2]。此外，以往不以女性游客为重点的酒店也开始瞄准全女性旅游市场，推出针对闺蜜游市场的新产品，例如，美国密歇根州格兰德酒店2014年推出的闺蜜游度假套餐，马来西亚传奇酒店集团（Legend group of hotels）有一个针对全女性游客的"淑女项目"（Anon，1997），"蓟"和"太子妃"酒店也有设置专门的"女性楼层"（Loh，2009）[3]。显然，闺蜜游作为一个趋热的旅游形式，受到媒体和业界的关注要早于学术界，这也从侧面说明了它具备一定的研究价值。

本研究从女性旅游者参与闺蜜游的现象出发，着眼于旅游过程中的旅游者间互动行为与女性心理幸福感的获得，探索女性在参与闺蜜游过程中的旅游者间互动行为对女性旅游者心理幸福感的影响机制。研究最终落脚于如何通过旅游提升现代女性的心理幸福感，并为旅游企业制定该细分市场的营销策略和开发相应的旅游产品提供依据。本书的预期结论可以指导旅游企业根据闺蜜游这一细分市场的旅游者心理特点和需求设计出更具有针对性、更加个性化的旅游产品，并且为旅游企业制定更为精准的营销方案提供参考。同时也能为旅游目的地形象管理及旅游景区的开发建设提供新的思路，即针对不同的女性群体需求来合理地开发旅游资源，充分发挥资源禀赋优势，为女性旅游者创造更符合她们核心需求的服务体验和层次多样内容丰富的旅游产品。此外，本研究的另外一个现实意义在于引起社会和旅游企业对女性旅游者出游需求及女性自身发展需求的高度关注，为她们提供更便利、更安全、更宽松、更优质的出游环境及更公平的社会环境。

---

① Bond，M.，2007. A Woman's World Again：True Stories of World Travel. Solas House Inc.，California.

② Bond，M.，2009. Best Girlfriends Getaways in North America. National Geographic Society，Washington.

③ Loh，P.，2009. For women only：the exclusive ladies only floor at Thistle Johor Bahru，Retrieved http：//www. travelific. my/travelstry full. php（10 April 2014）.

第三节 研究方法与思路

一、研究方法

（一）深度访谈法

基于研究的选题和理论基础，制定正式的深度访谈提纲，通过专家咨询验证访谈提纲的合理性，并对样本对象进行正式的访谈。深度访谈为半结构化访谈，计划访谈人数为20—50人，预计每人访谈时间不低于0.5个小时；访谈对象的选择采取滚雪球抽样的方式，主要通过亲友、亲友推荐、招募等方式进行选择，并提前邀约访谈的时间与地点，面对面访谈或进行线上访谈，访谈过程全程录音。通过对样本对象进行访谈了解其参与闺蜜游的动机、过程中的互动行为等信息，结合扎根理论探索在闺蜜游中旅游者间互动行为和女性心理幸福感之间的影响路径以及是否存在其他能起到中介和调节作用的因素。

（二）扎根理论

考虑到本书的研究问题涉及复杂的心理活动以及个体与自我、个体与个体间的互动，且是探索性质的，因此本研究在深度访谈的基础上，采用扎根理论的方法对访谈资料进行分析，基于质性研究的结果构建女性参与闺蜜游过程中的旅游者间互动与女性心理幸福感之前影响的理论模型，为后续的研究提供理论基础。

扎根理论（Grounded Theory）作为一种研究路径或“方法论”（Corbin和Strauss，1990），是由美国学者Barney Claser和Anselm Strauss在其合著《扎根理论的发现》中首次提出，这一方法主张在没有理论假设的前提下，研究者不断地对原始资料进行归纳和概括以提炼新理论（Claser和Strauss，1967）。因此，扎根理论的研究目的是从原始资料分析中形成理论，而不仅仅是解释或描述研究现象，它更适用于研究人际关系、个人过程等的动态作用（Charmaz，2009）[①]。

本书通过深度访谈获取一手资料，结合网络文本（二手资源）筛选完成“理论性抽样”这一程序（Claser，1978，1992），之后对获取的文字资料进行开放式编码、主轴编码和选择性编码，深入探究女性在参与闺蜜游的过程中的旅游者间互动是如何通过女性性别角色回归及旅游者个体真实性来影响女性心理幸福感的。

（三）问卷调查

为了达到预期的研究目的，笔者在研究过程中需进行两次问卷调查。第一次：基于文献分析开发和修订相关的量表，通过问卷调查法验证量表的适用性，并验证所构建的理论模型的合理性；第二次：在质性分析结果和构建假设模型的基础上，以过去三年内有过闺蜜游经历的女性游客为调研对象，采用滚雪球抽样的方法展开问卷调查，计划发放问卷的数量按照量表维度的5—10倍计算。

二、研究思路

本研究遵循“发现问题——提出问题——构建理论模型——实证分析——结论建议”的逻辑思路展开研究，具体研究思路如下。

（一）文献综述

厘清闺蜜游现象的产生、发展，学术界研究现状，该现象的独特之处，找到支撑这本研究命题的基础理论，并界定相关概念。

（二）质性研究设计与分析

通过深度访谈及网络文本分析了解女性在参与闺蜜游时旅游者间的互动行为及心理特征；采用扎根理论分析的方法，找到闺蜜游这一现象的特殊之处，以及旅游者参与该种旅游的动机。修订和优化旅游者间互动行为量表，使其更符合闺蜜游的研究情境，开发并验证适合应用于测量闺蜜游

---

① 卡麦兹（charmaz，K）. 建构扎根理论：质性研究实践指南［M］. 重庆：重庆大学出版社. 2009.

中女性性别角色回归的量表；运用扎根理论的方法对访谈资料进行分析，初步了解旅游者间互动行为、女性性别角色回归、旅游者个体真实性和女性心理幸福感的内在关系，明晰参与闺蜜游时的旅游者间互动行为与女性心理幸福感内在关系及影响机理，揭示女性性别角色回归和旅游者个体真实性的中介效应机制，并测试实际亲密度是否为合适的调节变量，测度其调节效用，判断是否有其他调节变量存在。

（三）构建理论模型

基于前期质性研究的结论结合理论分析，构建闺蜜游中旅游者间互动行为对女性心理幸福感影响的理论模型，并通过进一步的理论推理，构建旅游者互动行为对女性心理幸福感影响路径的假设模型。

（四）实证研究设计与分析

根据理论模型设计整体结构量表，并通过第一次问卷调研对量表进行开发、优化，以保证量表的适用性；样本的选取上尽量采用不同的途径和手段，借助不同的工具进行抽样，以增加其外部效度；发放问卷时利用微博、微信、腾讯 TIM 等平台和渠道，选择不同地域、不同年龄、处于不同人生阶段的女性游客进行调研，以保证样本的代表性；之后对样本进行描述性统计分析，整体量表信度和效度检验，并构建结构方程模型，实证研究旅游者间互动行为与女性心理幸福感之间内在的影响机制，检验女性性别角色回归和旅游者个体真实性两个路径的中介作用；闺蜜间的实际亲密度及其他可能的调节变量的调节作用，获得研究结论。

（五）结论与展望

基于以上研究结果，分析讨论本研究的理论进展，并为旅游目的地环境建设以及旅游企业创新旅游产品、提升游客满意度、提供合理可行的管理建议；总结本研究的创新点、研究不足及未来研究展望。

三、技术路线图

根据上述研究思路，本书将按照以下技术路线图开展具体的研究工作（见图 1－3）：

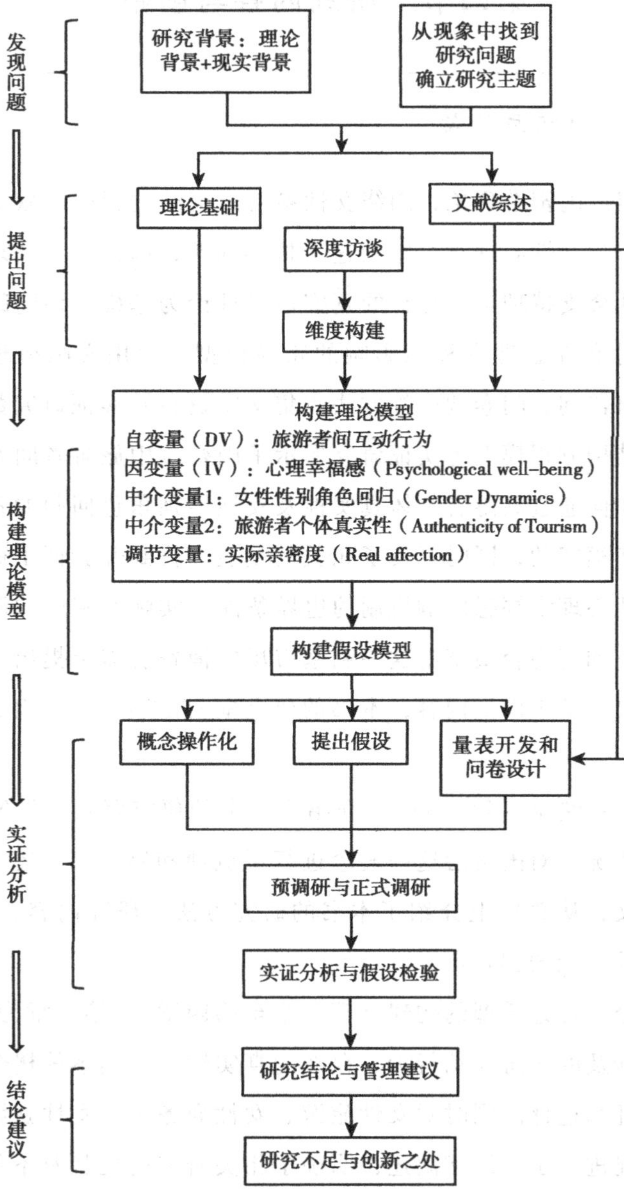

图 1－3 本研究的技术路线

第四节　研究内容与创新

一、研究内容与框架

本研究聚焦闺蜜游现象，围绕女性参与闺蜜游过程中的旅游者间互动行为是如何影响女性心理幸福感的这一核心问题，以性别认同理论、社会互动理论、社会支持理论、存在的真实性等理论为基础，构建闺蜜游中旅游者间互动对女性心理幸福感影响的路径模型。运用文献梳理、深度访谈、专家小组咨询、问卷调查等方法收集文字资料及实证研究数据，通过扎根理论和结构方程模型等实证研究揭示了闺蜜游中旅游者间互动行为中的各维度是如何通过旅游者个体真实性及女性性别角色回归的各维度来影响女性心理幸福感的，同时开发了相关的量表。找到并验证了旅游者间互动行为对女性心理幸福感影响机制的边界条件（实际亲密度的调节作用），并为旅游企业如何迎合闺蜜游这一利基市场的消费者需求提出了相应的管理启示和建议。基于以上内容，本书的研究框架由四个部分组成，具体展开如下。

第一部分：绪论（第一章），介绍了本书的研究背景，闺蜜游现象的兴起和发展状况，对闺蜜游这一概念进行了梳理和界定。阐述了本书的研究目的和意义，从总体上介绍了本书的研究方法、研究内容、研究思路、技术线路图及可能的创新点。

第二部分：理论模型的构建（第二章至第四章），第二章为文献综述，本章对研究涉及的旅游互动行为、存在的真实性、幸福感等概念的研究进展进行了梳理和述评。同时对女性旅游、女性商务游、女性独游以及闺蜜游的研究状况进行了总结和阐述，明确了相关研究的现状及不足，凸显出闺蜜游的特殊性，进一步找到本研究的突破口。第三章、第四章在理论基础和质性研究的基础上，构建了女性参与闺蜜过程中的旅游者间互动对于女性心理幸福感影响的理论模型。具体以文献分析和理论基础为依据编制访谈大纲，采用滚雪球抽样的方法对38位参与过闺蜜游的不同年龄段的女性进行了深度访谈，同时在国内知名的在线旅游网站上收集并严格筛选了11篇游记作为补充，共整理出大量的文字资料。借助Nvivo 11软件，采用Glaser和Strauss（1968）提出的程序化扎根理论，通过三阶段编码——开放式编码、主轴式编码和选择式编码对文字资料进行分解、分析现象，抽象出概念并进一步提炼升华建构出了女性参与闺蜜过程中的旅游者间互动对于女性心理幸福感影响的理论模型，并初步提出研究假设。

第三部分：实证分析（第五章至第六章），该部分将第二部分提出的理论模型进行可测量化操作，并借助结构方程模型对基于理论模型提出的假设进行了实证检验。第五章主要对理论模型中涉及的五个抽象概念：旅游者间互动行为、实际亲密度、旅游者个体真实性、女性性别角色回归、心理幸福感转化成可以直接测量的题项，其中旅游者间互动行为、实际亲密度和心理幸福感使用了成熟的量表，本章重点是女性性别角色回归这一构念的量表开发以及旅游者个体真实性量表的优化。女性性别角色回归这一构念的量表开发严格按照Churchill（1979）的量表开发程序，通过文献分析界定变量的概念以及确定初始测量题项，结合专家小组的方法保证初始测量题项的内容效度。利用预调研收集的数据进行探索性因子分析（EFA），优化测量题项，并在第五章进行假设检验之前用正式调研的数据对第四章开发的量表进行了信度和效度的检验。第六章介绍了正式调研问卷的设计、发放、数据的回收、处理和分析，借助验证性因子分析（CFA）和结构方程模型（SEM）对个体测量模型及整体模型进行信效度检验，并对第四章提出的假设检验一一进行验证。

第四部分：研究结论及管理建议（第七章），本章对第三章质性研究的结论及第五章实证研究的结论进行了梳理和总结，并依据结论提出了对应的管理启示和建议。本章同时阐述了本研究的不足之处，对未来的研究方向提出了设想。

二、研究创新点

第一，从关注旅游对女性心理幸福感的影响视角出发探讨闺蜜游是女性旅游研究领域的一个创新，对于女性旅游的研究探讨得比较多的是女性独游和商务出游，闺蜜游本身属于新现象。现有的研究多从现象出发，采用访谈加质性研究的方法将以参与闺蜜游的女性为研究对象，将闺蜜游中女性的感受和行为、消费偏好呈现出来，少有关注女性参与闺蜜游对其心理幸福感的影响。事实上，随着中国女性受教育程度的提升，参与社会活动的增加，争取到的工作机会越来越多，女性经济独立，家庭劳动的社会化又使已结婚女性有了从家务责任中部分解放出来的机会，这些都在一定程度上促进了女性的全面发展，人的全面发展是指人在发展上的自由、自主、和谐和丰富（韩利红，2010）。在全面发展的状态下，女性的独立意识得到增强，更加关注个人的成长和个体价值的实现。旅游作为女性休闲的重要组成部分，也是女性获得权力，实现个人成长和体现价值的重要舞台。本书提出女性参与闺蜜游，在旅游过程中通过闺蜜间的互动（旅游者间互动）来提升自身的心理幸福感，实现个人成长，与他人建立良好关系，重新找到生活的意义，树立新的生活目标。本研究锁定女性心理幸福感，丰富了"旅游使生活更幸福"这一功能的层次，揭示了旅游给参与者带来的幸福感不仅只停留在感官享受上的"幸福"，还能给女性带来更深远更有意义的"幸福"。

第二，本研究基于文献开发了女性性别角色回归的量表，对闺蜜游中的女性性别角色回归这一概念进行了界定。女性性别角色回归（Gender Dynamics）是女性在闺蜜游的过程中呈现出来的一种特殊的状态。女性在闺蜜游的阈限空间内脱离了日常身份和父权社会给予女性的刻板印象，更接近女性真实的自我。对女性性别角色回归的概念界定和维度的划分填补了现有理论的空白，同时也是基于现有理论成果所进行的一次创新。Gibson 和 Bell（2017）将性别角色回归（Gender Dynamics）引入闺蜜游与幸福感之间关系的理论框架中，在理论上对性别角色回归进行了初步的维度划分，本研究通过严格的量表开发程序对维度进行优化，最终开发出适合闺蜜游研究情境的女性性别角色量表，为后续的实证研究提供了便利。

第三，本研究通过质性研究推导出了闺蜜游中旅游者间互动行为到女性心理幸福感之间的影响机制模型，在一定程度上细化了 Gibson 和 Bell（2017）的理论模型相当于打开了闺蜜游中旅游者间互动到女性心理幸福感之间影响路径的黑箱。

第四，本研究进行了闺蜜游中旅游者间互动行为对心理幸福感影响的实证研究。以往关于女性参与闺蜜游的研究基本上都是以质性研究为主，没有深入剖析旅游者间互动行为与心理幸福感两者之间的关系和影响机制。本书的实证研究部分将这一领域的研究向前推进了一步，不仅找到了两条中介效应路径，而且还详细呈现了各路径的作用效果。这一实证研究不仅在理论上深化了对闺蜜游现象的研究，同时还有助于指导实践。

第五，本研究找到了闺蜜游中旅游者间互动行为对心理幸福感影响机制的调节因素。验证了实际亲密度在旅游者间互动行为和旅游者个体真实性之间，以及旅游者间互动行为与女性性别角色回归之间的调节作用，参与闺蜜游的女性群体之间的实际亲密度不同在出游过程中所展示出的状态和感受到的心理影响确实会有不同，但是这种差异并没有想象中的明显。这一研究结论也为后续研究提供了借鉴和启示，现实中差异的产生是否会是其他调节因素导致的。

第二章　理论基础与文献综述

第一节　理论基础

一、性别认同理论

（一）性别认同与性别认同发展

迄今为止学术界对性别认同尚未有统一定义，性别认同理论的发展也因此受到了制约（Huston，1983）。国外学术界对于性别认同的定义主要有两个分支，一类概念强调生理认同，将性别认同定义为个体对自身性别状态的理解或认知，如 Schaffer（1996）提出的性别认同是指个体能正确指明自己和他人的性别。另外一部分学者在定义性别认同时考虑了社会性及文化因素，把性别认同定义为个体感知到自己跟某一文化体系下构建的性别模式的匹配程度。在国外研究者的基础上，国内学者也相继提出了性别认同的概念。林崇德（2002）认为，性别角色认同是指个体在社会文化的影响下，形成符合社会性别期望的态度、行为和价值观，最后发展成男性特质和女性特质。周运清（2005）认为，性别认同有两个方面：内在性和外在性，前者是指个体对自身生理性别的认知，后者是指根据性身份所表现出来的相应的性别行为。

性别认同理论描述了个人是如何看待自己的性别的，而性别认同发展理论则定义了个体是如何看待自己与其他同性别团体间的关系的。对性别认同理论的发展贡献最大的是的女性主义认同发展理论（Downing N. E 和

Roush K. L，1985）和妇女认同发展理论（ELizabeth V. V 和 Leonard B，1979），这两个理论的前四个阶段比较一致，都认为性别认同发展要经历被动接受期（Passive acceptance）、觉醒期（Revelation）、包容探索期（Embeddedness - emanation）和整合期（Synthesis）。在第一个阶段里女性是被动接受传统性别角色的，但是她们对这种“被动”是无觉察的；当性别认同进入第二个发展阶段（即觉醒期）的时候，女性开始质疑自己的性别角色；质疑一旦产生就有可能进入下一个阶段——包容探索期，在这一阶段女性会联合其他女性一起探索如何做一个女性的问题；第四个阶段——整合期，女性会对身为女性而感到积极和有意义，并且开始将性别认同与其他方面的自我认同进行整合。Downing 和 Roush 的性别发展理论在上述四个阶段的基础上延展出了第五个阶段积极承诺期（Active commitment），处于这一阶段的女性会为建立一个没有性别歧视的社会而积极采取行动。

（二）性别表演

“性别表演”（gender perfomativiy）理论由后现代女性主义思想家朱迪斯·巴特勒（Judith Butler，2009）提出，她认为传统的父权制意识形态夸大了男性和女性之间在生理上的差异，强化了女人对男人的屈从，造成了性别上的不平等。因此，性别之间的差异并不是生理因素造成的，而是社会建构出来的。朱迪斯·巴特勒在福柯对话语权力谱系学批判的基础上，进一步颠覆了生理性别与社会性别的关系，提出了性别表演理论。她在《性别麻烦》和《身体之重》中引入表演性（performativiity）的概念，认为性别乃至一切身份都是表演性的，无论是生理性别还是社会性别，都是制度、话语、实践的结果，主体的性别身份不是既定的和固定不变的，而是不确定和不稳定的。她指出“性别不是一个事实，各种不同的性别行动创造了性别的理念；如果没有那些行为，根本就不可能会有性别。因此，性别是一贯隐藏它自身的创生的一种建构；它是心照不宣的集体协议，同意去表演、生产以及维系明确区分的、两极化的性别的文化虚构，这些建构‘迫使’我们相信它的必要性和天生自然的本质”（巴特勒，2009）。

巴特勒虽然没有对性别表演下一个明确的定义，但是她把那些通过身体符号以及其他话语手段制造并维系的行动、姿态、演绎实践都解释为表演性的。性别表演理论认为性别本身并不具备本体性，性别身份是被建构出来的一种状态，人们对性别身份的认同是通过身体遵循一定的实践规则进行重复性的表演而逐渐建构起来的，即个体的“性别表演”并不是“性别认同”的结果，反而是建构此认同的实践过程，人们通过性别表演来实现和表达性别认同。

二、社会互动理论

（一）互动仪式链理论

互动仪式的概念最初主要基于宗教仪式的研究①，而COLLINS②认为互动仪式并非仅局限于宗教，它可以是正式的典礼，如婚礼、宗教仪式等，也可以是没有模式化程序的自然仪式，如待人接物等。进而，COLLINS从“链”的角度使静态的互动仪式动态化，提出了“互动仪式链”理论——参与者在有界空间的聚集，共同参与一个由情绪驱动的象征性活动，并产生或增强集体认同感的情感能量，进一步加强彼此未来再互动的意愿。

Durkheim（1999）认为互动仪式是指一切在特定文化规范情境下的行为，参与者在有界空间的聚集，共同参与一个由情感能量驱动的象征性活动，并产生形成或增强集体认同感的情感能量，进一步加强彼此未来再互动的意愿。

互动仪式的核心是一个过程，在该过程中参与者发展出共同的关注焦点，并彼此相应感受到对方身体的微观节奏与情感。图2－1将互动仪式描绘成一组具有因果关联与反馈循环的过程。该模型中的一切要素均为变量。互动仪式（IR）有四种主要的组成要素或起始条件：

（1）两个或两个以上的人聚集在同一场所，因此不管他们是否会特别有意识地关注对方，都能通过其身体在场而相互影响。

---

① DURKHEIM E. the Rules of Sociological Method: And Selected Texts on Sociology and Its Method [M]. New York: Simon and Schuster, 2014.

② COLLINS R. Interaction Ritual Chains [M]. Princeton University Press, 2004.

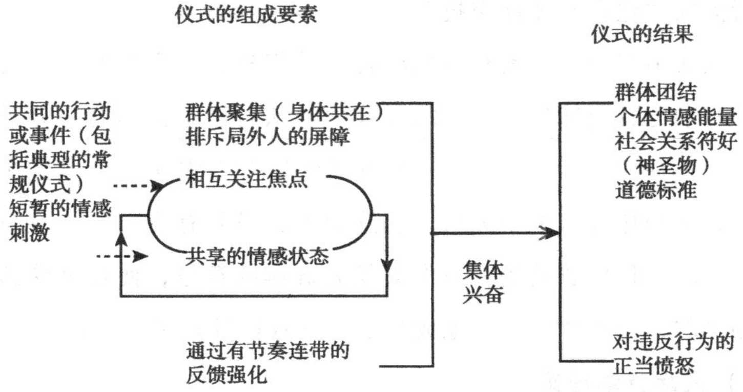

图 2-1 互动仪式

（2）对局外人设定了界限，因此参与者知道谁在参加，而谁被排除在外。

（3）人们将其注意力集中在共同的对象或活动上，并通过相互传达该关注焦点，而彼此知道了关注的焦点。

（4）人们分享共同的情绪或情感体验。

这些要素彼此形成反馈作用。最重要的是，第三项相互的关注焦点，与第四项共享的情感状态，相互强化。当人们开始越来越密切关注其共同的行动、更知道彼此的所做所感，也更了解彼此的意识时，他们就会更强烈地体验到其共享的情感，如同这种情感已经开始主导他们的意识一样。

互动仪式的四个进入要素中，现场聚集和相互关注是互动的自然形成要素，符号资本和情感能量是决定互动仪式效果的最重要的两种资源。基于互动仪式链理论，成功的互动仪式不仅是符号资源的配搭，还有情感能量的相配（王鹏和林聚任，2006）。（1）情感能量（emotional energy）是共享的情感或情绪的稳定表达，正性积极的情感能量是互动仪式的直接驱动力，它并非通常意义上的“情感”，而是一种社会互动参与和成员身份获得的渴求，带有明显社会取向（Baker，2010）。但情感能量和情感密不可分：各种短期情感体验的结果都会回到情感能量的长期构成中，而情感能量又会产生短期的情感；（2）符号资本（symboliccapital）是互动仪式参与者之间沟通的媒介，与一般的“符号”不同，它是由各种具有统一目的性和技巧性的符号汇聚，形成具有资本一样的增值能力，包括进入某一互动仪式所需的文化资本和社交技巧。

互动仪式中当组成要素有效地综合，并积累到高程度的相互关注与情感共享时，参与者会感受到群体的凝聚力确认自己是群体的一分子，即在群体中获得一种“身份感”；从个体情感能量上则体现为个体会在互动中充满自信，满腔热忱地主动进取，会感受到自身是有力量的。参与者还可能会主动寻求一种标志或代表物作为代表群体的符号，使其感受到自己与集体是相关的，与集体中的其他成员是有一致性且紧密相连的。

（二）人际互动理论

人际关系是人与人在交往中建立的直接的、心理上的关系，专指人们在心理和行为方面的交往、交流，是社会心理学研究较多的领域。人际交往是人的一种社会性需要，人际关系反映了个人或团体寻求满足其社会需要的心理状态，因此，人际关系的变化与发展决定于双方需要满足的程度。人际互动总是和社会角色联系在一起，表现为角色互动。日常生活中，人际互动之所以能够有序进行，是因为互动双方都遵循了角色规范而进行交往，社会角色的履行是在互动中完成的，任何一方角色失调就可能造成互动行为的中断。社会生活中，有些交往是按照社会规范进行的，有些并非按照社会规范，比如社会生活中陌生人相遇之初的互动，以及个体与他人带有感情色彩的互动。人际吸引是推动人际交往的重要因素，人们希望社会的交往来自人际吸引，具有较强人际吸引力的个人之间更倾向于进行交往。人际互动有多种类型，既有个体与个体的互动，也有团体内部的互动；既有合作，也有竞争；既有言语方面的沟通，也有表情、眼神、动作等非言语的沟通。在人际交往中，人们一般都会在自己周围建起一种保护自己的“个人外泡”空间，对自己关系亲密的人，会打开这层外泡，其他人则不能进入。美国心理学家霍尔区分了人际互动中的四种人际距离①：亲密距离、私人距离、社会距离和公众距离。本书研究的是亲密距

① 霍尔提出的人际距离，指的是人与人之间面对面直接交往时所保持的相互间的客观距离。人际距离体现了人际交往中双方的亲密程度。

离中的互动行为。

（三）仪式的结构与反结构理论

杜尔干与布朗认为，仪式通过强调社会规范来加强社会团结，并以此构筑成一种静态的结构功能理论，但是这种理论却无法解释社会变迁。特纳则认为仪式通过凸显社会冲突来加强社会团结，并试图以此为基础来搭建一种动态的结构功能理论。而在有序的结构仪式中，又存在着一种独立于生活之外的反结构时空。仪式中的人非正常生活中的人，仪式中的社会构成非正常生活中的结构构成。这种独立于日常生活之外的时空被维克多·特纳称为“阈限”。仪式前和仪式后的正常生活状态分别为分化状态和再整合状态。

阈限的时空是一种反结构非正常化的时空，在这种反结构的状态中又隐含了有序的结构成分。阈限前和阈限后的正常生活状态看似人们处于一种有序的生活模式中，在自己的位置各司其职、按部就班地进行，而潜在的、不可见的问题与冲突却是在日益积淀涌动。当反结构成分积累到一定限度，仪式便出现了。

特纳提出仪式强调冲突来加强团结，他谈到了结构与反结构的问题。他认为仪式是呈现社会的核心，对于仪式本身的研究可以影响到对社会结构的认知。其实结构就是人在社会中的位置，而反结构是人对自身在社会位置的背反。整个社会是由结构和反结构构成的，结构和反结构是一枚硬币的正反两面，并且处在一个主次位置的变动过程之中，这个变动的过程可以通过对简单社会的考察来得到认识。特纳认为所有的通过仪式都有着标示性的三个阶段：分化阶段、阈限阶段以及再整合阶段，结构与反结构在三个阶段的显隐状态各不相同。第一个阶段包含带有象征意义的行为，表现个人或群体从原有的处境之中“分离出去”的行为。介乎二者之间的“阈限”阶段，个人和群体的特征并不清晰，它从正常的行为模式之中分离出来，进入一个多少有些超脱的时间与空间之中。阈限中的状态是一种神圣的时空，它独立于阈限前和阈限后的时空之外。仪式中的每一个程序都具有为解决矛盾和冲突的神圣性和不可缺少、不可更改性。

现代女性在日常生活中要承受来自性别角色和社会责任所带来的种种压力，因此在有一部分人当中“闺蜜游”成为一种仪式，她们凭借这种“仪式”来抵抗压力和不平等。

三、社会支持理论

20 世纪 70 年代，社会支持理论衍生于社会心理学与健康的相关研究中，研究者们认为社会支持作为一种辅助性资源可以帮助个体抵御生活压力（Rook 和 Ituarte，2010）和社会孤独所带来的负面影响（Stroebe 和 Schut，1999）。社会支持是人们通过与非专业性人士的互动而能够获取的社会性资源，提供资源的非专业人士可能来自正式的支持性群体中，也可能来自非正式的人际关系网络中（Underwood 和 Gottlieb，2000）。

在实际研究中，学者们关注更多的是来自家庭、朋友、社会公共机构的支持，但事实上无论是商业性合作还是陌生人之间，抑或亲密的朋友和家人之间，只要彼此发生了交流和互动，互相之间就有可能提供社会支持（屈小爽，2018）。社会支持既包括金钱、信息、物质、服务等有形援助，也包括心理、情感上的无形支持，比如，共情、关心、鼓励、理解、尊重、放松等（宋佳萌和范会勇，2013）。众多研究表明，社会支持对人的身体健康和生活满意度具有积极的促进作用（杨化龙和鞠晓峰，2017；郑志丹和郑研辉，2017）。

本书认为，闺蜜游中，女性在与闺蜜的互动行为中获得社会支持，对其个人成长、自我接受以及与他人建立良好的关系等心理幸福感的维度提升有密切的联系。

第二节　女性旅游的相关研究现状

20 世纪 90 年代中期，国外研究者开始关注女性在旅游中的体验，他们分别从女性商务出游（Aitchison 和 Jordan，2008）、旅游者行为（Anderson 和 Littrell，1995），以及市场营销（Kinnaird 和 Hall，1996）等角度展开研究。Swain（1995）认为早期的旅游研究中几乎无人关注女性旅游者，但是随着时间的推移，关于女性旅游体验的文献资料逐渐增多，相关研究涉及女性独游（Jordan 和 Gibson，2005；Wilson 和 Little，2005）、女性在家庭出游中扮演的角色（Davidson，1996；Deem，1996；Small，2005）等。1996 年 Kinnaird 和 Hall 两位学者构建的“性别认知框架”（A gender aware framework）为女性艳遇游（Jeffreys，2003；Pruitt 和 LaFont，1995；Taylor，2001；Berdychevsky，Gibson 和 Poria，2013）的研究作出了巨大的贡献。

学者们主要从两个方面研究女性旅游者：社会文化视角下女性旅游者的行为以及市场营销视角下的女性旅游者。从社会文化的观点来看，早期的许多作品都提到维多利亚时代女性是现代女性游客的先驱（Birkett，1989；McEwan，1996；Robinson，1990）。这些勇敢的女性，尽管承受着来自阶级、权利和性别的压力，并且经常遭到家庭和社会的反对，她们仍能毅然踏上探险游的旅途。也正因为如此，才为学者们调查研究女性独游者的旅游体验（Jordan 和 Gibson，2005；Wilson 和 Little，2005，2008）以及现阶段的闺蜜游（Berdychevsky，Gibson 和 Bell，2013；Gibson 等，2012；Khoo－Lattimore 和 Prayag，2015）奠定了基础。现阶段的研究一直认为旅游行为既代表了赋权同时也意味着反抗（旅游既是一种赋权行为，同时也是反抗），如果在女性旅游情境下可能还要涉及权利博弈和安全问题（Swain，1995）。

从市场营销角度出发的进行研究的学者们最早使用生命阶段理论（life stage perspective）探索了职业女性和非职业女性的出游模式（Bartos，1982）。这一研究结论至今依然具有一定的代表性和概括性，如女性有了孩子以后会减少出游；职业女性出游的机会更多；单身和无子女的女性出国游的频率更高。在其他的早期研究中，Hawes（1988）运用心理图形学研究了 50 岁及以上的女性的出游模式，并将她们区分为三种类型，分别是经验丰富的旅游者、闲散型旅游者和追逐梦想的旅游者。与对维多利亚时代女性旅行者的研究相似，Hawes 发现，这些中年女性中有许多人是活跃的冒险型游客。同样地，Kerstetter 和 Pennington - Gray（1999）使用利益寻求理论（benefits sought perspective）来研究中产阶级女性的旅行经历，也发现了她们一系列的旅行风格。

大部分有关女性旅游者的文献都表明女性旅游者的行为模式有其共同点，如会受到孩子及自身生命阶段的影响，会更多地考虑出游中的安全因素，但是同时女性在出游中的表现也是多种多样的。鉴于本书研究的主题——闺蜜游既是一种特殊的出游现象，同时也是一种新兴的女性出游方式，因此本章首先对先前学术研究领域关注度较高的女性商务游和女性独游进行综述。主要原因在于，一方面，女性商务出游及女性独游较闺蜜游更早得到学术界的关注，同时它们与闺蜜游也存在一定关联；另一方面，这两种女性出游方式与闺蜜游之间既有共同点也存在很大的差异，在一定程度上能够帮助我们理解闺蜜游产生的原因及这一现象存在的合理性，同时也能为后续的研究提供一定的借鉴意义。

一、女性商务出游的研究现状

早期西方学者关于女性旅游者的研究几乎都聚焦到了商务出游这一现象上，鲜少有关注女性休闲旅游的。主要原因在于越来越多的女性参与到商务活动及商务出游中，1991 年女性在商务出游中占比只有 25%，到 2010 年这一比例已经上升到 50% 左右①。到了 21 世纪，女性出游的趋势发生了巨大的变化，商务出游人次逐年减少，休闲旅游逐渐兴起（Warnick 和 Chen，2008）。商务旅游的式微主要原因在于移动通信设备的发展和互联网的普及，使很多商务合作中的沟通不必面对面，但是休闲旅游显然不会受到这些因素的影响。Kashyap 和 Bojanic（2000）发现商务旅行者和休闲旅行者对价值、质量和价格的认知和期望存在显著差异。而我们对女性旅游者需求的认识与实际情况也存在着一定的差距。导致偏差的主要原因是学者们

---

① Brownwell，J.（2011）. Creating value for women business travelers：Focusing on emotional outcomes. Cornell Hospitality Reports，11（12），6 - 17.

在研究中倾向于使用调查问卷和陈述偏好的方法（Stated preference method），受访者在面对研究人员预先设定好的选项时作出的选择往往和面临真实环境下的真实产品时的状况是不同的。

Smith 和 Carmichael（2007）将加拿大的女性商务旅游者分为三类，并从人口统计学特征、旅游模式和旅游者行为三个方面将这三类旅游者进行了区分。研究发现那些受过高等教育的女性出游频次不高，但是她们更倾向于将商务出游与休闲旅游结合起来，并且一旦出游通常在异地停留的时间较长，每次出游的花费都在 500 美元以上。这些女性大多数为个体经营者，在探亲假访友的同时顺便旅游，尤其是当她们所到之处是乡村旅游目的地时。Newth（2011）运用心理学特征的相关理论将美国商务女性旅游者同样分为三类，并且发现区分这三个群体的最重要的心理变量是与他人联系的需要、赋权感和勤奋感。Pennington Gray 和 Kerstetter（2001）按照出游动机的不同将高知女性旅游者分为三种类型——休闲旅游导向型、促进家庭及社会关系型和探险型。

一部分学者研究了职业女性在商务出行中对于酒店服务的需求（Brownell，2011；Chan，2014；Harris 和 Ateljevic，2003；Lutz 和 Ryan，1993；McCleary，1994；Phadungyat，2008；Sammons，Moreo，Benson 和 Demicco，1999）。如 Lutz 和 Ryan（1993）通过发放调查问卷研究了英国的男性和女性商务人士对酒店服务的感知上是否有差异，接受调查的 48 名商界女性中，大多数人认为酒店提供的女性专属楼层、女性洗浴用品和女性化的装饰对她们来说并不重要。研究结果显示，除了女性表示需要安全可靠的停车场，以及希望在酒店餐厅用餐时能够感受到舒适以外，男性和女性高管在对待酒店服务的态度上几乎没有什么不同。但是 McCleary 等（1994）进一步研究得出了男性和女性商务旅行者在选择酒店标准上的显著差异。他们指出，男性更看重酒店是否提供办公场所和传真机等商务设施，而女性则更关心客房服务、门锁、窥视孔、监控摄像头、房间门上的安全链条锁、明亮的走廊和停车场照明。Sammons 等（1999）在对 434 名女性商务人士的研调查究中也得出了类似的结论。Phadungyat（2008）也发现“安全设施”尤其是

“电子门口”“明亮的走廊”“自动灭火装置”以及“闭路电视监控系统”是女性商务人士出游选择酒店的重要考虑因素。由此可见，女性出游过程中对酒店的选择上都会首先及重点考虑安全保障因素，这也是早期研究的一致性结论。

二、女性独游的研究现状

女性独游这一说法出现的时间较晚，早期对于女性独自出游的研究基本都被归属为对背包客研究的一个分支。背包游及背包客产生于西方20世纪60年代左右，80年代传入中国，这一时期，西方第二次女性主义的浪潮推动了女性背包游的蓬勃发展，女性期望通过独自背包出游来消除和缩短男女之间的性别差异，摆脱从属于男性的社会地位（李银河，2003）。女性背包客独自出游的过程中需要独立与人交流和互动，从而自主或无意识地摆脱了对男性的依赖或暂时脱离男性“力量”的庇护，当女性旅游者在非惯常环境下与他人互动，与陌生人建立全新的只从属于自我的社会关系，在旅途中依靠自身的力量独立解决面临的问题和挑战时，这些经历都能够有效增强她们的自我认同、自尊自信及加深自我赋权。更重要的是，女性背包客在独自出游的过程中所获得的积极影响——加深自我认知、观念的转变、自信心提升、专属于自己的社会关系等，能够在旅游结束之后延伸至惯常环境下的日常生活中去，并持续影响女性的自我赋权意识（Pohl，Boorie Patterson，2000）。事实上，旅游空间并不只是为旅游者提供逃避场所，对于女性来说，它更像是一个构建和完善自我的空间（Wearing 和 Wearing，1996），她们在这里建构与自我相关的意义，实现主观意识的多元化发展，将自己从日常的社交属性和性别角色中剥离出来。女性独游者通过旅行可以实现很多目的，包括锻炼积极性和抵抗力、经历自我转变、存在的真实性、独立性、解放和赋权（Jordan 和 Gibson，2005；Obenour，2005）。

但是女性在出游过程中往往要面临许多来自性别的限制，例如，被 Valentine（1989）称为“the geography of women's fear”的公共空间中的性别焦虑（gendered ideologies concerning the use of public spaces）一方面，旅行使女性进入公共空间，挑战了社会对女性设置的种种性别边界；另一方面，多年来内化于心灵深处的性别意识又让她们身不由己地遵守社会“性别分工”，潜意识中认为女性独自出游是“不合适的”以及“危险的”（Jordan 和 Gibson，2005；Wilson 和 Little，2008）。研究显示，女性比男性更容易感知到公共空间中的不安全因素，因而在公共场所更容易产生不安全感（范向丽、郑向敏，2007）。例如，大多数女性会在乘坐公共交通时害怕被性骚扰（Deem，1986），女性在地铁站或者公交站等人口拥挤的地方更容易感到害怕（G. Lynch，S. Atkins，1988）。独自出游的女性对酒店和旅游环境中的安全设施敏感度更高，对黑夜带来的危险性也更易察觉（范向丽、郑向敏，2007）。

三、闺蜜游的研究现状

（一）闺蜜游现象的研究

西方国家中，全女性旅行作为一种有意义的社会现象出现得较早，并吸引了大众媒体越来越多的关注，“闺蜜游”一词最早被各类旅游指南用来指代全女性旅游，自 2005 年以来出现的频率逐渐增加，进一步强化了这一词语的使用。随后旅游企业也开始使用这个词，推出所谓的“闺蜜游套餐”，这些套餐通常结合了温泉、SPA、美食、红酒和购物等活动。一些旅行社为了推广他们的“闺蜜游”产品，打开市场，甚至将这一词语作为促销“代码”为顾客提供各种优惠和折扣。至 2017 年，从旅游市场运营角度出发“闺蜜游”所涵盖的内容越来越丰富，旅行社、酒店和旅游目的地纷纷联手打造“闺蜜游套餐”，除了酒店内的美食美酒套餐，还包括旅游目的地的艺术街区游览、自然景观地的“发现之旅”、夜间演艺活动套票等。[①]

全女性休闲旅游团体的持续增长是女性旅游领域的全球性现象（Khoo -

---

① www. travelagentcentral. com，JUNE 19，2017.

Lattimore 和 Prayag，2015）。然而，目前学术界对于全女性旅游的现状关注非常少，相关领域的研究进展也非常缓慢。西方学术界将“闺蜜游”归结为休闲旅游的一个特殊细分市场（Bailey，2009；Berdychevsky、Gibson 和 Bell，2016；Liza B.，Gibson H. J 和 Bell H. L，2017）因此多数学者从市场营销的学科视角对这一新的现象展开研究。Berdychevsky、Gibson 和 Bell（2016）从市场营销中广告的角度出发研究探讨了“闺蜜游”Girlfriend Getaway（GGA）一词的起源和相关含义，研究者对 83 名美国和加拿大女性进行了 11 个焦点小组和 15 个个人访谈，通过语义分析，了解女性如何理解“闺蜜游”一词的含义，这一个词语对她们来说代表着什么样的活动内容，以及这一词语所指代的旅游形式能够给她们带来什么样的情感体验和状态。学者们还分析了女性对于“闺蜜游”一词中所代表的关系构建的认识，这一词语背后涉及的社会现象、流行文化以及符号系统和知识。研究表明，女性对于“闺蜜游”这一词语的认知存在争议，有的女性认为这一词语能够准确且积极地表达和反映出她们的女性旅游体验，另一部分则认为这一词语并不能全面准确地表达出她们的旅游体验，甚至认为它容易使人产生不好的联想和误会，比如同性恋、不安全等。作者最后指出，旅游营销人员在制定及实施旅游广告策略时，要充分了解女性客户群体的偏好，以确保他们的策略能够恰当地响应女性消费者各种不同的偏好和生活方式。

Catheryn Khoo – Lattimore，Girish Prayag 和 Marta Disegna（2019）三位学者基于推拉理论（push and pull framework），对闺蜜游（girlfriend getaway，GGA）市场属性进行细分，其中推力为女性出游动机，拉力为住宿环境选择，同时分析各要素之间的关系。该研究使用较为新颖的模糊 C – Medoids 聚类分析法对模糊数据进行分析，在对 749 名女性旅行者的样本分析中发现，根据出游动机可以把女性游客划分为社交者（socializers）、享乐者（enjoyers）和娱乐者（rejoicers），而根据她们对住宿属性的喜好，又可以分为安全意识弱 VS 安全意识强（Safety Conscious VS Safety Priority）、轻核心服务 VS 重核心服务（Low Core Service VS High Core Service）、餐饮狂热者 VS 餐饮爱好者（F&B Enthusiasts VS F&B Lovers）以及轻附加服务 VS

重附加服务（Low Augmented Service VS High Augmented Service）。社交者对酒店的安全和核心服务并不是很重视，而娱乐者对酒店的附加服务并不太在意。

（二）闺蜜游动机及目的的研究

Junek，Binney 和 Winn（2006）是第一批关注全女性旅游的学者，但是他们并未使用“闺蜜游”这一概念①。由于对澳大利亚全女性徒步旅行很感兴趣，他们对这一群体展开研究，发现女性喜欢和其他志同道合的女性一起旅行，并且由此可以获得自由、放松和欢乐等积极的情感体验。随后，Gibson 等（2012）对闺蜜游的目的进行了补充，比如庆祝特殊时刻，帮助女友克服不愉快的经历，与朋友或家人共度美好时光。尽管所处的人生阶段不同会对旅游体验和旅游行为产生影响，Gibson 等却发现，无论处于哪一个人生阶段，人们对于自由和友谊的追求都是不变的。对于大部分参与者来说，闺蜜游作为她们进入下一个人生阶段的仪式，被赋予与特定生命阶段相关的主题，比如女性在青春期或成年早期参与闺蜜游是为了宣誓脱离童年、尝试接受新的身份以及与新身份相符的行为。对于中年女性来说，参与闺蜜游则意味着“自我赋权”以及在“变老”之前对自己的未来和人生能够有清醒的认识。而步入老年的女性参与闺蜜游更多的是为了应对丧偶后的心理及生活中的变化②。

Gibson，Berdychevsky 和 Bell（2012）则将研究聚焦于闺蜜游（girlfriend getaway，GGA）这一女性旅游新趋势。Gibson 等在研究中发现，闺蜜游的成员可以包括女性朋友团体、母女游或其他女性关系。出游的目的也分很多种，有些是作为结婚前的告别单身仪式，有些是毕业旅行，还有些是为了让自己能够度过不愉快的人生事件如离婚、丧偶。还有些闺蜜游

---

① Junek，O.，Binney，W.，& Winn，S.（2006）. All - female travel：What do women really want? Turizam：Znanstveno - Stručni Časopis，54（1），53 - 62.

② Gibson，H. J.，Berdychevsky，L.，& Bell，H. L.（2012）. Girlfriend getaways over the life course：Change and continuity. Annals of Leisure Research，15（1），38 - 54. doi：10. 1080/11745398. 2012. 670963.

甚至只是为了能够跟自己的女性好友或女性亲戚相处一段时间而组织了一场旅行。这样的旅行加强了女性之间的联系，促进了她们的关系，并且使她们有机会逃避日常角色和责任，无疑对于女性心理健康和提升女性幸福感有重要的贡献（Berdychevsky，Gibson 和 Bell，2013）。

闺蜜游是女性旅游市场中比较特殊的存在，首先，与独游、商务出游、家庭游相比，闺蜜游的动机基本上都是友情，并且 Gibson 等（2012）通过研究证实了处于不同年龄层次和生命阶段的女性参与闺蜜游时都具备该动机。以女性促进友谊作为度假和出游动机的结论也同样出现在休闲和社会学（Glover 和 Parry，2008；Green，1998；Kleiber，2002）以及体育赛事研究中。与此同时，社交因素和亲密关系作为旅游动机也被旅游相关文献很好地证实了（Crompton 和 McKay，1997；Kim 和 Prideaux，2005），而它们是否为闺蜜游的动机尚未被证实。但是 Berdychevsky 等（2013）发现友谊会影响闺蜜游的旅游体验。其次，在以往的研究中发现，女性独游者在独自旅游的过程中往往要承担“男性凝视”所带来的压力和恐惧感（Harris 和 Ateljevic，2003；Pritchard 和 Morgan，2000），而闺蜜游能够在一定程度上增加女性出游的安全感。最后，闺蜜游对于女性的意义确实跟其他旅行方式或跟其他人一起出游度假有本质的不同。Graburn（1989）在他的书中把闺蜜游概念化为一种成人礼，女孩们借助共同出游来实现自己人生阶段的跨越，在这里闺蜜游充满了仪式感。随后 Gibson 等（2012）也在研究中证实了这一观点，他们发现女性在青春期、成年早期、成年中期和成年后期（从 21 岁到 87 岁）会参与闺蜜游，以应对人生中的重要转变，如毕业、婚礼、生病和丧偶。

Khoo - lattimore，Catheryn Prayag 和 Girish（2015）系统地将闺蜜游市场分为五个不同集群进行实证研究，该研究将女性与其他女性一起的群体休闲旅游（GGA）确定为一个明确界定的细分市场，与女性独游和商务旅行区别开来。并且证实了行业内对这一市场的预测是正确的，闺蜜游确实有其独特的需求偏好和行为特征，参与闺蜜游的女性旅游者更偏爱能够促进群体之间互动和联系的服务与活动，说明这一市场是由群体导向而非个人导向所驱动的。闺蜜游市场被友谊和与他人建立良好关系等动机强烈驱动，因此，对于参与者来说，社交的和情感上的安全感可能比生理上的安全更为重要。此外，作者还解释了为什么外出就餐是闺蜜游中的一项重要活动，当食物消费发生在一个有其他人参与的环境中时，它成为建立强大的人际关系的关键因素（Kemmer 等，1998；Yang 等，2014）[①②]，在这个作用下，食物成为连接人与人的强有力的方式（Kniazeva 和 Venkatesh，2007）。这与闺蜜游中的关系互动产生了很好的共鸣，外出就餐成为社交和联结体验的一部分（Bond，2009；Grout，2005）[③④]。

现有的文献普遍认可了在出游动机上男女差异较大这一观点（Chiang 和 Jogaratnam，2006；Frohlick，2013；Heimtun，2011；Jennings，2005；Jordan 和 Gibson，2005；McNamara 和 Prideaux，2010），但是值得注意的是，闺蜜游这样的小众女性市场的旅游行为背后可能隐藏着不同的动机。Gibson 等（2012）研究发现，强化和恢复与女性朋友的联系是闺蜜游的主要动机，庆祝生命中具有里程碑意义的事件（如结婚、毕业）以及在困难时期（如丧偶、离婚、分手等）寻找支撑和慰藉也是女性参与和组织闺蜜游的动机。Berdychevsky 等（2013）认为闺蜜游是能够影响女性的幸福感的，并且认为"逃避"也是闺蜜游的重要动机之一，在他们的研究中，被调查的女性把闺蜜游看作一种纯女性时光，在这段时光和空间中没有来自性别的压力和权力差异。Durko、Stone 和 Petrick（2014）发现女性出于寻求自我的动机会选择抛弃另一半出游。Khoo - Lattimore 和 Prayag（2015）提到

---

① Kemmer, D., Anderson, A. S., Marshall, D. W., 1998. The marriage menu: life, food and diet in transition. In: Murcott, A. (Ed.), The Nation's Diet: The Social Science of Food Choice. Longman, London, UK, pp. 197 - 209.

② Yang, C. L., Khoo - Lattimore, C., Lai, M. Y., 2014. Eat to live or live to eat? Mapping food and eating perception of Malaysian Chinese. J. Hosp. Mark. Manage., 1 - 22 (E - pub ahead - of - print).

③ Bond, M., 2009. Best Girlfriends Getaways in North America. National Geographic Society, Washington.

④ Grout, P., 2005. Girlfriend Getaways: You Go Girl! And I 'll Go, Too. In: Connecticut, Second ed. The Globe Pequot Press, USA.

集体出游能够带来安全感是闺蜜游的重要动机。Khoo－Lattimore 和 Gibson（2015）揭示了新奇有趣的旅游体验是马来西亚女性热衷于闺蜜游的重要原因。大部分研究显示，逃避男权压力、庆祝生命中有里程碑意义的事件、与他人建立或恢复良好关系、融入社会、逃避、寻求支撑和新奇是闺蜜游的几个比较显著的动机。这些动机不仅促成了闺蜜游的实现，同时在一定程度上可能影响参与者对酒店设施和服务的偏好（Khoo－Lattimore 和 Prayag，2015），但是这一观点至今未被很好地研究和证实。

Khoo－lattimore，Catheryn Prayag 和 Girish（2017）将闺蜜游的出游动机归纳为与朋友建立联系、庆祝特殊事件、与朋友社交、逃避压力（比如工作或家庭关系）、结伴出行比较安全、在困难时期找到支撑、探寻新奇的事物、获得旅游目的地的相关知识、探险、享乐、从家庭关系中逃离、在情绪上和精神上获得恢复、享受生活等 13 个方面，并研究了不同国籍不同种族的闺蜜游出游动机之间的差异。结果表明，美国 GGA 旅行者的动机更多的是建立联系、社交、获取知识和乐趣以及逃离家庭生活，而英国 GGA 旅行者的动机更多的是社交。同样地，马来西亚 GGA 旅行者的动机集中在结伴出游能够获得安全感、在困难时期寻找支撑、冒险和获取知识几个方面；而澳大利亚 GGA 旅行者的动机更多的是享受生活。不同种族的女性在参与闺蜜游时的动机也各不相同，比如白人女性出游的动机主要是与朋友社交、享乐（to have fun）、逃离家庭生活；而亚洲女性更倾向于逃避压力（比如工作和家庭关系）以及在情绪上和精神上获得恢复；其他种族（混血、拉美裔或黑人）的女性出游的动机主要是探寻新奇的事物和探险，但是总体上看，不同种族的女性在参与闺蜜游的出游动机相似性要大于差异。作者通过探索性因子分析得出在跨文化背景下研究闺蜜游的出游动机时，将国籍作为变量比将种族作为变量更合适。

（三）闺蜜游的住宿需求及偏好研究

在西方，全女性出游的现象已经催生了一系列旅游书籍和相关网站比如玛丽贝丝·邦德的《50 个最好的女朋友在北美度假》（50 Best girls Getaways in North America），这本书帮助和指导女性如何制订全女性度假旅行的计划。然而 Catheryn Khoo – Lattimorea 和 Heather J. Gibson (2015) 认为在学术文献中，学者们很少从供给的角度出发去了解女性在旅行中寻求什么。他们认为，目前该领域的大多数研究都是在探索旅游行为、旅游动机和旅游体验，而很少关注与住宿有关的问题，特别是从性别意识的角度。

目前，学术界对女性在参与闺蜜游时的住宿需求和偏好研究有限，尽管大家都认为为旅游者提供满意的服务和体验至关重要（Chen 和 Chen，2014），但是对于参与闺蜜游的女性旅游者来说，她们对住宿的需求和偏好与顾客体验和满意度之间的关联依然是未知的（Khoo – lattimore，Catheryn Prayag 和 Girish，2015）。而早期的研究主要关注的是商务女性出游过程中对住宿的需求和偏好（Lutz 和 Ryan，1993；McCleary，1994；Phadungyat，2008；Sammons，1999），并发现与男性相比，女性更注重酒店的安全性。相关行业报告显示[①]，闺蜜游这一细分市场有其自身的特点，参与者们更青睐在出游的过程中品尝美食、外出就餐、购物、做 SPA 以及去海滩（Bond，2011）。Grout (2005) 也认为享受美食、购物、逛历史街区、运动以及沉溺于 SPA 等休闲放松的奢侈享受是闺蜜游的典型特征[②]。Kasanicky (2009) 则认为参与烹饪和艺术课程，团体度假活动、节庆节事活动也是闺蜜游中可能出现的情况[③]。由于闺蜜游尤其特殊的偏好和显著的特点，因此对这一现象和市场进行深入的研究能够为行业和企业进行产品开发及设计定制服务提供有效的指导。

早期的研究聚焦于女性游客在商务出游中的住宿需求和偏好（Foster 和 Botterill，1995；Lutz 和 Ryan，1993；McCleary，1994），但是商务出游与休闲旅游有着本质的区别，同时早期的实证研究结果并不能普遍适用于

---

① AAA, 2007. AAA Girlfriend Travel Research, Retrieved from AAA and Aspire http: //aspire-marketing. com/girlfriend – getaway – report – conducted – by – aaa – and – aspire – marketing/ (accessed 26. 02. 14).

② Grout, P., 2005. Girlfriend Getaways: You Go Girl! And I 'll Go, Too. In: Connecticut, Second ed. The Globe Pequot Press, USA.

③ Kasanicky, L., 2009. The Complete Idiot's Guide to Girlfriend Getaways. Penguin Books, New York.

现在的情况（Ho 和 McKercher，2014）。最近 Khoo - Lattimore 和 Gibson（2015）研究发现参与闺蜜游的女性在住宿中更在意一些非常规的女性设施，比如香薰机、鲜花、女性杂志以及美甲足疗等美护产品；该研究还指出，女性旅游团需要个性化的交通服务，以及在安全的区域就餐、购物和参观的信息。Khoo - Lattimore 和 Prayag（2015）强调了闺蜜游市场的需求偏好与大众女性休闲旅游市场是有区别的。他们认为，除了食物和饮料之外，闺蜜游的参与者对酒店房间内的女性设施和安全设施的关注度很高。尽管该研究成功地为闺蜜游市场确定了一些显著的住宿属性，但他们没有衡量行业的重要统计数据，如该市场的规模和游客入住的酒店类型，也没有建立闺蜜游的动机和住宿选择之间的任何联系，这在一定程度上反映了这一领域的研究尚属空白。更重要的是，他们的样本主要是亚洲女性（97.6%）。现有的关于闺蜜游的研究没有采用跨文化的方法，这限制了我们对亚洲和西方的闺蜜游参与者在住宿选择上的差异的了解。Catheryn 和 Gibson（2015）尝试以探索女性休闲旅游者的酒店偏好为目标，采用行动研究的方法研究了马来西亚闺蜜游参与者的住宿偏好。作者确定了四个主题来描述参与者的需求偏好：适合女性、促进友谊、安全性、购物和打折促销①。他们认为研究闺蜜游的出游动机与住宿偏好之间的是存在一定的关系的，因为闺蜜游的出游动机独特（Berdychevsky 等，2013）、出游频率低（Friesen，2013）②、住宿是高介入购买（Kasanicky，2009）。

第三节 旅游互动行为的研究现状

1908 年，德国社会学家齐美尔首次在他的著作《社会学》中使用

① Khoo - Lattimore, C., & Gibson, H. J. (2015). Understanding women's accommodation experiences on girlfriend getaways: A pragmatic action research approach. Current Issues in Tourism, 1 - 19. doi: 10.1080/13683500.2015.1068745.

② Friesen, T. (2013, March 4). 5 affordable (and 2 splurge - worthy) girlfriend getaways. Fodor's Travel, Retrieved from http://www.fodors.com/news/girlfriend - trips - and - bachelorette - party - destina tions - 6531.html.

“社会互动”一词。社会互动，是指社会主体为了满足各种需要而发生的、以信息传播为基础的人与人、人与群体、群体与群体间的社会交往活动（郑杭生等，2013）。旅游活动涉及了不同人群之间的接触、交流和互动关系。英国旅游社会学家厄里指出，旅游活动中旅游消费的特殊商品是“他人的陪伴”，旅游服务本身离不开与他人的互动（彭丹，2013）。谢彦君（2011）提出的旅游交往情境模型中也强调了旅游活动的互动性，他认为旅游活动中的互动包含了人与人的互动和人与物的互动。学者们在旅游互动的研究中几乎都提到了人与物的互动，旅游活动中“物”固然是重要的客体，但是人与物的互动更多地体现在旅游消费活动中以及物对人的“吸引”和人对物的“凝视”这种感知上的互动，因此“人与物”的互动行为实质是属于消费行为，而本研究涉及的互动行为从社会学角度出发特指社会学范畴的人际互动，即人与人、人与群体、群体与群体之间的互动交往。

一、主客互动行为

旅游主客互动关系指的是旅游地居民与旅游者在旅游地交往所引起的现象与关系的总和（魏宝祥，2013）。东道主和游客之间的互动是基于旅游活动而建立起来的临时的社会关系，旅游服务在其中充当了媒介，主客双方更多的是各取所需的商品交易关系（韩晓兰等，2009）。但是游客也会为了寻求互动的本真性而积极主动地参与到主客互动当中，并在互动的过程中倾注自己的情感（王宁，2007）。部分旅游人类学家（彭兆荣，2004；陈莹盈和林德荣，2015）在旅游行为研究中提出了从“自我”与“他者”的视角出发研究旅游主客互动，并以此将旅游主客互动划分为“自我主体性”“他者主体性”和“伦理他者”三种类型，主客的互动行为与互动关系彼此作用。主客交互行为基本上贯穿在整个旅游活动中，主客间愉快及友好的互动会产生积极效应，但是也存在不同程度的矛盾和冲突并产生消极效应。此外，1990年厄里提出的“旅游凝视”概念对研究旅游互动行为作出了巨大的贡献，国内多位学者（刘丹萍，2007；陈才，

2009；吴茂英，2012；王华和徐仕彦，2016）对旅游凝视理论进行了发展，阐述了旅游者与旅游地景观的凝视、旅游者与当地居民的双向凝视、游客间的凝视等多重凝视互动关系。

二、游客间互动行为

游客间的互动是旅游过程中出现较为频繁的互动类型，但相关的研究却比较少，少量的研究主要关注于团队游客、背包客、游轮旅游者等几种类型的游客间互动（闫静，2015），并且研究者重点关注的是陌生游客间的互动，他们认为旅游情景能够促使彼此陌生的旅游者高于日常社交环境下的速度产生互动交往，并为彼此提供体力及情感上的支持（Fredrickson和Anderson，1999）。团队旅游中，游客最初的互动往往比较被动，但随着活动的进行，游客会自发形成一些相对亲密的小群体，如果在遇到一些需要团队成员同心协力处理的事件后，团队意识及团队游客间的情感会进一步增强。团队中游客间最初的交往往往比较被动，但是通过后续活动中交往的逐渐加深，游客间会自发形成一个又一个相对亲密的小团体，当他们共同面对和成功处理完旅途中遭遇的一些事件以后，团队成员彼此间的感情会进一步加深（Gorman，1979），同时通过交往和互动，他们相互之间增进了解，也能够互相学习，游客的自我认知和自信心都得到了提高，从而极大地改善了游客的精神状态与旅游体验（Wearing，2001）。团队旅游中，游客之间会彼此影响，即他们可以从同行的游客愉悦的表情、行为和体验中感受到快乐（Ryan和Collins，2008），在彼此融洽的氛围里，游客间能迅速建立起友谊，购物欲及满意度也会大大提升（Levy，2010）。蒋婷（2014）将游客的互动行为分为礼仪行为、抱团行为和排斥行为三种类型，认为旅游企业通过对游客间互动行为的引导，可以提高游客满意度与再惠顾意愿。Loker - Murphy和Pearce（1995）提出，寻求刺激、主客互动、与其他背包客互动是背包客的三大旅游动机；Pearce和Foster（2007）按照交往动机将背包客分为四大类：旅游兴趣一般型、寻求刺激型、低社会互动参与型、高社会互动参与型，结果发现，无论是低社会互动型游客或是高社会互动型游客，通过彼此互动交往，不同层次的能力均得到了提高。Yarnal 和 Kerstetter（2005）指出，游轮有限的空间为游客提供了一个社交场所与机会，对游客间的互动起到了推进作用，这种愉快的互动交流增强了游客的休闲体验。目前为止，对闺蜜这一特殊关系的游客间互动的研究尚余很大的空间，因此，本研究期望能为此领域弥补一点点空白，深入了解闺蜜游这一现象背后隐藏的丰富世界。

第四节　存在的真实性的研究现状

一、旅游研究中的“真实性”

1961 年，历史学家布尔斯延（Boorstin）在其著作《镜像：美国伪事件导览》中提到了首出了旅游中的“真实性”（authenticity）问题，从此拉开了旅游学界关于“真实性”研究的序幕。经过几十年的分析、研究、探讨甚至是激烈的辩论，旅游学界关于“真实性”的研究逐渐演变成为了一场旷日持久的思辨，“舞台真实”（staged authenticity）、“客观真实性”（objective authenticity）、“建构的真实性”（constructive authenticity）、“后现代主义真实性”（postmodernism authenticity）、“存在的真实性”（existential authenticity）等观点和理论层出叠见，分别从不同的视角来解读旅游中的“真实性”。

这些关于真实性的解读大体上可以分为四个类型：客观主义真实性研究的对象是旅游客体，它解释了旅游客体的“真实性”，认为真实性水平是旅游客体的基本属性之一，并且旅游客体的真实性水平是有客观的衡量标准的。这一观点在解释“真实性”问题上过于简单直白，并且是静态的，只适用于静止的旅游客体。建构主义真实性的研究对象与客观主义真实性的研究对象相同，都是旅游客体，不同的是建构主义真实性观点认为旅游客体的真实性是可以被“建构”的，真实性是社会建构的产物，不是一成不变的。游客在出游的过程中寻求的是符号化的真实而不是绝对意义上的真实，这一观点能够在一定程度上帮助我们揭露和还原大众旅游市场中游客是如何认知旅游客体的。后现代主义真实性的观点应用的范围较小，它主要适用于分析和研究主题公园、旅游演艺活动、邮轮旅游等领域的现象和规律，该流派模糊了“真品”与“复制品”、符号与现实、真与假之间的边界，认为旅游者是认同旅游中的“不真实”的，并且试图在其中追求一种超现实（hyper - reality）的逼真（verisimilitude）。由王宁（1999）提出的存在主义真实性将关注和研究的视线聚焦在旅游主体上，认为真实性是旅游者潜在的一种存在状态，而旅游活动能够将这种状态激发出来，即存在的真实性，这种真实性与旅游客体无关。四种不同类型的真实性分别对应不同旅游情境，并能够在各自适合的情境下合理地解释一些现象、规律，解决相应的问题。借助“情境”这一载体，不同类型的真实性实现了辩证统一并长期共存（陈丽坤，2013）。总体而言，旅游真实性研究可以分为针对旅游资源的“客体真实性”研究和针对旅游者的“主体本真性”研究。前者包括客观主义真实、建构主义真实和后现代主义真实，探讨旅游产品或资源等对象物的真实性问题。后者则聚焦旅游者的真实问题，目前相关的观点是旅游者存在主义真实性（刘晶晶，2017）。

二、旅游者个体存在的真实性

王宁（1999）将真实性分为三种不同的类型——客观真实性、建构/符号化的真实性和存在的真实性。他将存在的真实性划分为人际真实性（inter - personal authenticity）和个体内在真实性（intra - personal authenticity）。个体内在真实性（intra - personal authenticity）包括机体感受（bodily feelings），机体的感官体验也是旅游的重要组成部分（Veijola 和 Jokinen，1994）。放松、修养、消遣（转换心情）、娱乐、恢复精力、寻求刺激或艳遇、游戏等都是旅游的内容（Cohen，1985；Lett，1983；Mergen，1986）。简要地说，感官体验包括两个方面：感官享受（sensual）和符号性（symbolic）。符号性主要指个体外观所体现出来的文化或者是符号系统（Featherstone，Hepworth 和 Turner，1991）。另外，身体能够“展示”出个人的状态：健康、自然、年轻、活力、生命力、健美、运动、美丽、能量、有闲阶级、品位、个性、浪漫等（Bourdieu，1984；Featherstone，1991；Rojek，1993）。身体是感觉的主要器官，是情感和感官愉悦的内在源泉。因此，身体不仅是一个共同的实体，而且还是一个“身体主体”或“感觉主体”（Seamom，1979）。

社会规则和生存对个体产生的压力导致了个体存在的“异化”，存在的不真实性或异化既是精神上的，也是肉体上的。因此，对身体感觉的关注，实际上是对身体的，或个人内在的真实自我的来源的关注。在休闲旅游情境下，一方面身体是放松的，不受社会结构或超我强加的自我控制的限制；另一方面，身体改变了它的日常存在，并进入一种替代的但强化的体验状态：娱乐、消遣、自发性、游戏性，或简而言之，存在意义上的真实性。

在劳动和劳动分工中，身体在组织的操纵下进行自我控制和自我约束，而在旅游中，身体的控制权回归了自我。也就是说，旅游包含了对个人真实性的身体体验。在旅游中，感官愉悦、情感和其他身体的冲动在相当大的程度上被释放和消费，身体的欲望（来自自然的愉悦、性的自由和自发性）得到强烈的满足。然而，这种真实自我的身体来源只能在相对较短的时间内被探索，也可以作为与旅行相关的某些身体约束以必要成本的高峰体验来实现。个体内在真实性还包括自我成就（self－making）。自我成就是旅游动机背后的一个隐含维度，自我成就同时包含了自我塑造和自我认同，它是指在特殊的状态下，一些现象或过程使个体能够脱离理性世界中的角色束缚，脱去“外衣”回归本我。对许多人来说，工作和日常角色强加给他们紧张和单调的生活节奏，使他们难以追求自我实现。现代社会生活规则下人类几乎所有的活动都理性化和程序化了，过度的可预测性导致了“失落感”的产生（Giddens，1990）。因此，如果这些人不能在日常生活中实现真正的自我，那么他们就有可能为了实现真正的自我而转向旅游或其他形式的冒险（当然这并不意味着没有人能在工作或日常生活中实现自我实现)。旅游是人们补偿日常生活中的枯燥和真实性缺失的重要手段,使人从日常生活的状态中切换出来。人际真实性 (inter - personal authenticity) 包括家庭纽带 (Family Ties) 和旅游共睦态 (Touristic communitas)。在旅游中,一个人不仅能从观看风景、事件或表演中获得愉快的体验,而且同时还能体验到强烈的真实、自然和情感的联系,以及如家庭关系一样的亲密感。旅游还可以使人达到一种“共睦态”(Turnerian)。在共睦态下,结构瓦解,制度化的社会经济和社会政治地位、角色和地位所产生的差异消失。相反,朝圣者体验到的是一种自发产生的关系,这种关系存在于等级平等的全体和个人之间,人们被剥夺了结构属性,达到了一种没有冲突的和谐状态 (Turner, 1973: 216, 221)。

本书探讨的旅游者个体真实性是指在旅游情境中,由于摆脱日常生活中社会角色和社会评价等的影响,旅游者在旅游过程中因防御性和关系维护倾向降低,内部积极成长倾向提升,而诱发出的更接近自然本性的存在状态。不同于人格特质视角的“什么是真正的我”,本研究主要关注的是个体在旅游活动中所达到的真实性状态,即与“做真正的自己”相关的实时的个体真实性主观内省水平 (刘晶晶, 2017)。

第五节 幸福感相关的研究现状

国外文献中用“well - being”“quality of life”“happiness”等词表示幸福感,通常指的是人们对生活的满意度和满足感 (Benckendorff 等, 2009; Moscardo, 2009)。Seligman's (2011) 的幸福感理论认为,积极的情绪 (positive emotion)、参与 (engagement)、关系 (relationships)、意义 (meaning) 和成就 (accomplishment) (也称为 PERMA) 是构成幸福感的要素。

一、幸福感的内涵与分类

幸福感是近年来心理学领域中最热门的研究主题之一,随着幸福感理论与实证研究的发展,幸福感的概念取向呈现出多元化的趋势。西方心理学关于幸福感的研究分支众多，但是主要有两种观点三个类型：一种是源自感性主义幸福观的快乐论（hedonia），另一种是理性主义幸福观的实现论（eudaimonia）。快乐论认为幸福是一种快乐的体验（张陆和佐斌，2007），主要关注人们的主观感受和体验，包括享乐、快乐、舒适等积极情感对幸福感的影响和作用，这种思路反映在主观幸福感（Subjective Well - being，SWB）的研究中（Ryff，Singer 和 Love，2004）；实现论主要关注个体的潜能和才华的实现与发展，从实现个人潜能和发挥个人能力的水平来衡量幸福感，这种观点更加注重人的自我认知、自我决断和自我实现（Ryan 和 Deci，2001），这种观点主要反映在心理幸福感（Psychological Well - being，PWB）中。社会幸福感（Sociai Well - Being，SWB）是指个体对与他人、集体、社会之间关系质量以及对其生活环境和社会功能的自我评估。主观幸福感和心理幸福感探讨的是个人的幸福感，社会幸福感则把个人放置于社会关系中去探讨幸福感。

主观幸福感、心理幸福感和社会幸福感三者基于不同的哲学理念和理论基础，研究的侧重点也有所不同。三者的区别如表 2 - 1 所示。

表 2 - 1　　主观幸福感、心理幸福感和社会幸福感的区别

类型	研究重点	关注点	维度
主观幸福感	幸福的主观体验与感受	感觉上的幸福	积极情感、消极情感、生活满意度
心理幸福感	有意义的生活和自我潜能的实现 从幸福感的来源探讨幸福的心理成分	不以人的主观意志为转移的自我完善、自我实现和自我成就——人的理性幸福	自我接受（self - acceptance）、个人成长（personal growth）、生活目标（purpose in life）、良好关系（positive relation with others）、环境控制（environment master）独立自主（autonomy）
社会幸福感	从人的社会存在考察人的良好存在	社会公共领域	社会整合、社会认同、社会贡献、社会实现、社会和谐

资料来源：根据文献资料整理。

主观幸福感是人们对自己生活质量的整体性自我评价。因此，影响人们幸福的并不是事物本身，而是事物在人们内心的情绪体验和情感反映。

主观性、整体性和相对稳定性是主观幸福感的三个基本特点。主观性体现在人们是按照自己的标准来评判和衡量幸福感；整体性则是指人们在衡量幸福感的时候会综合考虑多个方面的因素；主观幸福感一旦形成，就会在一定的时间内保持相对稳定。

总体来看，主观幸福感、心理幸福感都根植于人们的个人特征基础，体现了个人特征差异对于幸福感的衡量。但是，在现代社会，人们都处于一定的社会结构网络之中，在衡量幸福感时不可避免会受到社会环境的影响。因此，在基于个人特征的基础上，同时考虑了个人的社会特征，心理学家提出了用社会幸福感来衡量人们的幸福感程度的思路。学者凯斯在20世纪末提出了社会幸福感的概念，以弥补主观幸福感、心理幸福感在人们社会特征方面考量的不足，这给幸福感研究带来新的视角。基于研究结果，凯斯认为社会幸福感应该从五个维度来体现，分别是社会整合、社会认同、社会贡献、社会实现、社会和谐①。

相对来说，主观幸福感的概念和相关研究开始得较早，理论体系和测量方法相对比较成熟，但也有其本身研究视角的局限性。由于主观幸福感仅仅基于个人情感体验来对事物进行评价，结果不可避免地会出现偏差。同时，人们的情感会随着时间和社会事物的发展而逐渐变化，所以具有即时性的特征。主观幸福感是人们基于多方面因素的整体性衡量，并不能完全反映出个人的详细状态。另外，主观幸福感的研究更多是基于经验研究的维度，而在理论上并没有得到很好的支持。

二、心理幸福感研究现状

心理幸福感的核心要义是人的自我实现，理论基础是实现幸福论（eudaemonism）或自我实现论（self - realizationism）。心理幸福感是自我情感的评价，是基于个人生活目标、个人成长等因素形成的个人情感认知标准。客观的评价、专家的评价是心理幸福比较关注的方面，因此，心理幸

---

① Keyes, Corey L M. Social Well - Being. Social Psychology Quarterly. 1998, 61: 121 - 140.

福感强调真实的自我和个体情绪状态的一致性。可以说，心理幸福感是个体比较客观真实的评价，体现了个体的人格，同时也满足了个体自主需要、能力需要和关系需要。但是，在心理幸福感的研究成果中，还没有统一的、得到公认的结构维度。

（一）Waterman 的“个人展现”

Waterman（1993）基于研究结果认为，幸福感是个人与其自我保持一致性。也就是说，只有个人从事与其价值观相一致的工作和活动中，才会体会到幸福感。因此，个人会基于“真实自我”（true self），努力做到自我实现，这种状态被称为“个人表现”（personal expressiveness）。Waterman 认为幸福有两种状态：个人表现（personal expressiveness）的幸福和尽情享乐（hedonicen joyment）的幸福。前者侧重于自我表现，后者侧重于心理满足。同时，Waterman（1993）编制了《个人表现行为问卷》（The Personally Expressive Activities Questionnaire，PEAQ），用于检验快乐和个人表现之间的相关。

Waterman 认为，个人表现注重对于事情（undertaking）的投入感。同时，个人表现比较关注的行为并不是日常事物，但这种行为具有较强的适合感和活跃感。当个人专注于某件事情时，就会体会到人生的意义，感受自己的真实存在。另外，人们可以激发个人潜能，达到自我实现（self-realization）。

（二）Ryff 的六因素结构

Ryff 基于实现论对幸福感展开研究，他认为主观幸福感过度关注情感是不可取的，因为主观幸福感的内涵不仅仅包括情感的衡量。在总结其他学者的研究成果（包括自我实现、成熟、健全人、个性化的概念，心理社会阶段理论、基本生活趋势理论、人格改变理论等理论）基础上，Ryff 等（1989）提出了心理幸福感模型。在 Ryff 等（1989，1995）构建的模型中，心理幸福感具有六个维度，分别是：自我接受（self-acceptance）、个人成长（personal growth）、生活目标（purpose in life）、良好关系（positive relation with others）、环境控制（environment master）和独立自主（autonomy），并在实证研究中进行了验证。我国学者对 Ryff 等构建的心理幸福感模型进行了实证研究，结果并不理想。

在实证研究中，性别之间心理幸福感的差异性结论并不一致。在 Ryff 等（1989，1995）的研究中，两性在“人际关系”和“个人成长”维度方面存在差异。而在邢占军等（2004）的研究中，两性在“自主性”“个人成长”“生活目标”“自我接受”“与他人的积极关系”方面存在差异。崔春华等（2005）的实证研究（以大学生为研究样本）认为，两性在总量表及“环境控制”“人际关系”“生活目标”“个人成长”方面存在差异。

（三）Ryan 和 Deci 的自我决定理论

基于实现论，Ryan 和 Deci 提出自我决定理论（self - determination theory，SDT）作为幸福感的理论模型，他们认为，幸福感不仅包括自我实现，也包括自我实现的意义和途径。对于个体来言，自我实现不仅是一种能力，同时也是内在需要。因此，人们具有自我决定的需要和倾向，引导个体作出有利于自我发展的行为，从而更好地适应社会环境（张爱卿，2002）。人们可以通过自我决定理论探索动机和人格，自我决定理论注重人类内部资源对于人格发展和行为的自我调节。个人的内在成长和先天的心理需要是自我决定理论的研究内涵。Ryan 和 Deci（2000）认为，能力需要（need for competence）、关系需要（need for relatedness）和自主需要（need for autonomy）是自我决定理论的核心要义。这三种基本的需要，是个人成长的内在推动力，也是社会发展和个人幸福必不可少的因素。SDT 理论认为，能力需要、关系需要和自主需要是人类幸福的最基本因素，是个人幸福的最基本条件，也是个人成长和发展所必需的能量源泉。只有基本需要得到满足，人们才能获得持续的幸福感。

三、旅游与幸福感的相关研究

对于旅游与幸福的关系研究，多数学者认为旅游是人们远离平时的工作，利用闲暇时间对身体和精神上的一次放松。在从事到旅游活动中时，观看到平日少见的景色和事物，可以影响到人们的心情，从而会影响到人们的幸福感。Ady Milman（1998）首次验证了旅游与幸福之间的关系，详细分析了旅游对幸福的可能的影响。Kim B.（2009）基于社会认知变量，分析了休闲和幸福感之间的内在联系，其中包括情绪体验、满意度等在内的内在社会认知变量影响人们的休闲感知；包括休闲知识在内的外在社会认知变量与休闲感知存在正相关，而休闲感知与幸福感存在显著相关性。对于旅游者的幸福感研究，Kemp 和 Burt（2008）研究发现，度假休闲与旅游者的幸福没有直接关系，但是，旅游对幸福感具有积极的影响作用，并指出旅游如何影响人们的幸福感水平。

（一）幸福感和女性休闲活动

适当的休闲和娱乐不仅对人的身体健康有积极的促进作用，同时在提升人们对生活的满意度和人的幸福感方面起到非常重要的作用（Lloyd 和 Auld，2002）。Wankel（1994）认为构成休闲活动的关键因素如选择、感知自由、享受、参与和提供支持作用的社交网络，对人们的幸福感有重要影响。Ryan 和 Deci（2001）注意到，心理学家越来越多地认识到亲缘感对幸福感的重要作用。大多数休闲活动本质上是社会性的，它不仅能够为促进友谊的发展和维护提供社会支持，还能够减少孤独感（Kleiber，2002），而这些恰是幸福感的核心（Fullagar 和 Brown，2003）。但是 Nawijn 和 Veenhoven（2011）认为目前学术界在休闲对幸福感的影响方面的研究重视度不足。

当我们研究休闲和幸福感之间的关系时，性别因素不容忽视。Green（1998）认为在由全女性参与的休闲活动中，女性可以保持其本真性，并有效抵制社会赋予她们的性别上的刻板印象。她同时发现，女性群体的闲谈是女性友谊的一个特别重要的组成部分，也是自主和赋权的源泉。Son，Kerstetter，Yarnal 和 Baker（2007）研究发现，参加女性团体活动可以使老年妇女提升自我价值，成为她们快乐的源泉，帮助她们实现人生的转变，从而增强她们的幸福感。女性团体活动为参与者提供了社会支持、积极的情感交流、目标以及社会参与感，使她们能够暂时从责任中“摆脱”，更加乐观地看待年龄和女性身份赋予她们的社会规则，发展和维护属于自己的朋友圈（Yarnal，2006）。女性在休闲活动中建立起的友谊所产生的社会支持和情感能够帮助她们更好地处理生活中的消极事件。Janke，Nimrod 和 Kleiber（2008）调查了丧偶之后的女性投入休闲活动的时间与幸福感之间的关系，发现投入更多时间积极从事休闲活动的丧偶女性比那些减少了休闲活动时间的女性幸福感更高。最后 Fullagar（2008）认为参与休闲活动有助于提升女性的幸福感，在休闲活动中获得的摆脱社会结构和性别期望的自由感，以及在这过程中建立起的与自我和他人的新的关系能够促使女性从抑郁中摆脱出来。

（二）幸福感和女性休闲旅游

“旅游让生活更美好”，与其他各种休闲活动相比，没有什么能比休闲度假更有效地提升幸福感了（Nawijn 和 Veenhoven，2011）。Neal，Sirgy 和 Uysal（2004）发现旅游对提升人们的总体生活满意度有积极的效果，但这种积极的效果通常持续时间不长（Nawijn，2011；Nawijn 和 Veenhoven，2011）。尽管现有文献对于幸福感、旅游和性别之间的关系的研究非常有限，但关于女性休闲旅游的研究却成果颇丰。Deem（1996）和 Davidson（1996）致力于家庭度假游的研究，他们发现对于有年幼孩子的母亲来说，这些旅行被视为日常护理的延续，只是在不同的环境中进行而已。Small（2005）发现，女性把不用照顾孩子视为良好假期体验的一个重要特征。她在研究中发现，女性把照顾孩子和家人的责任看作一种约束，并希望在旅游过程中摆脱这种约束。事实上，在关于女性休闲旅游的研究中，大部分研究显示照顾孩子和家人是影响女性休闲和旅游体验的一贯的性别限制（Davidson，1996；Henderson，1991）。以往的研究过分强调旅游对人的主观幸福感的影响，而忽略了其对人的心理幸福感的影响（Filep，2012）。

（三）闺蜜游与女性幸福感

Kasanicky（2009）认为闺蜜游是女性与女性朋友或亲戚共同出行，在旅游过程中实现亲密关系的重构并尝试与内在的自我重新建立联系。女性通过“闺蜜游”的形式来满足不同生命阶段的不同心理需求，包括逃离日常生活中的压力，反抗社会给予女性的道德伦理约束和赋予女性的刻板印象。闺蜜游同时还给了女性一个创建和恢复友谊的空间，使她们有机会重新审视和构建与母亲、女儿等亲属之间的关系，给自己一个调整心态应对生活中消极事件的间隙，以便更好地适应生活中的变故，这种变故可能来自家庭也可能来自事业，也可能只是自身身份角色的转换，女性通过参与闺蜜游，给自己创造了一个重新审视自己构建自我的新的方法（Gibson，Berdychevsky 和 Bell，2012）。

Berdychevsky 等（2013）发现女性可以通过参与闺蜜游逃离日常生活，转换身份，加强与女性朋友或亲戚的联系，促进友谊，这些体验能够使女性感受到放松和享受进而增强女性的幸福感。而在最近的一项研究中，Durko 和 Stone（2017）在调查全女性旅行如何影响她们与另一半的关系以及随后的假期满意度时发现了类似的结果。他们发现女性之所以选择不跟自己的另一半一起出游主要是因为她们需要“逃离”和自我空间，需要加强跟女性朋友之间的联系。同时女性也将闺蜜游视为一种机会，在这个过程中她们可以按照自己的意愿尝试和体验，且不用再顾虑伴侣的喜好和要求。闺蜜游是女性实现性别角色回归的一个重要的途径，女性通过参与闺蜜游能够体验到独特的愉悦感①。因此，闺蜜游似乎也可以被视为一个空间，在这里，女性可以找到存在的真实性以及享受属于自己的时间（Berdychevsky 等，2013）。

Liza B，Gibson 和 Bell（2017）着重探索了闺蜜游体验的重要性和意义，以及它们对女性整体幸福感的潜在贡献。作者收集了包括 11 个焦点小组和 15 个深度访谈的数据资料，抽样调查了 83 位不同背景的女性。采用建构主义扎根理论对数据进行分析。在闺蜜游和幸福感之间的联系中，可以明显地分为四个相互关联的维度：逃避、性别角色回归、存在的真实性

① Durko，A. M.，& Stone，M. J.（2017）. Even lovers need a holiday：Women's reflections of travel without their partners. Tourism Management Perspectives，21，18 – 23. doi：10.1016/j.tmp.2016.11.001.

和授权（见图2－2）。研究者发现，女性在参与闺蜜游的过程中特别重视一种摆脱社会结构和性别期望的自由感。

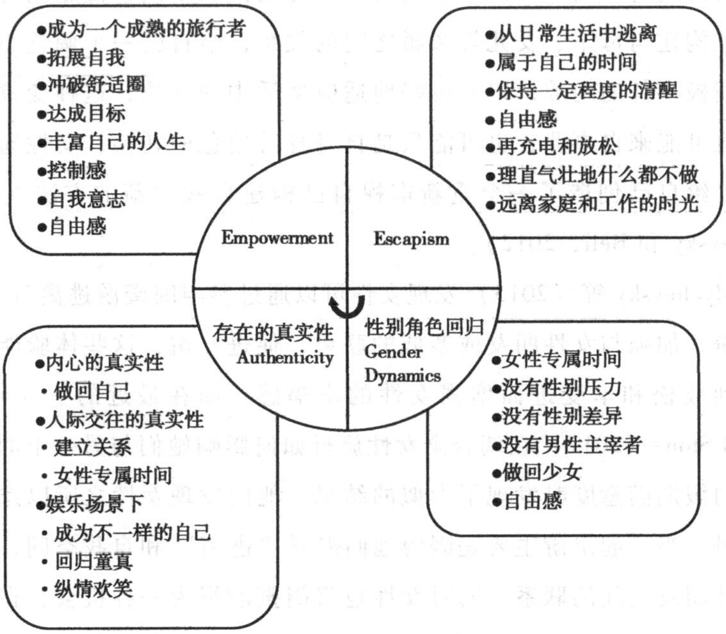

图2－2 闺蜜游与女性幸福感之间联系的维度

旅游让生活更美好，是因为它能给人带来愉悦感及幸福感。Nawijn和Veenhoven（2011）发现，与其他休闲活动相比，度假能够给人们带来显著而强烈的愉悦感。而Neal，Sirgy和Uysal（2004）证实了旅游体验能够提升人们整体的生活满意度，给个人的日常生活带来积极的影响，但是这种积极的影响持续的时间比较短暂（Nawijn，2011；Nawijn和Veenhoven，2011）。Filep（2012）批判了现有的文献在研究旅游与幸福感之间的联系时不加批判地接受了主观幸福感理论强调的由享乐带来的愉悦感（hedonistic pleasure），这样一来对旅游者体验的诠释就被限制了，授权、旅游者的自我探索、身份的转换和解放，以及它们对旅游者自我实现或心理幸福感的贡献就被忽略了。因此，如果"闺蜜游"对参与者的潜在影响超出了享乐主义（hedonism）的范畴，那么从性别角度出发关注心理幸福感和自我实现就显得格外重要。此外，虽然旅游对幸福感的影响已经引起了大量学者的关注，但是对于旅游者体验与幸福感之间联系的认识依然存在盲区（Benckendorff 等，2009；Moscardo，2009），其中就包括了性别特质在联系中的作用。因此，本研究尝试探索闺蜜游与女性心理幸福感之间的影响路径，以期为该领域的研究作出一点贡献。

第六节　文献述评

本章文献综述部分从研究的主要内容出发，分别对女性旅游、幸福感、旅游互动行为和真实性等相关领域的研究现状进行了梳理和分析，通过文献梳理，发现现有的研究主要有以下几个特点。

第一，早期女性旅游的研究重点关注女性商务游和女性独游，为闺蜜游的研究奠定了基础。Smith 等（2007）发现，西方参与商务出游的女性通常是受过高等教育的女性，她们的出游频率不高，但是更倾向于将商务出游与休闲旅游结合起来。Newth（2011）找到了影响女性商务出游的心理变量：与他人联系的需要、赋权感和勤奋感。Pohl. Boorie Patterson（2000）提出当女性独游者在非惯常环境下与他人互动并依靠自己的力量解决旅途中遭遇的困难和问题时，能够有效地增强她们的自我认同、自尊自信以及加深自我赋权，进而帮助她们建立个人主体性、积极掌控生活、自我实现。但是无论是女性商务出游还是独游，旅游过程中的安全问题都是女性旅游者重点关注的因素。同时旅游带给女性的个人特征改变会在旅游结束后对她们的日常生产生持续的影响。早期的女性旅游研究虽然没有涉及闺蜜游的范畴，但是她们关于女性商务游和女性独游的研究结论为本书研究闺蜜游与女性心理幸福感之间影响路径提供了参考。

第二，闺蜜游现象虽已引起学者们的关注，但是缺乏全面系统的研究。闺蜜游从 2005 年以后在市场上出现的频率逐渐增多，也引起了学者们的关注。从文献梳理来看，现有关于闺蜜游的研究，主要围绕闺蜜游现象的认知、概念的界定、女性参与闺蜜游的动机、目的、需求和偏好等比较浅层次的研究主题。关于闺蜜游的动机和目的，都是以国外的女性为样本进行研究和探讨，本书认为考虑到文化背景不同，国内外闺蜜游的动机和目的是否存在差异，还需要进一步研究。

第三，过分强调旅游对主观幸福感的影响，忽视了旅游对女性个人成长、自我实现等心理幸福感的作用。过往研究证实了旅游能够有效地提升人的主观幸福感（Nawijn 和 Veenhoven，2011），对参与者的总体生活满意度有积极的效果（Neal，Sirgy 和 Uysal，2004），但这种积极的效果很难长时间持续（Nawijn，2011；Nawijn 和 Veenhoven，2011）。因此，本研究认为，旅游研究中单纯以主观幸福感作为导向指标不够全面，有必要以心理幸福感为目标，深入研究女性参与闺蜜游是否对其心理幸福感有影响，是否能够帮助其完成个人成长、自我实现等目的，探索旅游如何能够对幸福感的提升产生持续的长效影响。

第四，闺蜜游与幸福感之间的关系及影响路径不清晰，理论支撑和实证研究不足。部分学者（Khoo – lattimore，Catheryn Prayag，Girish 等）关注到了闺蜜游和幸福感之间的关系，认为闺蜜游可以让女性暂时逃离现实空间，强化闺蜜之间的沟通和关系，体验存在的真实性，享受属于闺蜜之间的专属时间与空间。学者们构建了闺蜜游与女性幸福感之间联系的维度，但并没有阐明它们之间影响的路径，也缺乏详细的实证分析。因此，本书基于性别认同理论、社会互动理论、社会支持理论，探讨闺蜜游与心理幸福感之间的路径关系，构建关系模型并予以验证，为二者之间的关系提供理论和实证支撑具有重要的理论价值和研究意义。

第五，旅游互动行为和存在的真实性研究成果丰硕，但闺蜜游场景下的旅游者间互动与旅游者真实性的研究尚待进一步拓展。旅游是旅游者离开自己惯常的生活环境，到旅游目的地进行的一段短暂的生活体验。在这个过程中，存在许多互动活动形式，有旅游者与旅游者之间的互动，有旅游者与旅游从业者之间的互动，有旅游者与旅游目的地居民之间的互动。通过梳理现有文献，在多种旅游活动类型和场景中，旅游者之间良好的互动能够提升旅游者的体验，促使参与者进入一种无拘无束的真实的状态。

在闺蜜游的场景下，女性暂时摆脱了工作和家庭的束缚，在旅游过程中与闺蜜之间产生亲密的互动和交流，是否更加容易展现真实的自我？这种真实性，是否有利于促进女性心理幸福感的提升？以此为切入点，本研究将深入探讨闺蜜游过程中女性旅游者之间的互动与旅游者个体真实性之间的关系，以及真实性是如何影响女性心理幸福感的。

第三章　闺蜜游场景中同伴互动的质性研究

在对国内外相关文献和研究结论进行梳理和总结之后，进一步确认了目前学术界对于闺蜜游这一现象的研究尚处于起步阶段，部分学者用质性研究的方法找到了女性参与和开展闺蜜游的动机，并肯定了闺蜜游（GGA）对女性的健康、压力管理和幸福感均能产生积极影响（Bailey，2009；Berdychevsky 和 Gibson 等，2013；Bond，2008；Cavallari，2008），但是鲜有学者深入探讨这一积极影响背后的运作机制。Liza B，Gibson 和 Bell（2017）采用程序化扎根理论的方法在闺蜜游和幸福感之间归纳出了四个相互关联的维度：逃避、性别角色回归、存在的真实性和自我授权，但是并没有揭示它们之间是如何联系及相互影响的。因此，本章尝试采用质性研究的方法进行探索性研究，以便找到闺蜜游中影响参与者心理幸福感的主要因素以及各因素之间相互影响和作用的路径，最终构建出相应的理论模型。

第一节　闺蜜游场景中同伴互动的质性研究设计

一、研究问题的确定

西方的研究结果显示：闺蜜游对西方女性的主观幸福感和心理幸福感均有影响（Filep，2012；Moscardo，2009）。在主观幸福感的层面上，闺蜜游能够强化积极情绪，消减消极情绪，并在一定程度上提升女性对生活的满意度。但是它对女性心理幸福感的影响似乎更显著（Liza Berdychevsky，

Heather J. Gibson 和 Heather L. Bell，2013）闺蜜游使女性具备了产生积极情绪的能力，唤醒了她们的自主意识，使她们重新找到了控制感，能以更积极的姿态去面对挑战。同时，闺蜜游所产生的强化友谊（enhanced relationships）、目标感和意义感（sense of purpose and meaning）、个人成长和转变（personal growth and transformation）、成就感（feeling of accomplishment）和自我接纳（self - acceptance）等作用基本上都是与女性心理幸福感高度相关。

因此，本章采用质性研究的方法重点解决以下两个问题：(1) 参与闺蜜游会对女性心理幸福感产生什么样的影响，影响的路径是怎么样的？(2) 中国的女性参与闺蜜游的特征有哪些？是否与西方女性有共性？

二、质性研究材料的获取

（一）一手资料的获取——深度访谈

为了深入了解和掌握女性参与闺蜜游的动机、目的和出游过程中的互动情况，本研究在一手资料的获取上采用了深度访谈的方式，事先拟定了访谈提纲，对参与过闺蜜游的女性旅游者进行半结构化的访谈，以获得真实可靠的一手数据，为本章的质性研究提供充足的资料和原始数据。为了保证访谈的效果，在拟定访谈提纲之前，研究人员阅读整理了与研究现象和问题相关的文献、书籍、新闻报道等资料，帮助厘清访谈的思路。之所以采取半结构化的访谈，主要考虑到半结构化的访谈更有利于跟访谈对象进行深入的沟通和交流，并且可以随时根据被访谈者的实际情况进行追踪调查，便于充分暴露和挖掘与研究主题相关的现象及问题。此外采用深度访谈的方法获取一手资料具有针对性强、重要信息不易错漏的优点，在访谈的过程中，被访者有足够的空间详细呈现其参与闺蜜游的动机、目的、行为方式以及在这一过程中的互动行为，但是此种方法也会受访谈者访谈技巧的影响，同时花费的时间较长，样本数量有限。

（二）二手资料的获取——网络资源的利用

为了弥补一手资料的不足之处，本研究在深度访谈的基础上，借助互联网平台，收集相关的游记资料作为质性研究的辅助材料。游记是旅游者主动对自身参与的旅行经历和情感较为真实的记录，与访谈相比，从游记中获取的数据没有受到访谈大纲及访谈技术的影响，且可供筛选的基础样本量足够大，因此也是获取闺蜜游互动行为及其他相关数据的宝贵素材，可以作为深度访谈的补充。

本研究的质性研究材料采用了两种获取途径，目的是在信息采集中互为补充和验证，提高研究数据的真实性和全面性。数据收集的过程严格遵循扎根理论的原则，数据收集过程中同时进行初步的整理分析，为下一步的收集工作提供指导，当数据收集达到理论饱和时，收集工作暂停。

三、质性研究材料的分析方法

（一）扎根理论的逻辑过程

1967年，Barney Glaser和Anselm Strauss两位学者在《扎根理论之发现：质化研究的策略》一书中共同提出了扎根理论，它是一种经典的归纳研究，要求研究者通过系统的资料收集、分析，获取原始数据中能体现研究实质的东西，并不断深化提炼而最终形成一种理论。扎根理论是一种由下而上构建的方法，是研究者在与经验资料的互动中不断抽象出新概念和新思想，是一种建构性的过程而非验证性。

扎根理论主要形成了三个既有联系又不完全相同的流派：经典扎根理论（Glaser & Strauss）、程序化扎根理论（Strauss & Corbin）和建构型扎根理论（Charmaz）。经典扎根理论强调科学、客观和实证，该方法通过实质性编码和理论性编码对资料进行大量编码，崇尚完全客观、中立的观察，在分析过程中主张研究问题的提出和理论的形成都是一个自然涌现、发现的过程，编码过程以两阶段即开放式和核心式为主；程序化扎根理论则通过开放性编码、主轴编码和选择性编码三级编码逐步分析资料，建立不同间的脉络关系，并通过故事线将所有类属联系在一起形成理论；建构型扎根理论，该方法包括初始编码、聚焦编码、轴心编码和理论编码四个步骤，强调主观和客观的融合，在研究过程中强化研究者对资料提问的能力，而且在进行编码过程中，可以根据需要增加理论抽样路径，而不是只局限于检验才可进行。建构型扎根理论同程序化扎根理论也有相似之处，除了基本的程序步骤，他们都认为扎根理论要建立在实用主义基础上，最终形成具有解释性的结果分析。

（二）编码原则

扎根理论是数据选择和分析技术中的一个高度系统化的过程。研究者只有严格有效地执行了研究程序才能达到较高的研究水平，同时满足研究结果的科学性、精准性和可验证性。因此，本研究严格遵循下原则：

第一，成立编码小组。编码小组成员对扎根理论都有一定理解，熟悉扎根理论操作，每人负责部分资料的编码工作，尽量避免因个人素对编码程序和结果的影响，最后将所有结果一起讨论出最终的结论；

第二，持续性不断对比。每次增加新资料时都要与之前形成的编码进行比较，检验其是否有效、是否重复，可对原概念的性质和维度进行扩充或形成新的概念；

第三，撰写备忘录。在编码的同时要随时记录想法和思路，并标记每份资料的编码结果和修订过程，这样可以清晰得到编码行进的全过程，避免混淆、遗漏与重复。

本章将遵循以下扎根理论研究方法的流程开展研究，如图 3－1 所示。

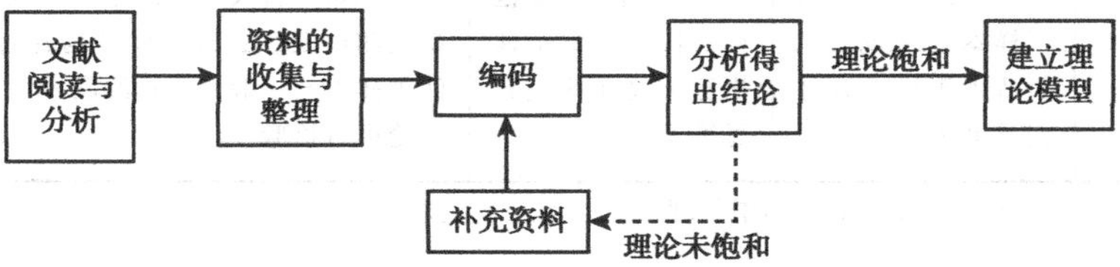

图 3－1　本章采用的扎根理论研究方法流程

资料来源：根据文献整理。

（三）信度和效度的保障措施

扎根理论虽然是质性研究方法，但是也需要确保研究的信度和效度，本书首先采用了三角验证法对收集的资料进行检验，以保障质性研究资料的信度和效度。第一，理论验证，将相关文献的研究成果与收集的文献资料进行对比印证；第二，资料验证，通过面对面访谈和筛选旅游网站游记资料两个渠道获取研究资料，将筛选出的游记文本内容与访谈资料进行对比，看核心内容、关键词是否一致；第三，研究者验证，邀请两位同行专家，对相同的几段资料进行分析和编码，看主要结果是否一致。除以上方法之外，本研究还采取了其他措施以保证研究的信度和效度，具体措施如表 3-1 所示。

表 3-1　扎根理论研究中信度与效度的保障措施

检验维度	概念	影响因素	保障措施
信度	记述的真实准确度，没有编造、选择性描述或歪曲事实	调查者的专业素质；受访者的类型与相关度；资料的正确与丰富	调研者严格按照扎根理论的要求展开研究；选择有代表性的各个相关者获取资料；建立多重证据，多渠道收集一手、二手资料，并采用三角鉴定方法进行信息间的相互验证
	研究者站在参受访者的立场去掌握和阐释情境、事件背后代表的意义，不做主观揣测	研究者与受访者的沟通；研究者对资料的分析	研究者事先对研究现象和问题有深入了解，明确受访者的身份；向第三方征询与反馈，避免自设立场，避免先入为主的主观判断
效度	从原始资料中所导出的理论性构念是否真实反映了所研究的现象	推导过程的全面与连贯；各种因子间的多重因果关系	本研究尽可能多地与受访对象进行深入交流探讨；对各级编码、译码进行反复验证，并邀请相关领域专家对编码结果进行评价
	所导出的理论代表了样本的情况，能否适用于样本以外同类事物	所选样本的典范性；将理论由个体推至一般性的逻辑思维	进行原始资料收集时，尽可能地兼顾典型性和广泛性；理论体系构建过程中，注重样本与一般性事物的联系，对研究结论进行检验

资料来源：根据文献资料及本书整理。

第二节　闺蜜游场景中同伴互动的质性研究过程

一、研究方法及工具

为了深入了解女性旅游者参与闺蜜游的真实经历及对其自身产生的影

响，研究者在自然条件下，对近三年来参与过闺蜜游的女性进行深度访谈。为了避免访谈资料无法全面呈现研究问题，本研究利用网络平台收集相关游记资料作为补充，遵循扎根理论三阶段编码的基本原理和要求，借助 NVivo 11 软件对访谈及文本资料进行分析和处理。

二、样本的筛选与确定

本研究以参与过闺蜜游的女性旅游者为研究对象，鉴于闺蜜游这一现象是近几年出现的新现象，参与者属于小众群体，因此在确定访谈对象时研究从身边的朋友及亲人入手，采用滚雪球抽样的方式进行抽样。在筛选样本时着重考虑以下两个因素：受访者必须是近三年内具备闺蜜游经历的 18 岁以上的女性，并对出游经历有较深刻的印象。尽管以往的研究中也有提到，闺蜜游可以作为女性成长过程中的“里程碑”，当她们要进入新的人生阶段时，闺蜜游就成为一种仪式，帮助或宣告她们将面临新的人生或选择①，如中学时期的毕业旅行，以及 Graburn（1983）提出的“成人礼旅游”。但是由于未成年人未脱离原生家庭，不具备独立生存和融入社会的条件，本身对来自家庭、社会和性别差异所产生的压力感知不明显，参与闺蜜游基本属于偶然情况，因此予以剔除。

访谈主要是以面对面的方式进行，在时间和经费允许的情况下尽量进行面对面的方式进行访谈，但是也有少部分访谈由于被采访者的原因，采用了视频或微信的方式进行访谈。在开始访谈前，研究者征求被访谈者的同意，全程录音，过后对录音内容进行文字转化，便于开展研究，并承诺所录内容仅用于学术研究，研究完成后，遵照被访谈者的意见对相关资料进行处理。

经过筛选之后符合条件并同意接受访谈的受访者共有 54 位，这些受访者在地域上主要分布在北京、上海、郑州、武汉、广州、开封、平顶山、

---

① Gibson H J, Berdychevsky L, Bell H L. Girlfriend getaways over the life course: change and continuity [J]. Annals of Leisure Research, 2012, 15 (1): 38 -54.

昆明、悉尼和布达佩斯等地，使抽样的覆盖面在地域上尽可能广。根据后期整理的访谈资料显示，访谈进行到第35位以后，研究者未再发现新的内容和概念，所暴露出的问题也基本与前35位一致，从剩余19份访谈资料中抽取3份做验证，确实不再有新的概念和问题出现，因此判定达到“理论饱和”状态。访谈从2019年7月开始至2019年12月结束，历时5个月，单个被访者的访谈时间介于30分钟到2个小时之间，样本的基本情况如表3－2所示。

表3－2　样本的人口统计特征

序号	人物	学历	年龄	职业	婚姻状况
1	易女士	硕士	36	高校行政	未婚
2	刘女士	本科	35	公务员	已婚
3	陈女士	博士	34	教师	离异
4	王女士	本科	36	全职主妇	已婚
5	毋女士	本科	37	企业员工	已婚
6	张女士	硕士	34	教师	已婚
7	刘女士	硕士	28	教师	已婚
8	余女士	本科	33	企业高管	已婚
9	石女士	本科	36	企业员工	未婚
10	侯女士	本科	27	企业员工	未婚
11	周女士	本科	33	私营业主	已婚
12	任女士	大专	42	教师	已婚
13	陈女士	博士	27	学生	已婚
14	谭女士	博士	24	学生	未婚
15	邱女士	硕士	31	教师	已婚
16	金女士	大专	36	自由职业	已婚
17	闫女士	博士	36	高校行政	已婚
18	郭女士	本科	32	企业主管	已婚
19	杨女士	硕士	34	教师	已婚
20	王女士	硕士	26	外企员工	未婚
21	杜女士	中专	25	幼师	未婚
22	孙女士	本科	37	自由职业	已婚

续表

序号	人物	学历	年龄	职业	婚姻状况
23	周女士	博士	39	教师	已婚
24	谢女士	硕士	34	企业员工	已婚
25	祝女士	硕士	26	企业员工	未婚
26	杨女士	大专	54	事业单位	离异
27	李女士	本科	34	私营业主	已婚
28	王女士	本科	37	私营业主	已婚
29	程女士	本科	38	事业单位	已婚
30	李女士	初中	37	房产经纪人	已婚
31	康女士	本科	32	私营业主	已婚
32	程女士	硕士	25	教师	未婚
33	崔女士	本科	37	电台主播	已婚
34	董女士	本科	37	全职主妇	已婚
35	吕女士	本科	35	企业员工	已婚
36	丹丹	大专	27	微商	已婚
37	李女士	大专	22	学生	未婚
38	娇娇	大专	30	私营业主	未婚

38 名受访者的年龄分布在 20—55 岁，其中 30—40 岁的女性有 25 人，占全部样本的 65.8%，主要是因为这个年龄段的女性多数面临着家庭、事业的双重压力，同时她们的经济独立，更倾向于通过闺蜜游的方式“逃避”现实压力，这一部分女性很可能是闺蜜游的中坚力量。40 岁以上的有 2 人（占 5.2%），20—30 岁的有 10 人（占 26.3%）。由于采用了滚雪球抽样的方式，被访者的职业中教师（含高校行政人员及幼师）居多（11 人，占 28.9%），其他依次是企业员工（含中高层管理人员及外企员工，共 9 人，占 23.7%）、私营业主（5 人，占 13.2%）、学生（3 人，占 7.9%）、全职主妇（2 人，占 5.3%）、自由职业（2 人，占 5.3%）、事业单位（2 人，占 5.3%）公务员、微商、电台主播、房地产经纪人各 1 人（共 4 人，占 10.5%）；高学历人员占比较高，有研究生学历的（含硕士及博士）共 14 人（36.8%），本科学历 16 人（39.5%），大专学历 6 人（15.8%），

大专以下学历2人（5.3%）。由于已有的相关文献中提到婚姻状况也会影响女性参与闺蜜游（Gibson，Berdychevsky，Heather，2012；Catheryn Khoo - Lattimore 和 Girish Prayag，2017），因此在访谈中特别关注了被访者的婚姻状况。其中已婚女性占大多数，有26人（68.4%），有1个及以上孩子的有20人，占已婚女性的一半以上，未婚10人（26.3%），离异（均有1个孩子）2人（5.3%）。受访者中有4人是参加旅行社组织的团队游，4人是定制游（半自由行），其他均为自由行。总体上看，深度访谈的调查样本基本上覆盖了常见的出游方式，能够较好地反映出闺蜜游的情况。

三、访谈提纲设计

深度访谈具有很明确的目的性和指向性，研究者选取符合条件的对象针对自己关心的问题展开深入的探讨和互动交流，访谈的过程中要求研究人员尽量营造出轻松愉快的氛围，以保证被访谈者能够在自然的状态下接受访谈。在开始访谈之前，访谈者向被访者详细解释"闺蜜游"的概念和形式，帮助被访者理解何种形式的出游能够称为"闺蜜游"，以防止访谈脱离主题，影响访谈质量。访谈过程中，访谈者以访谈大纲为主线，紧密围绕研究主题展开访谈，但又不拘泥于大纲，认真聆听，仔细观察，合理引导被访者描述出更多有价值的内容和观点。本研究采用半结构化的访谈，事先设计好了访谈提纲，所涉及的问题以开放性问题为主，题目主要来源有两个，一部分问题来自文献，另一部分问题是咨询了相关领域专业人士以后结合研究主题设计而出。表3-3列出了访谈的主要问题，详细访谈提纲见附录A。

表3-3　女性旅游者参与闺蜜游访谈大纲主要问题

访谈主题	具体访谈问题
个人基本情况	请简单介绍一下您的基本情况，年龄、职业、婚姻家庭状况、学历等。
与闺蜜的相处情况	有几个闺蜜，是否经常联系及沟通（可以问一下被访者自身是如何看待和定义"闺蜜"的）？

续表

访谈主题	具体访谈问题
出游动机、目的、频率	是什么原因促使你选择和闺蜜一起出游？（你选择和闺蜜一起出游的主要原因是什么？）多久出去一次？
旅游形式	采取何种方式？跟团还是自由行？
旅游体验及影响因素	请描述你最难忘的一次闺蜜游的经历。 你认为闺蜜游和其他形式的休闲游有什么区别？ 请详细描述和闺蜜一起出游的感受？ 你觉得跟关系亲密的女性朋友一起出游更愉快还是跟关系一般的女性朋友一起出游更轻松愉快？或是二者无区别？
旅游中的互动	由谁制订方案或选择目的地、出游方式等事宜？跟闺蜜出游的过程中有哪些经历是你觉得很愉快的\很不愉快的？是什么原因导致的愉快\不愉快？能给你带来快乐的是旅游这件事情还是在这个过程中跟朋友之间的互动让你有幸福感？你和闺蜜（或女性游伴）之间是如何相处的？你在整个行程中发生在你们之间的印象最深刻的事情或者最有意义的事情是什么？一起出游是否改变了你和闺蜜之间的关系？有哪些改变？
闺蜜游对个人的影响	这次出游你感到满意吗？达到了你的目的或预期了吗？ 通过与闺蜜出游你觉得你的生活或者你自身有变化吗？如果有，是怎样的变化？如果没有，为什么？在跟朋友一起出游的过程中有没有对自己产生更多的认识，有哪些收获？在这个过程中有没有向内寻找自我？

四、游记文本的筛选

本研究关于闺蜜游游记的收集主要来自国内知名的在线旅游网站马蜂窝，与携程旅行网、途牛网等网站相比，马蜂窝的运营模式主要是基于个性化旅游攻略信息构建的自由行交易与服务平台，广受青年人的喜爱。马蜂窝以“自由行”为核心，提供全球超过60000个旅游目的地的旅游攻略、旅游问答、旅游点评等资讯，景点、餐饮、酒店等点评信息来自上亿用户的真实分享。网站本身对发布在平台上的游记质量有筛选和分类，质量高的游记被归入“热门游记”，且对同游者的特征贴有基本的标签如“家庭”“朋友”“带着孩子”“带着父母”“独自一人”“情侣”“朋友”等。大部分游记的文笔流畅，作者的旅游经验较为丰富乐于分享，对过程的描述和记录详尽，内容有较强的可信度。

由于闺蜜游在国内还未成为一个独立的分类，加上网络游记的质量参差不齐，并非所有内容都与本研究的主旨相一致或有关联性，为了保证研究结果的有效性，需要对游记进行严格的筛选，筛选原则如下：(1) 时效性。游记的撰写和发布需要是在旅行结束后不久整理发布出来的，前后时间不超过一个月，这样作者对出游的过程及体验记忆比较深刻，可信度高。(2) 要素完备。游记尽量从精品里筛选，点击量高，内容要素完备，对出游过程和自身的情感表达清晰细腻。(3) 代表性强。跟访谈样本的筛选一样，根据“闺蜜游”的概念界定，尽量筛选不同的出游形式，不同特征的女性同游者，出游目的地的覆盖面要广，提高入选游记的代表性。内容的代表性也要强，剔除图片式和“流水账”形式的游记，即只有大量图片和只介绍行程线路、食宿情况的文本。

出游时间虽然对本研究没有太大的影响，但是鉴于闺蜜游现象在国内只处于萌芽状态，且为了提高游记文本的筛选效率，本书使用 Python3.6 初步筛选了 2016 年 1 月至 2019 年 12 月，近四年的游记共 270 篇。剔除内容不符合主题的，经过一步步的详细筛选，最终精选了 11 篇要素完备代表性强的游记，其中 6 篇为国内游记，5 篇为出境游游记（见表 3-4）。

表 3-4　闺蜜游游记的基本情况

编号	目的地	出游时间	出游方式	参与人数（人）	人物关系
YJ-1	冰岛	2019 年 10 月	自驾游	2	闺蜜
YJ-2	西班牙	2016 年 9 月	自助游	2	闺蜜
YJ-3	俄罗斯	2017 年 9 月	自助游	4	闺蜜
YJ-4	成都	2017 年 5 月	自助游	2	闺蜜
YJ-5	中国香港	2018 年 12 月	自助游	3	闺蜜
YJ-6	丹麦	2018 年 10 月	自助游	4	闺蜜
YJ-7	内蒙古	2019 年 9 月	自助游	2	朋友
YJ-8	北京	2019 年 11 月	自助游	2	表姐妹
YJ-9	冰岛	2019 年 11 月	自驾游	2	闺蜜

续表

编号	目的地	出游时间	出游方式	参与人数（人）	人物关系
YJ-10	青岛	2019年6月	自助游	3	闺蜜
YJ-11	中国台湾	2017年7月	自由行	4	闺蜜及其女儿

第三节　闺蜜游场景中同伴互动的质性资料分析

一、分析方法与过程

1968年，Glaser和Strauss提出了一种专门分析质性材料的有效方法——扎根理论[①]。扎根理论对研究资料的来源没有太严苛的要求，所有能够形成或转化为文字的数据资料均可，包括访谈、观察、政府文件、音频、报纸、信件、文献资料等[②]，且它对于场景、时间和人物没有特定的限制。瑞安和伯纳德（Ryan和Bernard，2007）认为，扎根理论的目的是“识别在文本中出现的范畴和概念，并将这些概念联结起来，形成独立存在的、正式的理论”。扎根理论以概念作为分析单位，将访谈稿，文件中的字句、大意或者是观察到的现象从既有的脉络中提取出来，分解成一个个独立的观念、思维，再对这些观念、思维进行重新命名，使它们能够被群组起来，进而得以对其进行重新分类。这个对句子或段落命名的动作，即“编码”[③]。而对概念命名的目的，则是让研究者能将类似的事件、事例、事物等加以群组并归类在一个共同的标题或分类之下。

本研究将借助Nvivo 11软件，将访谈资料和游记文本导入内部资料，采用程序化扎根理论，通过三阶段编码——开放式编码、主轴式编码和选择式编码

---

① Heath H, Cowley S. Developing a grounded theory approach: A comparison of Glaser and Strauss [J]. International Journal of Nursing Studies, 2004, 41 (2): 141-150.

② Corbin J, Strauss A. Grounded theory research: Procedures, canons and evaluative criteria [J]. Zeitschrift für Soziologie, 1990, 19 (6): 418-427.

③ 林本炫. 执行研究方法及其超越 [M]. 台湾嘉义：南华大学教育学研究所，2004.

对文字资料进行分解、分析现象，抽象出概念并进一步提炼升华建构出理论。

二、三阶段编码及结果

（一）开放式编码阶段

开放式编码是通过对现象的仔细研究，以便进行命名和分类的分析工作，亦即分析、检视数据并对其进行概念化的归纳、比较的过程。开放性编码的目的是从资料中发现概念类属，对类属加以命名确定类属的属性和维度，然后对研究的现象加以命名及类属化（陈向明，1999）。开放编码的过程类似于一个漏斗，由一个较为宽广的范围逐渐缩小和集中，直到译码呈现饱和。在开放编码的过程中，会产生十几个甚至上百个概念，因此研究人员必须将相似的概念分类进而成为类属（categories）。而此阶段中的类属概念是暂时性的，随时可能会因为新发现而出现必须修改的情况①。

在开放性编码的阶段，对概念的命名一般采用三种方式：（1）由研究者自行创建。研究者在数据对比测试的背景下，借由事物所唤起的意义或意象授予能反映该意义或意象的名字；（2）沿用已存在学术文献中的名字。因为概念本身已包含了极为丰富的分析意义且都是已经发展得近乎完整的概念，这样的命名，故而非常严谨，但缺点则是缺乏弹性，未必能与自己想表达的概念一致；（3）见实编码（code in vivo）。研究者从受访者本身所使用的话语中撷取字词作为编码。

对所有原始资料进行开放式编码，这一阶段的主要任务是定义现象也就是所谓的概念化以及挖掘范畴和为范畴命名。我们将语音文件转录为文字资料，同筛选出的游记资料一同导入 NVivo 11 软件的内部资料中，对文本内容逐字逐句阅读并贴标签，创建自由节点，在对概念命名时混合使用了上述三种方式。全部的资料阅读完成之后再对所有已创建的自由节点进行检查和归类，将表达意义相同的节点合并，删除无意义的节点，最终得

---

① 朱丽叶 M. 柯宾（Juliet M. Corbin）等．质性研究的基础：形成扎根理论的程序与方法［M］．重庆：重庆大学出版社，2015.

出有效节点 147 个，形成 81 个规范概念，范畴化以后得出 40 个主范畴，一级开放式编码的部分结果如表 3－5 所示。

表 3－5　　　　一级开放式编码的部分结果

原始访谈记录	定义现象/节点	概念化	范畴化
我们露营的那天晚上，那是我们第一次在营地吃饭，当时我们就觉得这种意境很好，我们一起烤火聊天。××在那边帮小谢洗萝卜洗排骨，小×在一边烧水，我们就在旁边等。当肉香味扑过来的时候，我们觉得好幸福啊。我们坐在一起，×××提议每个人都要说点什么，那时候很黑，只有一点烛光，我忽然觉得特别感动，人生能有一次这样的经历，就觉得自己特别值。我们每个人都说一段话，我记得我说的话大概意思是我觉得很感动，这个场景让人特别珍惜，这幅画面几年之后想起来甚至是等你老了想起来都会觉得，原来我人生中有这样一次跟闺蜜一起出游的机会让我这么开心，让我心底得到了这么大的满足，这种心灵的满足是无法超越的。我当时就说我一定要好好努力，争取更多这样的机会，因为这样的旅行真的是对人心灵的一种滋养，这次旅行给我的触动特别大，给了我一种内心的滋养，让我觉得我应该更加努力，为了以后能有更多次这样的旅行而去奋斗。 我们四个聚在一起的机会也来之不易，在这难得的与世隔绝的两天里，有她们三个人相伴，感觉非常幸福，也特别有安全感。 闺蜜游陪伴更多一些，平时大家都很忙，没有时间可以整天在一起。遇到事情只是隔空的语言安慰，不抵有人陪伴的踏实。在身边不说话甚至比不在身边每天交流更有力。 去洛阳那次也可能是下雨吧，觉得三个人有辛苦有开心。窝在酒店各做各的也好，出去玩儿也好，都是陪伴，这种陪伴会有很深刻的记忆，会提升幸福感。	a1：这种意境很好 a2：觉得幸福和感动 a3：场景值得珍惜和回忆 a4：与闺蜜之间有深度的沟通和交流 a5：闺蜜游是对心灵的一种滋养 a6：以后要重新勤奋起来 a7：努力争取更多闺蜜出游的机会 a8：聚在一起的机会来之不易 a9：闺蜜相伴特别有安全感 a10：闺蜜游陪伴更多 a11：隔空安慰没有陪伴踏实 a12：女性独游心理上没安全感 a119：奖励自己 a120：放下工作和重要的人在一起	A1：平凡的场景和互动觉得感动和幸福（a1 a2 a3） A2：纯女性的聊天与互动（a4） A3：获得心灵的满足与滋养（a5 a67） A4：未来的生活中要更加努力（a6 a7） A5：分享心情（a4 a106 a107 a109） A6：通过旅行聚在一起（a8 a120） A7：获得安全感（a9 a12） A8：陪伴（a10 a11） A68：将闺蜜游作为奖励（a119）	AA1：关注和享受当下（A1 A65） AA2：关注内心（A3 A56） AA3：创造美好回忆（A1 A20 A23） AA4：生活目标（A4 A52 A68） AA5：聊天和倾听（A2 A5 A19 A21） AA6：聚在一起互相陪伴（A6 A8 A37 A56） AA7：来自闺蜜的支持（A7 A8 A28 A57 A71）

续表

原始访谈记录	定义现象/节点	概念化	范畴化
主要原因是安全的顾虑，事实上，一个女性（单独）出去玩安全上就会有风险，心理上的不确定性会更多，所以我愿意找一个人，一起出去的话可能会更安全。 那次旅行更像是临时起意给自己长期工作的奖励。在后面的工作里会觉得自己努力工作就会有机会再这样出去，给自己奖励。平时可能失去了生活，都扑在工作上，但这个奖励时间里可以放下工作，开开心心地玩，和重要的人在一起。			
我是那种一旦闹矛盾就会去检视自己，是不是我哪里做错了？是不是我很烦人？当时就觉得哦~我这么烦人，我做错了事情，很害怕，那种感觉不是说我很生气我很讨厌她，是很害怕她生气。 跟闺蜜游一起出去玩儿能够缓解一下自身的压力，让自己不再受这种生活啊孩子呀还有家庭的影响。 那时候离完婚了，但是还没有完全走出去，觉得很没有自信，或者说自己的生活就是一日三餐的那个小圈子。去香港也是我的梦想吧，然后就觉得你可以去到更大的地方了，有点怕，但又怎么样呢？你回来一圈，发现还不是如此。就跟离婚一样，有点怕，但又怎么样呢，还不是如此。你发现人生中很多事情都是这样，又怕又兴奋，做完了就觉得 just so so 一般般了，是这种感觉。	a13：检视自己 a14：跟闺蜜出去玩缓解压力 a15：不再受孩子和家庭影响 a16：离婚后没有完全走出去 a17：生活圈子小没有自信 a18：去香港是自己的梦想 a19：完成了也不过如此	A9：加深对自我的了解（a13） A10：释放压力（a14 a104） A11：只做自己（a15） A12：应对生活中的变化（a16 a19） A13：冲破舒适圈（a17 a19） A14：达成目标（a18 a19）	AA8：个人成长（A9 A31 A52） AA9：做回自己（A11 A26） AA10：自我成就（A12 A13 A14 A27 A52）
我们去年出去旅游之前是什么样的状态呢？我先说我的状态吧，那时候我女儿还没有断奶，天天缠着我，两岁不到吧。当时的情况就是从她出生以来我就没有离开过她，带孩子的整体状况是比较疲惫的，中间我们（一家）又从上海回到郑州，刚回郑州的时候特别混乱，有几个原因，一个原因是刚回郑州的时候我老公就不愿意出去工作了，之	a20：孩子需要时刻陪伴和照顾 a21：跟老公产生比较大的矛盾 a22：母亲不支持	A15：养育压力（a20） A16：家庭矛盾（a21） A17：生活中感到混乱和孤立无	AA11：渴望逃离家庭责任和养育职责（A15 A16） AA12：渴望支持和陪伴（A17）

续表

原始访谈记录	定义现象/节点	概念化	范畴化
前在上海的那段时候有时候是我妈帮我们带孩子，回来之后我就让我妈回去了，然后我跟我老公就产生了比较大的矛盾，我就觉得他对我们的家庭贡献太小了，他这样不出去工作是不负责任的表现，我们就经常吵架，我当时觉得我就是离开我老公照样可以把孩子带大，但是我妈肯定不会支持我离婚的，并且我妈肯定会嘲笑我。当时我就想孩子这么小，我要是离婚了出去工作，孩子谁帮我带啊？当时我的状态是比较尴尬的，很混乱，我感觉生活很混乱，一团糟。	a23：个人状态尴尬混乱 a24：生活一团糟	援（a22 a23 a24）	
那个时候是学生，所以是穷游。那一趟经历就满足了我所有的需求，就是陪伴和富有纪念价值的身体记忆。 我说的不是美食，是体验，是身体的体验，就是你的感官体验啊。 我们从成都出发开车到四姑娘山大概要五个小时吧，我们就一直在聊天，聊得很宽泛，从小孩聊到老公聊到家庭，然后聊川西的风光，因为路上会看到川西的风光。我们路上就聊天看风景，看到好看的风景就停车下来拍照，五个小时一点也不觉得枯燥或者单调，就是一直在聊天，无缝聊天，就觉得原来聊天可以这么美好。 我们躺在一起吃着东西，彼此吐槽各种各样的事儿，吐槽工作、吐槽老公、吐槽婆婆、吐槽男朋友，然后回忆回忆以前的朋友啊，同学啊，就觉得还挺好的，特别幸福。 我跟我闺蜜现在的状态就是约定好每两年出游一次，出游的地点并是不很重要，重要的是我们能有面对面的交流和沟通。 天冷或者天太热的时候我就会跟闺蜜约着一起去度假呀，避暑呀，以休闲为主。行程攻略不会做太多，剩下的基本就是走哪儿逛哪儿。	a25：穷游 a27：陪伴和富有价值的身体记忆 a28：身体体验、感官体验 a29：一直聊天 a30：聊天内容宽泛 a31：聊天、看风景很美好 a32：吐槽各种事 a33：回忆从前 a34：感到幸福 a35：能有面对面的交流和沟通很重要 a36：以休闲为主 a37：走哪儿逛哪	A18：特殊而深刻的身体感受（a25 a27 a28） A19：聊天和分享（a29 a30 a32 a124） A20：获得有趣的共同经历（a31 a33 a41 a90） A21：发泄压力和不满（a35 a121 a122） A22：放松、休闲（a36 a37） A23：获得幸福感（a34）	AA13：身体体验和挑战（A18 A75）

续表

原始访谈记录	定义现象/节点	概念化	范畴化
在酒店喝酒聊天到深夜，我喝到躺在床上了还嘴硬说睡什么睡起来嗨，××说你倒是起来啊，××在旁边笑，××吃冰淇淋满嘴都是，我抓拍到照片，照片里她笑得无拘无束，××洗完澡包在浴巾里我给她拍照片，拍完哈哈大笑，这些都是很美好的记忆点。 我们爬完嵩山的那天晚上，因为特别累腿特别疼，一个个走路的样子都非常奇怪，非常丑。我们每个人都相互嘲笑对方，然后明目张胆地拍视频，拍丑照，开心，快乐，很享受和大家能够愉快相处的那种感觉。 我倒没有觉得我出去旅游是一件很牛的事情，我就觉得是人生的实现，正因为旅游对我有这种意义，相当于打卡吧，我不希望我是以一个拖着尿布和儿童车的妈妈的形象去打的卡。	a38：喝酒聊天到深夜 a39：笑得无拘无束 a40：包在浴巾里拍照 a41：美好的记忆点 a44：互相嘲笑拍丑照 a45：表现出与平时完全不同的状态	A24：女性间的互动（a38 a40） A25：无拘无束（a39 a44） A26：不在意别人的目光（a44 a69） A27：成为不一样的自己（a45）	AA14：没有性别压力（A24） AA15：纵情欢笑（A25） AA16：感到自由和放松（A22 A26） AA41：女性专属时间（A24）
我是觉得如果是跟老公、家人一起出去旅游是不可能有这种感觉的，这种感觉是从心底的一种喜悦，意识到“哇，原来我并不孤单啊，我还有很多好朋友跟我在一起啊，你们的思想跟我在一起”，我们还可以在一起这样旅游这么开心。”一下子就把我从很烦乱的生活中，包括老公啊包括带娃啊包括乱七八糟的生活中给抽离出来，让我能有一段这种平和的时光跟大自然接触。看到这么壮丽的景色，又能跟朋友们这样聊天，就感觉心胸特别开阔。 通过出游过程中跟闺蜜的相处、聊天，感觉结婚和恋爱关系差别很大，夫妻关系、婆媳关系相处都有学问，以及生娃要谨慎，女生还是要有自己的独立生活。 以前按照我的计划没有进行的事情我都会觉得是自己没做好。现在好一些了，会预留一部分时间给不确定因素引起的无法完成。这次旅行之后我和人相处的时候会问自己，人重要还是事重要，	a46：感到自己并不孤单 a47：从烦乱的生活中抽离出来拥有一段平和的时光 a48：感觉心胸特别开阔 a49：意识到女性要有自己独立的生活 a50：认识到家庭关系处理有学问 a51：学会权衡人和事哪个重要 a52：要和旅伴好好沟通 a53：有分歧时会明确表达各自的想法	A28：对抗孤独感（a46） A29：接纳和调整自我（a47 a48） A30：女性自我意识觉醒（a50 a49） A31：提升与闺蜜相处的技巧与能力（a51 a52） A32：互动增进相互了解（a53 a54 a113 a141）	AA17：跟自我和解/跟自己和睦相处（A29） AA18：独立自主（A30） AA19：强化友情（A31 A32 A45 A59 A76）

续表

原始访谈记录	定义现象/节点	概念化	范畴化
人重要的话就随对方的心意走，不争不抢不计较，事情比人重要的时候就按照自己的想法来。 那次也让我知道要好好和旅行伙伴沟通。现在我和Twin有分歧的时候会各自明确地表达各自的想法，取共同的想法或者商量一个双方可以接受的，在分歧的时候会很注重沟通。			
我觉得玩得开心最重要的原因是那时候都感情好。 跟闺蜜在一起的话，相对来说比较轻松，非常自由，所以就喜欢一块儿出去玩儿。有什么了大家就随便儿谈，随便说比较好交流。 关系更近的一些朋友出去玩更开心。因为相当于又一起创造了一些的回忆。如果相处得很愉快的话，会让我们的感情更浓厚。 我们出去（旅游），要的就是一次难忘的经历。然后我就跟×××说："我们四个出去，不管去哪都是难忘的经历啊，你为什么非要挑战自我呢?"大家在这个问题上就有一些争执，到最后我们就选择了一个相对不是那么艰苦的行程，就是在外面露宿一个晚上。 关系好的话，出游过程中两个人能够相互平衡一下观点，或者就是说对方想干什么，我想干什么，两个人能够商讨一下。如果是关系一般的话我就会比较倾向于考虑对方的感受多一点，我觉得就顺着别人的意就可以了。但是这样的话在旅途过程中会有自己的一些小遗憾。 我不相信来日方长，也不相信各自安好，大概是近些年抑郁症的事情出得多了，我会打开自己面向朋友们，也希望朋友们可以打开自己，我会害怕朋友们什么都不说，最后出现大家什么都不知道的情况下人没有了，那种想努力却没用了的时刻，我不希望出现。我们互相面向对方打开自己，是契合，也是信任。旅行里可以让我看到大家不一样的一面，有开心有低谷，这些时刻我都很珍惜。	a54：感情好玩的开心 a55：跟闺蜜一起轻松自由 a56：跟闺蜜好交流 a59：关系近的闺蜜一起出游更开心 a60：相处愉快感情会更深厚 a63：闺蜜一起去哪里都是难忘的经历 a64：争执后达成一致 a65：关系好能平衡观点 a66：关系一般倾向顺着对方： a67：旅途中会留遗憾 a113：与闺蜜坦诚相对 a114：旅行中可以看到大家不一样的一面 a115：很珍惜这些时刻	A33：感情好相处更轻松自在（a54 a55 a59 a61） A34：感情好交流更顺畅（a56） A35：沟通不畅（a57 a58） A36：愉快的互动增进感情（a60） A37：在一起比去哪里重要（a63） A38：感情好更容易互相迁就（a64 a65 a71） A39：关系一般旅途中会隐藏自己（a66 a67） A64：互动增加默契度和信任（a113 a114） A65：珍惜当下（a115）	A20：旅游共睦态（A33 A34 A77） AA21：亲密度影响人际真实性（A33 A34） AA22：建立良好关系（A36 A46 A47 A53 A63 A76） AA23：亲密度高更容易互相迁就（A38 A81） AA24：亲密度低倾向隐藏自我（A39 A43）

续表

原始访谈记录	定义现象/节点	概念化	范畴化
我们的路线计划是一直爬到山顶再露营，然后第二天原路返回还要爬下来的。结果她在路上就说，“小谢啊，我们明天能不能骑马下山啊，这个再爬下来受不了了。”然后我们就一起嘲笑她，因为之前是她一直要挑战更高更强难度的，结果她首先退缩了。回来以后我跟我老公聊到这一点，我老公就说×××这一点还挺好的，你看她觉得自己不行主动就退了，她没有觉得我要维护我的面子强撑下去，这多好啊，你知道不知道有很多人会强撑下去一直撑到自己真的不行了。 对，我跟我闺蜜我们之前上大学的时候也出去过，那个时候她条件比我好，但是她比较迁就我，我们就是真的住过那种五十块钱的（宾馆），坐那种小慢车，八个小时才走了一百来公里的小慢车。当然后来我们条件都好了，也不太会再去这样了。但是我们两个的价值观就还是说旅行中可以适当吃苦，那种吃苦是可以体验到当地人的那种乐趣的，不必要追求到每个地方都住很高规格的五星级，吃米其林。	a68：大方承认自己无法按预期下山 a69：一起嘲笑闺蜜 a70：主动退缩不强撑 a71：闺蜜比较迁就我 a72：都能吃苦且愿意融入当地生活	A40：对自己身体的认知更准确（a68） A41：接纳自我，让自己更舒服（a70） A42：需求及目标相同或相似（a72）	AA25：自我接受（A40 A41 A61） AA26：闺蜜的特征（A42 A46 A50） AA27：认同与共鸣（A42 A50）
其实主要还是因为关系上不是特别近，所以你会很在意你的形象，所以她们说去住星级酒店什么的，甚至有时候会超过我的预算，但是我还是会表现出来很高兴。或者说有的时候是我不自信，我不太想让她不开心，所以我也会表现得很开心，我也没有想过去跟她沟通这些东西。 那次旅游不管是风景还是碰到的人都还是很不错的。还有就是关于女生的友谊这个问题，我们上高中的时候都是两个两个在一起，是不接受这种三四个在一起的状态的，但是现在觉得原来四个人一起聊天出去玩这么好。心灵上能够契合的朋友真的很重要啊，我们毕业以后都不在一个地方，很久没有见，我	a73：关系不近会很在意自己的形象 a74：不想让对方不开心 a75：没想过要沟通 a76：四个人一起出游也很好 a77：心灵契合的闺蜜很重要 a78：聊天很有满足感 A79：更了解对方	A43：在关系不太近的闺蜜面前倾向于“伪装”（a73 a74） A44：逃避沟通（a75） A45：对闺蜜关系有了新的认识（a76） A46：心灵契合（a77） A47：互动加深了感情（a79）	AA28：亲密度低沟通不畅（A35 A44） AA29：亲密度影响个体内在真实性（A43） AA30：良好的互动增加亲密度（A36 A47 A64） AA31：亲密度高（A46 A50 A62 A70 A72）

续表

原始访谈记录	定义现象/节点	概念化	范畴化
们还能在一起这样聊天就很有满足感。 如果相处得不太愉快的话也没有关系呀，大家相互更了解对方，知道了对方的一些习惯和雷区，以后的相处也就可以避免掉。			
闺蜜的存在更多的是一种情感的互补，是因为你的闺蜜可以给你带来这种情感的体验、生活的共鸣，还有你们俩可以聊的这些话题其实都是你的父母、兄弟姐妹以及你的另一半无法给予的，我觉得这点其实还挺重要的。你跟一个女孩子一起旅游的时候去购物啊、玩新奇的东西啊、去徒步啊、去海岛啊，这种跟家人都不行。跟老公呢可能会有，但是你让他跟你一起去 shopping 各种牌子的服饰，让他帮你看看好看不好看的，没有办法给你意见。 跟闺蜜在一起的话，就因为是同龄人嘛，而且闺蜜一般性格、爱好，都差不多，所以就是能玩儿在一起。两个人的状态基本是同步的，遇到的各种问题相似，都需要释放压力。而且大家兴趣点也是差不多的。家庭游的话，差别比较大，而且角色也不一样。就是在跟父母出去的时候，自己的压力会比较大一点儿。如果是夫妻俩出去玩儿，虽然是同龄吧，但是也会计较，挑毛病会比较多，拌嘴也会比较多。 反正就是挺开心的，你们在一起本来就是属于你们两个的旅途经历，非常有共鸣，所以说在玩的过程中很开心。想把闺蜜游常规化，我认为女性在生活中总想追求新鲜感和舒适感，对美一直有追求。旅行对于我来说是在拓宽我人生的广度和宽度，我闺蜜在这条道路上跟我是最契合的，所以我们才会选择一起出游，我们俩在共同探索的过程中也会最愉悦，在这个过程中我们有互动，一起探索一个新的地方。	a80：情感的互补和共鸣 a81：父母亲人和另一半无法给予的 a82：出游购物时闺蜜可以给意见 a83：同龄人性格爱好相近 a84：扮演的角色不一样 a85：跟其他形式相比闺蜜游无压力，少计较 a90：属于两个人的旅途经历 a91：追求新鲜感、舒适感和美 a92：契合才会一起出游 a93：一起探索的过程最愉悦	A48：对闺蜜的情感依赖（a80 a81） A49：对闺蜜的技能依赖（a82） A50：兴趣点相近（a83） A51：闺蜜游放松无压力（a85 a88） A53：有共鸣所以开心（a91 a92 a93）	AA32：相互依赖（A48 A49） AA33：闺蜜游提供了独立自由的空间（A51 A55） AA35：分享心情和状态（A53 A62）

续表

原始访谈记录	定义现象/节点	概念化	范畴化
并且这次旅游之前我认为我女儿离开我不行，她离开我这么多天会疯掉的，但是回去之后发现没什么不可以的，所以有时候你真的是要让自己抽身，轻松一下，她爸爸也完全可以胜任照顾孩子的工作。其实是我很需要这种独自放松的空间，但是我很纠结，我之前就一直认为我很需要这种空间，但是我女儿又不给我这种机会，我想这样做但是又认为我不能这样做。这次旅行之后我就知道了，其实我完全可以这样做的，很多人有了孩子以后就很不自由，自己的生活被孩子禁锢了，但是这次以后我就知道了不是的，其实我有了孩子以后也还是可以有自己的生活的。	a86：意识到女儿可以暂时离开自己 a87：认识到老公胜任照顾孩子的工作 a88：闺蜜游提供了独自放松的空间 a89：可以有自己的生活	A52：对自我和生活有了新的认识（a86 a87 a89 a97）	
在我闺蜜的带领下，我们能吃好吃的，行程什么的，我这个闺蜜都已经安排好了，我只管放心地跟着她走就行，玩儿的也挺 happy 的，特别放松，完全不用我操心的。 我跟闺蜜上次是去香港，在那个过程中给你感觉好像又回到了大学时代，就是你从现在的生活中离开，完全到了另外的一个独立的状态中，不需要去考虑生活里的其他问题。 回来之后就觉得心胸变开阔了，我之前也很喜欢旅游，但是我自从怀孕生孩子以后就没怎么出过门，天天在那种孩子的吃喝拉撒中度过，在跟老公的争吵中度过，感觉整个人的格局都特别小。然后跟闺蜜一起出去一趟就会觉得人生开阔很多，虽然你有了孩子，但是你还是可以把孩子放下，来一次说走就走的旅行，觉得你的人生并没有被孩子禁锢，当你想要说走就走的旅行的时候还有这么一批人能够陪着你说走就走，这种感觉很好。让你觉得你并不是有了小孩以后人生就固定了，并不是说你要有小孩照顾、你的老公比较拖后腿你就	a94：闺蜜安排好了，自己不用操心 a95：回到大学时代 a96：进入独立的状态 a97：不考虑其他 a98：觉得心胸变开阔 a99：跟闺蜜出游觉得人生开阔了 A100：有人陪着你说走就走 a101：意识到自己的人生可以有很多可能 a102：感到生活有奔头	A54：做回少女（a95） A55：独立空间（a96） A56：只关注自己（a97） A57：得到陪伴和支持（a100 a127） A58：重拾生活的信心和希望（a98 a99 a101 a102 a123）	AA36：保持年轻的心态（A54 A66） AA37：逃避（A56 A66）

续表

原始访谈记录	定义现象/节点	概念化	范畴化
没有办法了，其实你还是有很多可能的，你的生活还是能够过得很好的。回来以后很长一段时间我的心情都很好，觉得生活很有奔头，我要为下一次这样的旅行做些什么准备，很有幸福感。			
感觉那次经历挺好的，挺难忘的，也挺开心，没有什么压力，没有累赘，没有孩子，没有老公，没有男朋友，就是我们两个人。然后可以随意地聊天，然后随意地玩，随意地吃。 我和她在半夜聊天的时候，会很庆幸她可以敞开心扉说那么多，在别人看来我对她可能是一个没什么帮助的人，但是在那种时刻我是可以让她哭着哭着笑起来的人，我觉得自己很优秀，不是谁都可以做到的。我也很庆幸她愿意把不开心说出来，给我可以帮助她的机会。 晚上住酒店的时候我觉得闺蜜之间说说小心思也挺好的，感觉是一次感情的增进吧，或者是好久不见的情况下能在一起聊聊天就能发泄一下内心的压力，可以互相分享一些或者是郁闷的，或者是高兴的，或者是痛苦的心情吧。对于缓解日常生活的压力其实还是有一定作用的。在旅游的过程中，通过跟闺蜜之间的相互沟通和交流，在旅游的过程中诉说心事，跟待在家里或者是电话沟通相比，这种方式排解压力要直接得多。 我感觉很多人都会有类似的同性的旅游团体，我是感觉（这个团体）给了我很大的社会支持。当时她们邀请我一块去，我真心感觉挺开心的，而且因为我在结婚生子之后基本上是“失踪”状态，然后又重归了女性的这种团体，感觉大家都没有什么隔阂。	a105：没有老公、男朋友和孩子在场 a106：跟闺蜜的互动中觉得得自己很优秀 a107：闺蜜之间说说小心思 a108：是一次感情的增进 a109：闺蜜游排解压力的效果更直接 a110：相互交流与沟通 a128：同性旅游团体 a129：社会支持 a130：没有隔阂	A60：没有来自男性的压力（a105 a111） A61：在互动中肯定自己（a106） A62：分享小秘密（a107） A71：来自女性或女性团体的支持（a127 a128 a129） A72：对亲密感的认识（a130）	AA38：没有男性主宰者（A60）

续表

原始访谈记录	定义现象/节点	概念化	范畴化
我们这一路上就是特别开心，并且聊天对我们自己来说也是一种很好的释放。我们说了很多自己的经历，包括我那两年很混乱的局面啊，包括×××的一些事情啊，××的什么事情啊。因为那段时间××跟她老公也是有点矛盾，因为跟她妈住在一起，她老公跟她妈也有点矛盾。感觉这些事情说出来好像就释怀了，聊着聊着就觉得好像这些家庭琐事在旅途中聊一聊它就不算什么了，但是如果是在家里聊可能就是越聊越愁眉苦脸，都是些糟心的事情吧，但是这些事你在一个比较开阔的环境中聊，在旅途中聊，聊到最后就觉得没有什么大不了的，就这样，算什么啊。 有些力量是想想还会挂在心头的，我们去酒店办理入住的时候，我因为×××感动得不停掉眼泪，丫丫说，“你又在流鼻涕了，看来今天还得吃一次药了。”那一刻我觉得连小朋友都在好好爱我，为什么要因为身边人对我的好而哭呢，她们对我好不就是想让我开心吗？ 旅游结束以后心情也好了，把自己乱七八糟的情绪也理顺了。而且特别的开心，人心里一旦阳光起来，感觉生活中这些困难和压力也都不算什么了。 在旅游的过程中会遇到新的挑战，一起完成。享受成就感、默契都会增加大家的心理愉悦感。遇到困难一起想办法，互相依靠互相帮助，认知到自己在对方心里的位置，双方关系更明确，好的会更好，不好的旅游过去也就互相疏远了，也是一个互相考验和筛选的过程。	a121：聊天是很好的释放 a122：聊糟心的事情 a123：家庭矛盾变的不那么重要了 a131：感动得掉泪 a132：感到被爱 a133：理顺情绪 a134：心情变好 a135：感到困难和压力不算什么 a136：一起完成旅途中的挑战 a137：互相依靠互相帮助 a138：考验和筛选	A69：心胸开阔（a98 a123） A73：感受到爱与被爱（a131 a132 a133 a134） A74：不畏惧困难和压力（a135） A75：共同战胜困难和挑战（a136 a137） A76：建立可以持续下去的友情（a138）	AA39：自我效能感提升（A69 A74） AA40：获得内心的力量（A73 A74）

其中部分范畴的含义如表3－6所示。

表3－6　　部分范畴名称及内涵

范畴编号	范畴名称	范畴内涵
AA1	关注和享受当下	在闺蜜游中属于存在的真实性的表现之一，人在非惯常环境处于更放松的状态，能够专注地感受自己的身体体验和心理状态
AA2	关注内心	在闺蜜游中有意识地梳理自己的情绪和心情，花更多的经历关注自己内心的想法和变化
AA3	创造美好回忆	通过闺蜜游创造机会和闺蜜一起经历一些事情
AA4	生活目标	个体产生的一些信念，如在以后的生活中应该更积极主动或更有创造力等，这些信念使人认为生活有目标，或对生活目标的理解更清晰，方向感和意图更明确，从而产生一种生活是有意义的感觉
AA5	聊天和倾听	纯女性的聊天，是闺蜜游中女性互动的重要形式之一，也是女性建立和维持友谊的重要途径，在闺蜜游中主要表现为通过聊天发泄日常生活中的压力和不满或分享彼此的秘密
AA7	来自闺蜜的支持	从闺蜜哪里获得的有形的如服务、信息、物质等有形的支持以及心理、情感上的无形支持，比如共情、关心、鼓励、理解、尊重、放松等
AA8	个人成长	个人成长（Personal growth）个体持续开发自身潜力，提升和拓展个人能力的状态
AA9	做回自己	摆脱妻子、女儿、母亲等社会角色，回归真实的自我
AA10	自我成就	自我成就 self－making 包含了自我塑造和自我认同，指个体在参与闺蜜游时，能够脱离理性世界中的角色束缚，抛弃日常生活中的“角色”回归本我
AA13	机体体验和挑战	存在的真实性中机体体验（bodily feelings）的一种表现，机体的感官体验也是旅游的重要组成部分（Veijola 和 Jokinen，1994），包括放松、休养、恢复精力、寻求刺激或艳遇等
AA14	没有性别压力	在全是女性没有男性参与的状态下，女性旅游者抛弃父权文化下社会规范赋予女性的刻板印象的约束，摆脱来自男性的“凝视”达到一种无拘无束的状态
AA15	纵情欢笑	参与闺蜜游时不在意他人目光，没有他人“凝视”的情况下一种完全放松情感自然流露的状态
AA17	跟自我和解/跟自己和睦相处	加深对自己的认知和了解，包括了解更多自己的性格、习惯甚至是怪癖，了解自己真实的能力并且能够能全面地接受和认可自己
AA18	独立自主	独立自主（Autonomy）不寻求他人的认可，而是根据个人标准来评价自己

续表

范畴编号	范畴名称	范畴内涵
AA20	旅游共睦态	旅游共睦态（Communitas）指旅游者在出游过程中在与家人、同游者或者他人之间的交流中达到毫无芥蒂的人际交往状态中，表现为平等、接纳和嬉戏等特征（Kim 和 Jamal，2007）
AA21	亲密度影响人际真实性	个体在与关系不够亲密的朋友互动时会产生误会、摩擦等情况，而与感情好亲密度高的朋友互动时会感到更轻松自在、更愉悦
AA22	建立良好关系	与他人建立温暖的可信任的人际关系，彼此之间有强烈的同理心，能够更完整地认同他人，如深厚的友谊
AA25	自我接受	自我接受（self - acceptance）是心理幸福感的维度之一，指个体对自我和过去生活的接受感
AA27	认同与共鸣	闺蜜之间在消费观、兴趣爱好、旅游中的需求等方面的观点和认知趋于一致，彼此在同一节奏上，能够感受到共鸣
AA32	相互依赖	相互依赖（Mutual dependence）源自互依理论（interdependence theory），在闺蜜游中被划分为四个方面①，分别指对闺蜜技能依赖（skill dependence）时间依赖（time dependence）知识依赖（knowledge dependence）和情感依赖（psychological）。技能依赖指对闺蜜在拍照、服饰及化妆品的挑选、沟通和外语技能等方面的依赖；时间依赖指双方基于时间的需求或假期的同步性；知识依赖指两个或更多的人在闺蜜游的互动中相互了解对方的优点和长处；情感依赖指与女性团体旅行时所获得的安全感和情感支持
AA37	逃避	个体逃避日常生活中来自社会身份、家庭责任、养育职责所带来的压力
AA38	没有男性主宰者	指闺蜜游使女性摆脱了惯常社会条件下男性对女性天然的“掌控”和“主宰”
AA39	自我效能感提升	个体对自己是否有能力完成某一行为所进行的推测与判断

访谈以受访者对“闺蜜”这一概念的认知和闺蜜游的动机开始，通过追溯闺蜜游的过程来分析女性参与闺蜜游对女性心理幸福感的影响路径。大部分受访者都认为参与闺蜜游能够给自身带来愉悦、放松、幸福感等正向的影响，使人获得内心的滋养。访谈过程中发现国内的女性参与闺蜜游

① Chen，Xiaolian，Mak，Barry. Understanding Chinese girlfriend getaways：an interdependence perspective［J］. Annals of Tourism Research，2020.

的主观意识不是很清晰，尚处于自发的状态，多数是出于逃避日常角色带来的压力或者是与分居两地的朋友聚在一起强化彼此的联结，对于出游的形式没有具体的要求和限定。但是国外的女性在参与和开展闺蜜游时就会明确表示："不能有男性、不带相机不沉迷于拍照以及没有性别压力（Heather J. Gibson 和 Heather L. Bell，2013）。"受访的女性群体中对闺蜜游需求最强烈的群体是"80 后""90 后"的妈妈们，这一代女性和她们的母辈不同的地方在于，她们不会在组建了家庭、生育了下一代之后就完全自我放弃，把所有的人生寄托在孩子和丈夫身上。与少女时代相比，成年后的女性对自我和人生有更清晰的认识，但是当女性从少女时期养成的思维方式和生活习惯遭遇"母亲"这个身份时，最先受到冲击的便是她们的"自我"意识。稀缺的睡眠、被迫放弃的个人诉求、半停滞或完全停止的职业生涯、育儿过程中的挫败感、家庭矛盾一系列的问题很容易使女性陷入一种两难的境地，并在这种境地中感到压抑和无助。身份的转换和环境的更迭反而让她们更清楚地看到"自我"需求的重要性。女性"自我"的表达和诉求迫切需要一个出口和实现的载体，闺蜜游恰恰充当了这样一个角色。

总体来说，女性参与闺蜜游的动机主要集中在以下几个方面：（1）加深与女性朋友之间的联结，增进友谊和联系；（2）与同伴创造新的美好的回忆；（3）逃离日常生活中的压力；（4）反抗社会给予女性的道德伦理约束和赋予女性的刻板印象；（5）与她们内在的自我重新建立联系与对话。有访谈者提到，"我跟闺蜜自从学校毕业以后不在一个城市，平时虽然也有用微信啊电话联系和沟通，但是大部分时间都是各忙各的事情，这些年工作、结婚、生孩子，日子过得飞快，突然就意识到我们已经好多年没有见过面了，所以就想到组织一次旅游，这样大家既能见面，又能在旅游的过程中相互陪伴、聊天"。"我有时候会想人的一生像一辆向前行驶的列车，我跟我的闺蜜之间能留下点什么呢？可能就是回忆吧，我希望在条件允许的情况下每年都能一起去一个地方（旅游），创造一些属于我们的美好回忆，等我老了，再回忆起来这些，依然会觉得很幸福吧，而这些（回忆）就是她留给我的东西。”不止一位受访者提到跟闺蜜一起出游的时候会一起去泡吧，或者在酒店房间里喝酒聊天。“感觉那次经历挺好的，挺难忘的，也挺开心，也没有什么压力，没有累赘，没有孩子，没有老公，没有男朋友，就是我们两个人。然后可以随意地聊天儿，随意地玩，随意地吃。”由于没有男性在场，女性可以不用考虑自身的行为和形象是否符合父权文化体制下对女性特质的要求，她们还会借助泡吧、喝酒这些行为来反抗社会给予女性的道德伦理约束以及赋予女性的刻板印象，如“印象最深的就是在簋街吃的胡大龙虾。我俩吃了两大盆儿，还不够吃，又要了一盆儿。吃着喝着酒，哇，那叫一个酸爽。然后边吃边谈心嘛，感觉挺好的，两个人就特别的轻松自在。有什么烦心事儿，相互说一说、聊一聊挺好的。回到酒店以后继续喝。”对于女性来说，这也是一种压力的释放和宣泄，对她们的心理健康大有助益，同时也是女性自我意识觉醒的一种表现。

与国外的全女性旅游相比，国内女性在选择闺蜜游的同伴时考虑的因素比较多，如“认识很多年”“精神契合”“价值观一致”等，受访者余女士就提到，“我闺蜜在这条道路上跟我是最契合的，所以我们才会选择一起出游”。综合受访者的描述，在对“闺蜜”这一概念的认知上，“闺蜜是指心灵上有默契感和共鸣的人，价值观一致，能吃到一起玩到一起的人，能够在出游的过程中迁就自己或彼此迁就”。而很多女性也提到闺蜜的存在对女性的生活和心理幸福感的提升有很重要的作用：“我们现在的状态就是彼此是对方生命中很重要的一个人，我们俩的经历也好，对彼此的关照呵护和爱，走到现在这个状态，我们俩都觉得我们的关系已经超越了兄弟姐妹，有时候在某些方面甚至超越了彼此的老公。我们都会很感慨觉得这辈子有对方的存在很幸运，因为我走到现在发现有很多中年人，有些女性是没有闺蜜的，而且这样的人不少，她们没有倾诉的对象，而且（家庭）出现了矛盾以后没有一个能够缓和的对象，还是蛮危险的。”

通过访谈总结出闺蜜游的特征如下：（1）对于参与者来说闺蜜游具有专属性和排他性。如受访者提到，“（参与闺蜜游）我特别开心，你们在一起本来就是属于你们两个的旅途经历，非常有共鸣，所以说在玩的过程中很开心……想把闺蜜游常规化”。部分女性尤其是高知女性参与和组织闺蜜游的动机是加深与女性朋友之间的联结，增进友谊和联系，在选择同游者时又有自己的一些准则，因此闺蜜游不同于广义上的全女性团体出游，它是为了给参与者这个小团体一个专属和独立的空间，因此具有一定的排他性。“就像我们四个人，我们毕业以后都不在一个地方，一个在北京，一个在云南，一个在广州，我在上海，很久没有见，我们还能在一起这样聊天就很有满足感。”（2）与其他旅游形式相比，闺蜜游的压力小，少计较。受访者提到，“晚上她们（妈妈和婆婆）都睡得特别好，我就整夜整夜地翻来覆去睡不着，想明天怎么安排，明天去哪些地方，早上几点出门，因为她们都跟着我，我就压力挺大的，不自在，不是那种放松的旅行。后来我就觉得如果是跟父母辈的一起出去玩的话最好就是报个团，不操心”。“家庭游的话，跟父母出去玩，我操心肯定会多一点，在出游的过程中肯定会顾及父母的感受。争取让他们玩儿得更好，吃得更好。而且因为年龄的差别，父母吃的跟我吃的爱好肯定不太一样……差别比较大，而且角色也不一样。就是在跟父母出去的时候，自己的出游的压力会比较大一点儿。如果是夫妻俩出去玩儿，虽然是同龄，但是也会计较，就是觉得老公出去玩儿考虑不周啊，挑毛病会比较多，拌嘴也会比较多。”（3）参与者之间的相互依赖性。与其他旅游形式相比，女性在参与闺蜜游的过程中会彼此依赖。这种依赖性包括时间依赖、技术依赖、知识依赖和情感依赖。时间依赖指双方基于时间的需求或假期的同步性，“刚好都有时间又有精力，时间比较 OK，就是两个人偶尔提起来然后就一拍即合”。知识依赖指两个或更多的人在闺蜜游的互动中相互了解对方的优点和长处（Chen 和 Mak，2020）。受访者表示在出游购物的过程中与其他人相比，闺蜜提供的建议更有用，而在选择旅游项目上闺蜜与自己更一致、更有默契，这些一方面源于同为女性的先天优势，另一方面也是因为有些闺蜜之间相处的时间长，彼此对对方的了解程度可能超过了伴侣。技术上的依赖表现为行程的安排、寻找当地的美食、出游过程中与旅游服务人员的沟通等方面，如受访者表示，“我们就在××的带领下能吃好吃的。那个行程我感觉闺蜜都已经安排好了，我只管放心地跟着她走就行，玩儿得也happy的”。对闺蜜情感上的依赖包括闺蜜的陪伴在出游中能带来安全感、能够使自己获得内心的力量、提升自我效能感等。而闺蜜游与女性独游最大的区别也在于此，对于女性来说闺蜜游既为她们提供了独立自由的空间，同时又能在这个独立于日常生活的空间中获得来自闺蜜的支持，尤其是感情上和精神上的支持，来帮助她们应对现实生活中的难题。比如毋女士在访谈中提到：“我们出来的第一天晚上我老公打电话跟我说女儿一直在哭，并且是把所有人都赶出去，自己一个人抱着我的衣服坐在房间里哭。我当时一听心理就崩溃了，眼泪一直在眼眶里打转，结果董××就怼了我一句，大概意思是让我放宽心，不要管那么多，有我老公在呢，要相信我老公能解决之类的，然后我就不哭了……其实我很需要这种独自放松的空间，但是我之前就一直认为是女儿不给我这种机会，她太黏我了，我就很纠结，我想这样做但是我又认为我不能这样做。这次旅行之后我就知道了，其实我完全可以这样做的，很多人有了孩子以后就很不自由，自己的生活就被孩子禁锢了，但是这次以后我就知道了不是的，其实我有了孩子以后也还是可以有自己的生活的。有时候你真的是要让自己抽身，轻松一下，她爸爸也完全可以胜任照顾孩子的工作。”（4）聊天是闺蜜游中最重要的一种互动形式。聊天本身对女性之间的友谊具有重要的作用，而聊天是闺蜜游中被提及最多的内容。聊天在闺蜜游中的作用也很重要，通过聊天，女性发泄和缓解了日常生活中的压力，与闺蜜分享了自己的秘密，交流巩固了感情，加深了彼此之间的了解，找到了应对生活中难题的方法，甚至通过聊天提升了自我效能感。“我们从成都出发开车到四姑娘山大概要五个小时，我们就一直在聊天，聊得很宽泛，从小孩聊到老公，聊到家庭，聊川西的风光……就是一直在聊天，无缝聊天，几乎没有什么空余的时候，就觉得原来聊天可以这么美好。”“晚上住酒店，我觉得闺蜜之间说说小心思也挺好的，感觉是一次感情的增进，可以跟好久不见的闺蜜聊聊天儿，能发泄一下内心的压力，或者是郁闷的，或者是高兴的，或者是痛苦的一些心情吧。”“我和她在半夜聊天的时候，会很庆幸她可以敞开心扉说那么多，在别人看来，我对她来说可能是一个没什么帮助的人，但是在那种时刻我是可以让她哭着哭着笑起来的人，我觉得自己很优秀，不是谁都可以做到的；我也很庆幸她愿意把不开心说出来，给我可以帮助她的机会。”（5）有的女性会将闺蜜游当作友谊的试金石，通过出游过程中的互动来检验双方是否有默契，发现自己在对方心中的地位，并审视对方在自己心中的位置。“在旅游的过程中会遇到新的挑战，一起完成、享受，成就感、默契都会增加大家的心理愉悦感。遇到困难一起想办法，互相依靠、互相帮助，认知到自己在对方心里的位置，双方关系更明确，好的会更好，不好的旅游过去也就互相疏远了，也是一个互相考验和筛选的过程。”

女性参与闺蜜游的过程中最常见的互动形式主要为聊天与分享、共同战胜困难与挑战、讨论与决定行程安排、喝酒、享受美食以及仪式性的互动。如受访者提到的“×××心就特别细，我们出发之前她买了一模一样的帽子，我们每个人一顶。我们几个在约好的目的地汇合的时候特别开心，还戴着那个帽子拍了合影并且发了朋友圈。”图3－2选自游记YJ－1，图中的参与者不仅穿了相同的服饰，还摆出了相同的动作拍照，这种仪式性的互动也是闺蜜游中比较特殊的互动形式。

图3－2　闺蜜游中参与者穿高度相似的服饰摆同样的姿势拍照

资料来源：马蜂窝游记。

综上所述，本研究将闺蜜游中参与者之间的人际互动分为友情互动、纯女性间的互动和仪式性互动，通过访谈发现女性在参与闺蜜游的过程中友情互动对其自身和同伴之间的影响较大，且大部分女性参与闺蜜游的动机之一为“友情动机”，因此本研究认为，友情互动及互动中的认同与共鸣会对女性心理幸福感产生影响。

（二）主轴式编码与选择性编码

本书根据主轴编码的典范模型“因果条件—现象—脉络—中介条件—行动/互动策略—结果”的逻辑范式从41个范畴中提炼出3个主范畴：

表3－7　主范畴一 AAA_1：存在的真实性—心理幸福感的典范模型

因果条件	AA11：渴望逃离家庭责任和养育职责 AA37：逃避	现象	AA1：关注和享受当下 AA2：关注内心 AA35：分享心情和状态
脉络	AA9：做回自己 AA10：自我成就	中介条件	AA17：跟自我和解 AA20：旅游共睦态
行动/互动策略	AA13：身体体验和挑战 AA19：强化友情	结果	AA8：个人成长 AA25：自我接受 AA22：建立良好关系 AA18：独立自主

主范畴一（AAA_1）是存在的真实性—心理幸福感路径，它的副范畴包括：渴望逃离家庭责任和养育职责、逃避、关注和享受当下、关注内心、分享心情和状态、做回自己、自我成就、跟自我和解、旅游共睦态、身体体验和挑战、强化友情、个人成长、自我接受、建立良好关系、独立自主。逃避是女性参与闺蜜游的主要原因之一，当她们在现实生活中经历较大的变化如离婚、丧偶或者是生育下一代，原有的生活状态和秩序被打乱，女性需要面对比以往更多更大的压力时，会倾向于通过逃离惯常生活环境来短暂逃避压力和变故。过往的研究表明，旅游通常被认为能够给旅游者提供一个阈限空间，在这个空间里旅游者可以抛弃自己的社会身份与周围的人平等相处，从而达到一种“共睦”（communitas）的状态（Lett，1983；Turner，1974）。女性在参与闺蜜游的过程中也能通过旅游提供的

“阈限空间”短暂地抛开自己的社会身份和家庭责任。闺蜜游特殊之处在于由于同游者是跟自己关系比较亲密的闺蜜，因此参与者甚至会抛开日常的作息习惯和常规化的旅游模式达到一种更为彻底的无拘束的“共睦态”。访谈中受访者侯女士就提到，“年前和我表姐去苗寨的时候，早上我俩都不想起床，就一直赖着，到中午饿了要吃饭才出门，互不强求，也没有出现不开心的情绪”。杨女士表示，“跟闺蜜在一起，想干什么干什么。逛逛，吃吃，泡泡吧，多美呀”。刘女士则在访谈中提到，“天冷或者天太热的时候我就会跟闺蜜约着一起去度假呀，避暑呀，以休闲为主。行程攻略不会做太多，我们基本每次就是定一个地方，然后把机票和酒店订好，剩下的基本就是走哪儿逛哪儿”。

女性在出游的过程中通过和闺蜜之间聊天、互动、体验当地的风景、美食，沉浸于当下的机体和情感体验中能够让她们获得内心的滋养，从而抛开其他因素，更多地关注自我和自己的内心。大部分参与者都会在闺蜜游的过程中通过聊天与闺蜜分享自己的心情，交流工作、生活状态或心理状态。在互动的过程中，参与者的压力得到排解，同时能够得到来自闺蜜的情感、行为上的支持，进一步强化了友情。也有参与者通过互动和沟通思考和反观自我，加深对自我的了解，并开始更平和地接纳自己。有的女性则找到了更好地跟自我和解或是与他人相处的准则和方法。“那次（闺蜜游）之前我都认为按照我的计划没有进行的事情我都会觉得是自己没做好。比如，我计划今天去银行办事，但是因为银行没开门或者什么，我就会觉得没有按照计划进行，没有完成我今天要完成的事情，我就会很焦虑自责。现在好一些了，会预留一部分时间给不确定因素引起的无法完成。那次旅行之后我和人相处的时候会问自己，人重要还是事重要，人重要的话就随对方的心意走，不争不抢不计较，事情比人重要的时候就按照自己的想法来。”

首先，个体的真实性表现在认识和接纳自己的各方面机体经验；其次，真实地感知内在的价值观、思想、信念、需要和愿望，并以此为行为的准则，在与外界的关系中不隐瞒、不扭曲、不夸大自我（刘群英等，2009）。真实性是一种自主的、忠于自己内在经验的生活方式（White 和

Tracey，2011）。研究（Kernis，2005；Goldman，2006）认为，真实自我是个体日常生活中对真实的、核心的自我的无障碍表达和展现。闺蜜游中闺蜜之间的信任、陪伴和互动能够给女性带来一定的安全感，这种安全感促使女性在沟通交流以及出游的过程中更加真实地表达自我。而没有男性在场的“阈限空间”也能够使女性在行为上更自由和“随心所欲”地做真实的自己。“女性的社会属性和社会角色可能不会让我们一直保持一种独立的个人的状态。但是闺蜜游能够给我提供一个独立自主的空间，在这个空间里我不用去考虑工作、生活、老公、孩子等所有与‘我’无关的都不用考虑，我可以做什么，不可以做什么也都由我说了算。”

女性在参与闺蜜游的过程中达到一种存在的真实性，借由这种存在的真实性的状态，实现了个人成长（Person Growth）、自我接受（Self - acceptance）、与闺蜜、女性亲属建立起良好的关系（Positive relation with others）、女性独立自主（Autonomy）意识的觉醒，而这些因素也是导向女性心理幸福感的几个维度。

综上提出本节的研究结论一：女性在闺蜜游中能够呈现出真实的自我并借由存在的真实性这一状态实现心理幸福感的提升。

表 3 - 8　主范畴二 AAA_2：女性性别角色回归—心理幸福感的典范模型

因果条件	AA12：渴望支持和陪伴 AA33：闺蜜游提供独立自由空间	现象	AA6：聚在一起相互陪伴 AA16：感到自由和放松 AA39：自我效能感提升
脉络	AA3：创造美好回忆 AA36：保持年轻心态 AA40：获得内心的力量	中介条件	AA14：没有性别压力 AA38：没有男性主宰者
行动/互动策略	AA5：聊天和倾听 AA7：来自闺蜜的支持 AA15：纵情欢笑	结果	AA4：生活目标 AA22：建立良好关系

主范畴二（AAA_2）为女性性别角色回归—心理幸福感路径。纵观女性的一生，社会阶层、家庭结构和男性权力关系等因素几乎在她们人生的每一个阶段都会不同程度地影响她们的休闲时间（Deem，1986）。女性的

多重社会身份——女儿、母亲、妻子、职员使她们自身女性化的诉求在日常生活中被无限地挤占压缩。身为女儿要照顾父母的身体情绪，作为母亲要“为母则刚”，作为妻子要“贤惠持家、任劳任怨”，作为社会人在工作中要保持“理性”，尽量减弱女性角色所带来的影响。这种“异化”的状态持续一段时间之后会让女性感到孤独渴望支持与陪伴，需要通过外界获得内心的力量来重新审视和树立生活目标，适应环境。闺蜜游为女性提供了一个安全独立自由的空间，在这个空间里，没有性别压力和男性主宰者的氛围为女性提供了最大程度表达和展示富含女性特质的空间，如果说存在的真实性是一种状态，使人们能够表达他们喜欢的身份，而不是强迫自己进入接受的社会角色（Berger，1973），那么女性性别角色回归就是按照自己的意愿做一名女性，而不是参照父权文化体系给予女性的刻板印象或是以男性视角为标准而成为女性。参与者们表示闺蜜游可以让她们做回少女，可以摆脱父亲、丈夫和周围男性的“监管”，按照自己的意愿去表达自己的身份和特质，女性天生与男性追求的东西不同，表达方式也不同，有受访者认为“貌似女性在生活中总想追求新鲜感和舒适感，对美一直有追求。旅行对于我来说是在拓宽我人生的广度和宽度，我闺蜜在这条道路上跟我是最契合的，所以我们才会选择一起出游，我们俩在共同探索的过程中也会最愉悦，在这个过程中我们有互动，一起探索一个新的地方。比如我们去香港一起购物、爱美，培养人文素养。这次我们回母校就是单纯地想去怀念一下以前上学的日子。有一些是想向外拓展的，有些是想回忆的，比如母校就承载了很多过去的足迹。好像女性更加感性，所以感情更加丰富，需要更多元的释放或表现方式。”这些特殊的专属于女性的表达方式在日常生活中通常被“理性”压抑，通过闺蜜游它们能够得到很好的释放和满足。

受访的部分女性在经历过闺蜜游之后会有意识地将闺蜜游常规化，和特定的“小伙伴儿”每隔一段时间完成一次闺蜜游，希望能通过这种带有仪式感的活动来创造见面、聚在一起、互相陪伴的机会，她们普遍认为旅游只是一种仪式或载体，“面对面的交流”和“陪伴”才是最重要的。“在这难得的与世隔绝的两天里，有她们三个人相伴，感觉非常幸福，也特别有安全感，希望以后还能有这样的机会。”“闺蜜游陪伴更多一些，平时大家都很忙，没有时间可以整天整天地在一起。遇到事情只是隔空的语言安慰，不抵有人陪伴的踏实。在身边不说话甚至比不在身边每天交流更有力……”“窝在酒店各做各的也好，出去玩儿也好，都是陪伴，这种陪伴会有很深刻的记忆，会提升幸福感。”在出游的过程中，女性通过聊天等方式的互动，找到了“小女孩”的自在感或认为自己“充满了活力，仿佛回到了大学时代”，从闺蜜那里获得了行为、情感等方面的支持，觉得自己“其实是可以放手有自己的生活的”。也有参与者通过与闺蜜的互动和交流提升了自我效能感，变得更有力量去面对和接受生活中的难题和变故，对环境的适应能力提升。有受访者提到，在跟闺蜜出游的过程中感受到爱与被爱，开始意识到生活中是有意义、是值得为其努力和奋斗的，树立了新的生活目标。关于环境控制，有受访者在经历了离婚之后选择闺蜜游，出游结束后觉得离婚这件事变得没有那么难接受，也不像出游之前对于变故和未知感到无助和害怕了。“离婚以后很长一段时间我认为我失败的，从小到大我爸都告诉我，女生无论什么时候都应该以家庭为重，我30多岁这一年突然就没有‘家庭’了，我很迷茫，也很着急，不知道该怎么办。我的父辈无法告诉我答案，答案只能我自己去寻找……然后我去了我闺蜜所在的城市旅游，我们从大学毕业以后就没有再见过面了，平时也有联系……白天她开车带我出去玩，吃好吃的，晚上等孩子们睡了，我们就坐在客厅里喝酒聊天……家里只有我们两个女的和小孩，完全不用顾忌其他，穿着什么的很随意……有天下午她出去接孩子放学，我自己一个人坐在她家的阳台上，周围静悄悄的，窗明几净，海风从开着的窗户里吹进来，吹到我脸上，带着一点潮湿的腥味，我看着外面或高或矮的房屋，心里突然就不慌了。我意识到我有自己的孩子，有很多很好的朋友，有认识了十几年像家人一样的闺蜜，即便十几年不见也还是跟昨天才分开一样，我还有什么不满足的呢？此心安处就是家啊。”“那时候离完婚了，但是还没有完全走出去，就觉得很没有自信，或者说自己的生活就是一日三餐的那个小圈子，然后猛地一下可以去到香港也是我的梦想吧，然后就觉得你可以去到更大的地方了，有点怕，但又怎么样呢？你回来一圈，发现还不是如此。就跟离婚一样，有点怕，但又怎么样呢，还不是如此。你发现人生中很多事情都是这样，又怕又兴奋，做完了就觉得 just so so，一般般了，是这种感觉。”也有受访者在经历了闺蜜游以后觉得“心胸变得开阔了”，以往生活中的婆媳矛盾、工作压力、生活琐事都不算什么了，自己又能够找到新的生活目标，生活重新有了方向感。而生活目标（Purpose in life）是心理幸福感的另外一个维度。

综上提出本节的研究结论二：女性在闺蜜游中可以实现性别角色回归，而性别角色的回归有助于提升女性的心理幸福感。

表 3－9　主范畴三 AAA_3：亲密度影响存在的真实性的典范模型

因果条件	AA32：相互依赖 AA27：认同与共鸣	现象	AA23：亲密度高更容易互相迁就 AA24：亲密度低倾向于隐藏自己 AA28：亲密度低沟通不畅
脉络	AA26：闺蜜游的特征	中介条件	AA31：亲密度高
行动/互动策略	AA30：良好的互动增加亲密度	结果	AA21：亲密度影响人际真实性 AA29：亲密度影响个体内在真实性

主范畴三（AAA_3）为亲密度影响存在的真实性。真实自我不同于理想自我等概念的一个重要特征是，个体真实性与人们当下的心理状态紧密相关（Vess 等，2014）。该视角认为，人们并不总是完全按照自己的真实感受和价值观行事，社会角色和具体情况不会完全支持个体的真实自我表达。由于个体先天的社会性，个体真实性水平也会因其所处的环境、关系类型等随时随地发生着变化（Schmid，2005；Wang，2016）。个体能否真实地进行自我表达取决于特定社会或关系背景下，个体对内在感受和想法披露的安全程度的感知（Neff 和 Suizzo，2006）；而当个体能够依照内在价值观、愿望和情绪等组织自己的行为和自我表达时，便达到了真实性（Harter，2002）。

闺蜜游具有相互依赖的特征，也就是说参与者在参与闺蜜游前、中对其同游者都有一定的依赖心理，本研究根据访谈结果假设这种依赖心理跟实际亲密度有一定的关系，亲密度高的闺蜜之间沟通更容易，相互之间也更容易迁就，相互依赖的程度较高互动会更加愉快。沟通顺畅、愉快的互动和氛围都是女性在闺蜜游中能否很好地呈现真实自我的条件，亲密度不仅会影响到个体内在真实性，还会影响到人际真实性，人际真实性在闺蜜游中表现为“不在意别人的目光”“女性之间是平等的”“能够自由地表达和分享心态”等。通过访谈发现，在亲密度不高（访谈者描述为“长时间不见面聊不到一起去”或“价值观不一致”等）的闺蜜面前她们倾向于“隐藏自己”或者“逃避沟通与表达”。如“跟我大学同学有一次体验不是很好。感觉不太好的原因是，一是吃不到一起去，她吃素，我喜欢吃肉，二是时间长不见聊不到一起去，我感觉是这样的。因为她说她来安排，我就没有做任何准备，到了（昆明）以后她才跟我说不行（无法全程陪同）。结果我都是到了那（目的地）以后在手机上查的行程，我想她要是提前说（不能陪我走完全程），我的行程应该能安排得更紧凑一点，你要是没法陪我就应该提前说，好给我一个机动的时间”。“如果她每次都住路边（店），我就可以跟她说，我们要不要尝试一下星级酒店，吃一下米其林，但是如果她是要住星级酒店，我不太想跟她说我们去住一个差一点的。这样在经济上，她会不会认为是因为你的预算有限。其实主要还是因为关系上不是特别近，你会很在意你的形象，所以她们说去住星级酒店什么的，甚至有时候会超过我的预算，但是我还是会表现出来很高兴。”

综上提出本节的研究结论三：闺蜜游中女性之间的亲密度会影响存在的真实性。

表 3-10　主范畴四 AAA_4：亲密度影响女性性别角色回归的典范模型

因果条件	AA41：女性专属时间	现象	AA24：亲密度低倾向于隐藏自己 AA28：亲密度低沟通不畅
脉络	AA14：没有性别压力 AA38：没有男性主宰者	中介条件	AA31：亲密度高 AA33：闺蜜游提供了独立自由的空间
行动/互动策略	AA35：分享心情和状态	结果	AA16：感到自由和放松 AA36：保持年轻的心态

主范畴四（AAA_4）为亲密度影响女性性别角色回归。女性通过参与闺蜜游逃离了日常生活中“母亲”“女儿”“妻子”“职场女性”等社会身份，与她们少女时代的女性朋友们聚在一起。旅游为她们提供了一个相对独立的专属时间与空间，在旅途中，女性拥有了“女性专属时间”，彼此亲密度较高的女性群体会在乘坐交通工具（汽车、火车）时，在酒吧里、餐馆中、酒店房间中甚至是海滩上随心所欲地聊天与互动，摆脱了异性在场时的压力和拘束，她们更愿意呈现出女性最纯粹的一面，甚至会产生重新回到少女时代的“错觉”。如，有受访者在访谈的过程中多次提到“虽然我们很多年没见面了，但是这次旅途中我发现我们彼此之间并没有变得疏远，我们的思想是同步的”，因此才能够出现“我们路上就聊天看风景，看到好看的风景就停车下来拍照，五个小时一点也不觉得枯燥或者单调，就是一直在聊天，无缝聊天，几乎没有什么空余的时候，就觉得原来（聊天）可以这么美好……仿佛又回到了学生时代。所以聊天的过程中我们都很开心，这种感觉是从心底的一种喜悦，意识到‘原来我并不孤单啊，我还有很多好朋友跟我在一起，你们的思想跟我在一起’，然后我们还可以在一起这样旅游，这么开心……”“好像只有跟闺蜜一起（出游）才会有这种内心深刻的触动，假如说你跟你老公、孩子一起出去可能就是照顾小孩，或者鸡飞狗跳，也不会有这么深入的聊天，也不会有这么深的感触……”等状态。同时也有受访者提到跟“熟悉的”或者是“三观一致、爱好相同的”闺蜜一起出游更能够感受到自由。

综上提出本节的研究结论四：闺蜜游中女性之间的亲密度会影响女性性别角色回归。

选择性编码阶段是为了凝练出一个具有普遍性的能够说明整个研究内涵的“核心类属”，构建理论，通过主轴编码对范畴进行逻辑梳理得出了四个主范畴，这四个主范畴一方面阐释了女性通过参与闺蜜游提升自身心理幸福感的路径，最终确定了“性别角色回归”和“存在的真实性”是影响女性心理幸福感的两个主要路径，另一方面参与闺蜜游的女性之间的亲密度又在一定程度上影响到存在的真实性和女性性别角色回归这两个因素。

第四节　理论模型与研究假设

一、理论模型的构建

本节综合第三节质性研究的结果，以前文相关文献综述和理论基础为依据，尝试针对本研究的核心问题构建出理论模型以待验证。

现有的研究证实了社交因素和亲密关系也能够成为旅游动机（Crompton and McKay，1997；Kim 和 Prideaux，2005），但是这一动机是否存在于闺蜜游中尚未被证实。但是友情确实会影响闺蜜游的出游体验（Berdychevsky 等，2013）。Liza，Gibson 和 Bell（2017）找到了闺蜜游与女性幸福感之间联系的四个维度，分别是自我授权（Empowerment）、逃避（Escapism）、女性性别角色回归（Gender Dynamics）和存在的真实性（Authenticity），但是没有进一步探索这四个维度是如何影响女性的幸福感的。本章扎根理论的研究结果显示，在闺蜜游中女性性别角色回归和存在的真实性均能够对女性心理幸福感产生影响，结合文献综述和相关理论梳理出女性参与闺蜜游对其心理幸福感产生影响的过程可以描述为：女性出于逃避日常生活和社会性别角色带来的压力以及寻求社会支持等非物质需求参与闺蜜游，在出游过程中通过与闺蜜的互动强化与闺蜜之间的友情，实现人际的真实性，加深对自我的认识和完善，在闺蜜游提供的空间中建构与自我相关的意义，实现主观意识的多元化发展（Wearing 和 Wearing，1996），呈现个体内在真实性。并通过存在的真实性达成个人成长与他人建立良好的关系等目的。闺蜜游为女性提供了专属时间以及没有性别压力和男性主宰者的自由空间，通过与闺蜜的互动，女性感受到轻松与自由。根据互动仪式链理论，互动仪式中的要素与要素之间会彼此强化，相互反馈，最终使参与者获得新的情感能量，在闺蜜游中这种新的情感能量帮助女性感受到生活的意义，找到新的生活目标，这种情感能量同样能够提升女性的自我效能感并在旅行结束后延续到日常生活中去。

本研究中涉及的闺蜜间的互动行为实际发生在旅游的情境下，属于旅游者间的互动，故将闺蜜游中闺蜜间的互动行为定位为“旅游者间互动”。此外，刘晶晶（2017）提出的旅游者个体真实性是在旅游情境中，由于摆脱日常生活中社会角色和社会评价等的影响，旅游者在旅游过程中因防御性和关系维护倾向降低，内部积极成长倾向提升，而诱发出更接近自然本性的存在状态。这一概念源于王宁提出的存在的真实性，将存在的真实性引入旅游者互动的研究情境下，因此为提高理论模型的精准性，在理论模型中使用“旅游者个体真实”替代“存在的真实性”。事实上，通过质性研究还发现，闺蜜游中女性之间的实际亲密度会影响存在的真实性，在与亲密度不高的同伴进行互动时，参与者倾向于隐藏真实的自我，或逃避沟通等现象，由此进一步提炼出闺蜜游中的互动行为对女性心理幸福感影响的概念模型，如图 3－3 所示。

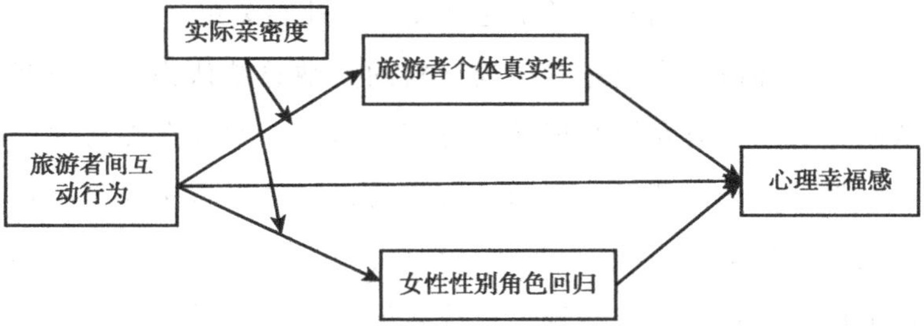

图 3－3　闺蜜游中闺蜜间的互动行为对女性心理幸福感影响的概念模型

路径一：女性参与闺蜜游的过程中旅游者间互动行为对女性心理幸福感有直接的正向影响。

路径二：女性参与闺蜜游的过程中与同伴之间的互动行为通过旅游者个体真实性影响女性的心理幸福感。

路径三：女性参与闺蜜游的过程中与同伴之间的互动行为通过女性性别角色回归影响女性的心理幸福感。

路径二和路径三可能会受到闺蜜间的实际亲密度的影响，即模型的调节效应。

二、旅游者间互动对心理幸福感的作用

研究发现（蔡礼彬，2020），互动因素对旅游者幸福感产生重要影响。互动因素作用于幸福发展的全过程，解释了多方主客体对于旅游者幸福感的影响效应，包括设计、与自然对话、感知旅游影响等人与环境的互动，居民参与、游客间互动、社会联结等人与人的互动，以及知识互动、摄影等其他的综合性互动。互动因素既存在正效应，也存在负效应，正向积极的良好互动对旅游者幸福感产生正效应，而负面的互动对旅游者幸福感产生负效应。陈晔、张辉和董蒙露（2017）也认为，作为一种在旅游情境中的社会交互，旅游者间互动常常是在身心放松和欣赏美景的状态下，因此旅游者之间的互动本身就能够给游客带来积极的心理影响，有利于建立起良好的社会关系，进而对旅游者的幸福感产生积极的影响。尽管学者们在探讨旅游者间互动对游客幸福感的影响时关注的侧重点多为主观幸福感，但心理幸福感的维度中同样包括了建立良好的社会关系。

第三章的质性研究中通过对访谈材料的归纳总结认为，友情互动及互动中的认同与共鸣会对女性心理幸福感产生影响。女性在参与闺蜜游的过程中在与同伴的互动中获得一定的社会支持，这种支持主要是心理、情感上的无形支持，比如，共情、认同、关心、鼓励、理解、尊重、放松等。之后她们借由这些社会支持实现了自我认同、个人成长、重新树立了生活目标等目的。如有受访者提到“我当时（闺蜜游中与同伴互动时）就说我一定要好好努力，争取更多这样的机会，因为这样的旅行真的是对人心灵的一种滋养，这次旅行给我的触动特别大，给了我一种内心的滋养，让我觉得我应该更加努力，为了以后能有更多次这样的旅行而去奋斗”。

根据以上分析提出本书的研究假设：

H1：旅游者间互动行为对参与者的心理幸福感有直接的正向影响

三、旅游者个体真实性的中介作用

（一）闺蜜间的互动行为对旅游者个体真实性的影响

在常识性术语中，存在的真实性指的是一种特殊的存在状态，在这种

状态中，一个人对自己是真实的，即“真实地面对自己”（one is true to oneself）并作为一种补偿来弥补在现代社会公共角色和公共领域中“真实自我”的丧失（Berger，1973）。Wang（1999）提出存在的真实性是人们处于旅游这一阈限情境下由旅游活动所激发出的一种存在的状态，这种状态的产生可能与旅游客体的真实性无关。他将存在的真实性划分为人际真实性（inter－personal authenticity）和个体内在真实性（intra－personal authenticity）两个维度。个体内在真实性（intra－personal authenticity）包括机体感受（bodily feelings）和自我成就（self－making），自我成就是旅游动机背后的一个隐含维度，自我成就同时包含了自我塑造和自我认同，它是指在特殊的状态下，一些现象或过程使个体能够脱离理性世界中的角色束缚，脱去“外衣”回归本我。对许多女性来说，工作和日常角色强加给她们紧张和单调的生活节奏，使她们难以追求自我实现。现代社会生活规则下人类几乎所有的活动都理性化和程序化了，过度的可预测性导致了“失落感”的产生（Giddens，1990）。因此，如果女性不能在日常生活中实现真正的自我，那么她们就有可能为了实现真正的自我而转向旅游或其他形式的活动。旅游是人们补偿日常生活中的枯燥和真实性缺失的重要手段，使人从日常生活的状态中切换出来。人际真实性（inter－personal authenticity）包括家庭纽带（family Ties）和旅游共睦态（touristic communitas）。在旅游中，一个人不仅能从观看风景、表演和参与旅游活动中获得愉快的体验，而且同时还能体验到强烈的真实、自然和情感的联系，以及如家庭关系一样的亲密感。旅游还可以使人达到一种“共睦态”（turnerian）。在共睦态下，社会结构瓦解，制度化的社会经济和社会政治地位、角色和地位所产生的差异消失，人们被剥夺了结构属性，达到了一种没有冲突的和谐状态（Lett，1983；Turner，1974）。

闺蜜游中闺蜜间的互动行为是发生在旅游情境下的人际互动，只是闺蜜之间的互动更多体现的是女性之间的友情与关爱，柯林斯的互动仪式链理论能够很好地解释闺蜜之间的互动行为。女性在旅游空间中聚集，怀着期待与闺蜜一起投入旅游活动中，通过身体接触、思想和情感的交流与分享、共同战胜困难和挑战等方式获得情感能量。在闺蜜游创造的旅游场景下与闺蜜的互动使女性加深了对我自我的了解，学会跟自我和解，摆脱社会属性做回自己（Gibson，Berdychevsky 和 Bell，2012），获得独特的机体感受，实现自我成就。根据人际互动理论，人际吸引是推动人际交往的重要因素，人们希望社会的交往来自人际吸引，具有较强人际吸引力的个人之间更倾向于进行交往。在人际交往中，人们一般都会在自己周围建起一种保护自己的"个人外泡"空间，对自己关系亲密的人，会打开这层外泡，而其他人则不能进入。女性在参与闺蜜游时跟同伴之间有一种类似亲情的情感联结（Berdychevsky，Gibson 和 Bell，2012）这种亲密关系会使她们在互动的过程中打开保护自己的"个人外泡"，真实地表达自己的感受，通过聊天与同伴分享日常生活中及旅途中的感受，共享美食、美酒等行为增进相互之间的了解，达到强化友情的目的。

"共睦态"一词源自维克多·特纳（2006）《仪式过程：结构与反结构》一书中的拉丁文"communitas"（赵红梅，2008）。特纳提出的"communitas"现象是在仪式中的阈限阶段出现的，是自发的和即时的。在阈限期内，受礼者彼此之间往往会形成一种同志关系和平等关系，世俗的级别和地位之分消失了，甚至呈现某种被同化的趋势，最终形成一种被其称为反结构的、彼此交融的共同体。特纳强调，处于共睦态中个体抛弃了原有的角色和地位，以马丁·布伯的"我和你"的形式，与其他的人进行面对面的交流（Victor Turner，1969）。闺蜜游的参与者中也有人选择与自己的女性亲属共同出游，通过旅游中的互动，彼此之间加深了解，消除身份上的不平等，达到一种共睦态。如受访者提到，跟母亲两个人一起出游时，"她会主动要求给她拍照，像是一个勇敢的小朋友。我们俩晚上在酒店喝啤酒，讨论哪个好喝哪个不好喝，她会很骄傲地说不是每个妈妈都像我这样的吧。我和我妈的旅行让我认识了更多面的她，会更期待下一次和她的一起出行……我和我妈在松花江边的时候，我妈开心得不得了，问我这就是歌里面唱的那个松花江吗，我一下子觉得她好可爱啊"。综上所述，提出以下假设：

H2：闺蜜间的旅游者间互动行为对旅游者个体真实性有直接的正向影响

H2a：闺蜜间的旅游者间互动行为对个体内在真实性存在直接的正向影响

H2b：闺蜜间的旅游者间互动行为对人际真实性存在直接的正向影响

（二）旅游者个体真实性对女性心理幸福感的影响

在 Heidegger（1962）看来，寻找个体存在的意义就是寻求真实性的意义。存在的真实性不仅体现在个人的真实状态上，还包括了参与旅游活动的主体之间的社会交往状态。身体体验也是旅游的重要组成部分（Veijola 和 Jokinen，1994）。女性参与闺蜜游并在与闺蜜的互动中感受到轻松、自由，精力和心情得到修复。身体离开了惯常环境之后，女性在旅游中容易产生的恐惧感和不安全感（Wearing 和 Wearing，1996）被闺蜜的陪伴大幅度抵消，身体的控制权回归了自我，女性有更多的精力关注当下及自己身体的感受，进而关注自己的内心。女性带着逃离责任和压力的渴望参与到闺蜜游中，旅途中与同伴的互动是在自由放松的状态下进行的，旅途中遇到的“挑战”以及与闺蜜的互动像一面镜子，促使参与者照见真实的自我，或是通过反思成为更好的自己，或是接纳真实的自己，学会跟自我和睦相处。人际真实性在闺蜜游中多表现为互动行为带来的“共睦态”以及闺蜜间友情的强化，女性在闺蜜游中不仅能从欣赏风景、经历事件或完成“挑战”中获得自身愉悦的体验，同时还能在与闺蜜的互动中体验到强烈的真实、自然的情感流动，与闺蜜延续或建立类似亲情的情感联结，这一点跟心理幸福感维度中“建立良好关系”是吻合的。

心理幸福感指人的心理机能状态良好，是不以自己主观意志转移的自我完善、自我实现、自我成就，是自我潜能的完美实现。在心理幸福感研究者看来，幸福不仅仅是获得快乐，还包含了通过充分发挥自身潜能而达到完美的体验。Aristotle 提出的心理幸福感观点认为，幸福是人的自我实现（self - actualization），Ryff 也认为人的幸福感不能简单地等同于感性的快乐，情感的体验无法完全诠释幸福感的内涵。Ryff 基于健康人的心理理论从发展心理学中挖掘出了心理幸福感的六个维度：自我接受（self - acceptance）、个人成长（personal growth）、生活目标（purpose in life）、良好关系（positive relation with others）、环境控制（environment master）和独立自主（autonomy）。受访者在访谈过程中一再提到“感到很幸福”，这种幸福感更多地指向了心理幸福感，参与者在闺蜜游中找到自己的真实性以及与他人之间的真实性，并由此感受到生活的意义，重新树立生活的目标，习得与人相处的技巧，心胸变得开阔，加深了对自己和对他人的了解，巩固或建立心灵契合的友谊，摒弃不合适的关系，意识到女性要有独立自主的能力和独立的生活，不以他人的标准来评判自己等。综上所述，提出以下假设：

H3：旅游者个体真实性对女性心理幸福感有直接的正向影响

H3a：人际真实性对女性心理幸福感存在直接的正向影响

H3b：个体内在真实性对女性心理幸福感存在直接的正向影响

（三）旅游者个体真实性的中介作用

以上推论表明，旅游者个体真实性可能会在闺蜜间的互动行为与女性心理幸福感之间产生中介作用。友谊在休闲中最大的益处在于友情具有亲密、平等和自愿的特质，而友情关系中良好的互动能够增加信任感并激发女性的倾诉行为（Fehr，1996），因此，闺蜜游中闺蜜间的互动行为对女性心理健康有益（Glover 和 Parry，2008；Green，1998；Kleiber，Hutchinson 和 Williams，2002）。闺蜜游之所以有益于女性的心理健康，很可能是因为其作用和影响不仅仅局限于主观情感上的享乐，更多的是对女性心理幸福感的影响，如自我授权、自我探索、角色属性转换和压力的释放等（L. Berdychevsky，H. Gibson 和 H. Bell，2017）。闺蜜游为女性建筑的自由平等的阈限空间，参与者之间基于友情建立起的信任感，为闺蜜间的互动行为提供了安全、良好的环境，使她们在互动中得以摆脱顾虑和紧张感，最大程度展现出真实的自己，这种存在的真实性带给女性的是她们对自我更深刻的认识以及自我意识的增强（L. Berdychevsky，H. Gibson 和 H. Bell，2017）。心理幸福感的流畅感理论认为，心理幸福感就是一个人充分实现心理潜能而产生积极和有意义的情感体验，是对过去、现在和未来的一种乐观、流畅和弹性心理。如果流畅感从一个人的生活中消失“生存的意义就几乎不存在了”（Hunter，2003）。综上所述，结合研究假设H1、H2提出以下假设：

H4：旅游者个体真实性在旅游者间互动行为和心理幸福感之间存在中介作用

四、女性性别角色回归的中介作用

（一）闺蜜间的互动行为对女性性别角色回归的影响

性别角色是社会根据人的性别而规定的一种行为及思维模式（Delamont，1990），包括男性和女性不同的社会态度、人格特征和社会行为模式等（易仲怡，2018）。性别角色理论的核心观点是：社会基于生理特征的差别划定男性与女性两种类别，并通过不断地由外界强化的行为过程，使人们学习获得所属性别既定的行为、思考和感觉方式，从而将社会期待内化为自身的性别认同。从社会对女性的传统印象中可以看出，女性被普遍认为是柔弱的、缺乏力量的、需要保护的，女性最重要职责场域是家庭，女性少有的社会功能也是局限在相夫教子和照顾家庭上，女性也被按照这种要求抚养和教育，所以女性在社会化过程中也把如此标准化的女性角色作为自己的人格框架并加以无怀疑的角色认同（周莹，2013）。访谈中有年幼孩子的女性表示，家庭游只是她们日常照料工作的延续，这样的旅游是“换了个地方照顾孩子”，这一点与过往的研究结论是一致的（Deem，1996；Davidson，1996）。而女性认为，不用照顾孩子是良好假期体验的一个特征（Small，2005）。Small（2005）发现，在她的研究中女性挑战了关爱的伦理（ethic of care）①，她们认为关怀责任对女性来说是一种约束，并渴望在旅游体验中寻求摆脱这一约束的状态。

在日常状态下，女性所展现出来的角色特质是偏重社会属性的，并且

① 关爱伦理（ethic of care）由Gilligan（1982）提出，他认为女性的道德的发展路线，是以关怀为特点，关心他人，牺牲自己，把关怀情感赋予整个社会成员。在女性主义视角下的休闲旅游研究中，关爱伦理一直被认为是影响女性休闲旅游体验的特定的性别约束因素（Davidson，1996；Henderson，1991）。

多数时候处于男性的“凝视”下，比如作为女性要优雅、要细心、要善于照顾他人、隐忍和具备牺牲精神等，这些关于女性的刻板印象本身就带有男权社会制度下对女性的压迫，女性表现出的性别角色特质是社会和男性主宰者期望她们表现出来的，并不是她们的自主意识想要表达出来的。Berdychevsky、Gibson 和 Bell（2017）在研究闺蜜游与女性幸福感之间的关系时首次引入女性性别角色回归（gender dynamics）这一概念。她们通过访谈发现，女性在闺蜜游中所呈现出的性别角色特质是有别于日常生活的，这种差异体现为女性摆脱了社会属性以后所表现出的女性专属的思维方式和互动方式。比如，女性的思维模式往往是非线性的、感性的，她们能将诸多事物联系在一起。女性在参与闺蜜游时会开展一项必不可少的互动——聊天，或者更准确地说是纯女性的聊天。闺蜜游的参与者认为闺蜜游中纯女性的互动内容对于她们来说是一种“福利”（Berdychevsky、Gibson 和 Bell，2017），由于同是女性，思维模式的相似性会使她们之间产生共鸣，没有男性参与者的场景下，女性没有了来自男性主宰者的“控制”，也不再有性别压力，聊天、陪伴、分享等纯女性特质的互动会使她们能够更自由地表达出她们女孩儿或少女（being girly）的一面。综上所述，提出以下研究假设：

H5：闺蜜间的旅游者间互动行为对女性性别角色回归存在直接的正向影响

（二）女性性别角色回归对女性心理幸福感的影响

本书在文献分析和访谈的基础上提出女性性别角色回归的定义，认为女性性别角色回归（gender dynamics）特指女性在参与闺蜜游的过程中通过互动达到的一种特殊状态，在这种状态下，女性摆脱了性别压力（no sexual tension），日常生活中性别角色内嵌的权力差异（no gender power difference）被淡化，女性不再受男性主宰者的“控制”（no male telling what to do），获得了女性专属时间（woman to woman time），感受到自由自在（sense of freedom），并回到少女的状态（being girly）（Berdychevsky、Gibson 和 Bell，2017）。女性处于这种状态下时更容易感受到闺蜜给予自身的社会支持，根据社会支持理论，社会支持分为情感支持（emotional support）、工具性支持（instrumental support）和信任支持（esteem support）。情感支持是指向他人提供鼓励，表示关心与爱意，面对困难时伴随左右，使人感到温暖；工具性支持指提供财力帮助、物质资源或具体建议指导等，又称具体社会支持（tangible support）；信任支持又被称为资讯社会支持（informational support）指向个体传达赞扬或肯定的讯息，从而提高个体的自信心（张羽和邢占军，2007）。社会支持的主效应理论（main effect hypothesis）认为，个体通过整合社会资源直接对目标感、归属感和自我价值的认可等产生积极效应，并影响心理幸福感；缓冲理论（buffering hypothesis）则认为，社会支持（领悟支持或客观支持）能抑制或缓冲压力事件对个体的负性影响（Cohen 和 Wills，1985；Kawachi 和 Berkman，2001）。研究显示，个体收到来自朋友的情感支持多于工具支持（Winer，1971），来自朋友的社会支持除了情感支持以外还有信任支持（Wong，1997）。情感支持对总体幸福感、生活满意度以及积极情感有着较强的预测作用（严标宾等，2003），闺蜜游参与者处于女性性别角色回归的状态下获得了大量的情感支持和信任支持，并内化为她们自身的积极情感和对自我的肯定，使她们重新感受到生活是有意义和有希望的，并且提升了对环境的适应能力和改善生活环境的能力。此外，访谈中也发现，回归少女状态以及感受到无男性在场的独立和自由自在的状态能够使女性感到“充满活力和力量”。综上所述，提出以下研究假设：

H6：女性性别角色回归对女性心理幸福感存在直接的正向影响

（三）女性性别角色回归的中介作用

如前文所述，女性在参与闺蜜游的过程中通过与闺蜜之间发生纯女性的互动以及友情互动进入一种女性性别角色回归的特殊状态，在这种状态下女性所承受的性别压力、社会性压力减小，获得家庭和工作单位以外的社会支持，意识到自己是需要并且可以有属于自己的空间和生活，提升了自身应对生活中的消极事件的能力（Berdychevsky、Gibson 和 Bell，2017）。女性通过参与闺蜜游短暂地进入女性性别角色回归的状态有利于她们重新审视和面对生活，找到生活的意义或树立新的生活目标，也能促使她们更积极地去面对、适应和调整自身所处的环境。综上所述，结合 H4、H5，提出研究假设：

H7：女性性别角色回归在旅游者间互动行为和女性心理幸福感之间存在中介作用

五、闺蜜间实际亲密度的调节作用

过往的研究指出同行旅游者与旅游者之间的关系是影响旅游共睦态的关键，同行旅游者之间的关系越直接就越有力量感，而相熟、亲密的关系比陌生关系更容易进入旅游共睦态（谢彦君和徐英，2016）。人际关系中的亲密度分为应有亲密度（assumed affection）和实际亲密度（real affection），实际亲密度（real affection）指一段关系中两个人之间是通过真诚的互动而不是通过社会规范培养出来的感情，彼此之间真实的感情是自愿表达的，不受任何社会规范和关系的干扰（Lau，2005）。具有高实际亲密度的个体之间更容易表现出高度的互动性，此外，亲密关系还能让个体在心理上获得一种安全感和幸福感（黄远玲，2009）。

受访者提到的“关系近的朋友更容易互相迁就”“心灵契合的朋友之间沟通起来更容易也更愉快”也说明了闺蜜游中参与者之间的实际亲密度会对互动行为产生影响，当个体心理安全感较高时，更容易对周围环境产生较好的归属感和掌控感（倪亚琨等，2015），个体降低防御性，进而能够更加自由地体验自身积极或消极的情绪，较无顾忌地进行自由的人际互动（田学英，2015）。这种机体体验的高度开放有利于个体在旅游中达到较高的真实性水平（刘晶晶，2017），而当闺蜜游的参与者之间亲密度较低时，她们会表现出“隐藏真实的自我”或“逃避沟通与表达”的倾向。研究也发现女性一起旅行时所产生的人际冲突，或是她们之间潜在的紧张关系可能会降低她们达到共睦态的能力（Heimtun 和 Jordan，2011）。综上所述，提出以下假设：

H8：实际亲密度在闺蜜间的互动行为和旅游者个体真实性之间存在调

节作用，当闺蜜间的实际亲密度高时，旅游者间互动行为对旅游者个体真实性的正向影响显著

H9：实际亲密度在闺蜜间的互动行为和女性性别角色回归之间存在调节作用，当闺蜜间的实际亲密度高时，旅游者间互动行为对旅游者个体真实性的正向影响显著

第五节 本章小结

本章第一节首先确定了本章要解决的两个问题：参与闺蜜游对女性心理幸福感影响的路径是什么样的？找出女性参与闺蜜游的动机及闺蜜游的特征有哪些？明确采用访谈和收集筛选游记的方式获取质性研究的资料，并确定使用扎根理论对资料进行分析。

第二节对访谈和游记资料进行筛选和整理，为后续资料的分析做准备。第三节通过对访谈的分析发现，女性参与闺蜜游的动机主要集中在以下几个方面：（1）加深与女性朋友之间的联结，增进友谊和联系；（2）与同伴创造新的美好的回忆；（3）逃离日常生活中的压力；（4）反抗社会给予女性的道德伦理约束和赋予女性的刻板印象；（5）与她们内在的自我重新建立联系与对话。此外，总结出闺蜜游的特征如下：（1）对于参与者来说闺蜜游具有专属性和排他性。（2）与其他旅游形式相比闺蜜游的压力小，少计较。（3）参与者之间的相互依赖性。（4）聊天是闺蜜游中最重要的一种互动形式。（5）有的女性会将闺蜜游当作友谊的试金石，通过出游过程中的互动来检验双方是否有默契，发现自己在对方心中的地位，并审视对方在自己心中的位置。通过访谈还发现国内的女性参与闺蜜游的主观意识不是很清晰，尚处于自发的状态，多数是出于逃避日常角色带来的压力或者是与分居两地的朋友聚在一起强化彼此的联结，对于出游的形式没有具体的要求和限定。但是国外的女性在参与和开展闺蜜游时就会明确表示："不能有男性、不带相机不沉迷于拍照以及没有性别压力（Heather J. Gibson 和 Heather L. Bell，2013）。"在闺蜜游出游同伴的选择上，国内女性比国外女性考虑的因素更多。本节采用扎根理论的三阶段编码对访谈和游记资料进行编码分析，得出四个结论：

（1）女性在闺蜜游中能够呈现出真实的自我并借由存在的真实性这一状态实现心理幸福感的提升。

（2）女性在闺蜜游中可以实现性别角色回归，而性别角色的回归有助于提升女性的心理幸福感。

（3）闺蜜游中女性之间的亲密度会影响存在的真实性。

（4）闺蜜游中女性之间的亲密度会对女性性别角色回归产生影响。

除以上四个结论以外，本章基于对访谈材料的归纳总结认为，友情互动及互动中的认同与共鸣会对女性心理幸福感产生影响。本章得出的几个主要结论初步明确了女性参与闺蜜游是如何对其心理幸福感产生的影响的，第四章将在本章得出的五个主要结论的基础上结合相关理论构建出女性参与闺蜜游对女性心理幸福感影响的路径模型。

本章的核心目的是基于质性研究构建本研究的理论模型，并据此提出本研究的研究假设。因此第四节在质性研究得出的结论和相关理论基础上构建了本研究的理论模型，并给出具体的研究假设，本研究共提出13条研究假设，第四章将对本章提出的概念模型进行可操作化测量并对假设进行实证检验。

表3－11　本书的研究假设

编号	研究假设内容
H1	旅游者间互动行为对参与者的心理幸福感有直接的正向影响
H2	闺蜜间的旅游者间互动行为对旅游者个体真实性有直接的正向影响
H2a	闺蜜间的旅游者间互动行为对个体内在真实性存在直接的正向影响
H2b	闺蜜间的旅游者间互动行为对人际真实性存在直接的正向影响
H3	旅游者个体真实性对女性心理幸福感有直接的正向影响
H3a	人际真实性对女性心理幸福感存在直接的正向影响
H3b	个体内在真实性对女性心理幸福感存在直接的正向影响
H4	旅游者个体真实性在旅游者间互动行为和心理幸福感之间存在中介作用
H5	闺蜜间的旅游者间互动行为对女性性别角色回归存在直接的正向影响

续表

编号	研究假设内容
H6	女性性别角色回归对女性心理幸福感存在直接的正向影响
H7	女性性别角色回归在旅游者间互动行为和女性心理幸福感之间存在中介作用
H8	实际亲密度在闺蜜间的互动行为旅游者个体真实性之间存在调节作用，当闺蜜间的实际亲密度高时，旅游者间互动行为对旅游者个体真实性的正向影响显著
H9	实际亲密度在闺蜜间的互动行为和女性性别角色回归之间存在调节作用，当闺蜜间的实际亲密度高时，旅游者间互动行为对旅游者个体真实性的正向影响显著

第四章　模型与测量

本研究理论模型中涉及的五个抽象概念：旅游者互动行为、实际亲密度、旅游者个体真实性、女性性别角色回归，心理幸福感都需要转化成更加直观的可以直接测量的题项，即所谓的概念的操作化。五个概念中闺蜜间的互动行为、实际亲密度和心理幸福感都有成熟的量表可以直接使用，本节会逐一对这三个概念进行界定，并找到对应的、合适的、可使用的量表对其进行分析和测量。为了确保研究结果的严谨性，本研究根据研究目的和闺蜜游的特殊情境对旅游者个体真实性的量表进行了优化，优化的过程和结果放在第二节讨论。性别角色回归这一概念引入旅游研究中的较少，已有的研究结果中尚未有完整成熟的测量方案，需要对这一概念进行量表开发，第三节将详细阐述量表开发的过程和结果。

第一节　研究概念的界定与测量

一、互动行为的分类与测量

现有文献中关于互动行为的研究主要有社会学范畴下的人际互动（interpersonal interaction）和市场营销领域的顾客间互动（customer - to - customer interaction）。旅游情境下的社会互动是指旅游活动中的个人与个人、个人与群体，以及群体与群体通过语言或非语言的方式，在心理和行为上所产生交互影响（Pearce，2005；张机和徐红罡，2012）由于旅游活动的本质就是关于旅游者跟其他地方和其他人的互动，因此社会互动一直以来都是旅游研究领域关注的热点，包含主客互动（host - guest ineraction）和旅游者间互动（tourist - tourist interaction）两大基本类型（Pearce，2005）。旅游者间互动衍生于服务业中的顾客间互动（Martin 和 Pranter，1989），是指同一时空的旅游情境下旅游者之间所发生的身体、言语、情感等方面的交互。学术界普遍认为旅游者间互动实质上是旅游情境下的顾客间互动（陈晔等，2017），在互动行为的维度划分上，蒋婷（2011）、杨瑞（2017）和屈小爽（2018）都运用了关键事件法对不同情境下的互动行为进行了分类，杨瑞（2017）将顾客间互动分为建议与帮助、认同与共鸣、友好态度等六个维度；蒋婷（2011）将游客间互动划分基本礼仪、旅游规范、语言沟通、帮助行为五个类型；屈小爽（2018）在前两位学者的研究基础上讨论了家庭旅游情境下游客间互动行为的分类，将互动行为划分为亲情互动、服务互动、社交互动和矛盾冲突四大类。

本书理论模型中涉及的闺蜜间的互动行为实际发生在旅游的情境下，因此属于旅游者间互动，鉴于此，在对闺蜜间的互动行为这一构念的维度划分和测量上主要借鉴了杨瑞（2017）和屈小爽（2018）两位学者的成熟量表，同时也参考了部分外文文献，并根据本书的研究情境对题项进行了改进。具体维度及题项见表 4 - 1。

表 4 - 1　　基于文献分析的闺蜜游旅游者间互动行为量表

维度	题项	参考文献及来源
认同与共鸣	当我发表看法和观点时，会得到同伴的认同 我与同伴具有共同的认知，能谈在一起 有些同伴的谈话内容能引起我的共鸣 当我倾诉问题或挫折时，其他同伴会安慰鼓励我 互动交流给了我增进友谊的机会	杨瑞，2017 Yoo，Arnold 和 Frankwick，2012
友情互动	遇到事情征求闺蜜意见，协商后做决定 本次旅途中我们分享了彼此的快乐或烦恼 旅途中我与闺蜜之间互相照顾，分享食物、衣服及生活用品 和闺蜜待在一起或共同参加活动项目留下共同回忆，如拍照合影 与闺蜜举行“卧谈会”	屈小爽（2018） Xiaolian Chen 和 Barry Mak（2020）

资料来源：根据文献资料整理。

二、实际亲密度的概念及测量

社会学对人际关系的研究成果丰硕，其中人际关系中的亲密度也是学者们关注的重要研究领域。西方学者曾经将亲密度作为划分社会关系的标准（Triandis，1978；Marwell 和 Hage，1970），之后国内的研究者们也开始尝试用亲密度水平来对个体之间的“关系”进行归类（Chuang，1998；Lau，2005；Yang，2001；Zhang，2001），他们认为（Hu，1949），在中国儒家文化情境下，人际关系中长期存在两种类型的亲密度：应有亲密度（assumed affection）和实际亲密度（real affection）。应有亲密度（assumed affection）是指在社会规范要求下，一组特定的关系所“应该有”的亲密度（Hu，1949；Symolls，1997；Aron，2004），中国社会中应有亲密度对人际关系的影响无处不在（Hu，1949）。但是人际关系类型的应有亲密度高低并不等同于实际亲密度（夏瑞雪，金瑞秸和赵海燕，2015），实际亲密度（real affection）是指一段关系中两个人之间是通过真诚的互动而不是通过社会规范培养出来的感情，彼此之间真实的感情是自愿表达的，不受任何社会规范和关系的干扰（Lau，2005）。本研究涉及的闺蜜关系中的亲密度更适合用实际亲密度来测量，因此，采用了 Lau（2005）开发的《中国人人际关系量表》中的实际亲密度子量表。《中国人人际关系量表》是由香港中文大学的 Lau Ka King 在其博士学位论文中运用关系模型研究中国人人际交往行为时开发出的量表，之后被心理学和社会学相关领域的研究者们广泛应用。该量表包含了与中国人人际交往行为高度相关的五个构念的子量表，每个量表都有中文题项和对应的英文题项，本研究采用的实际亲密度子量表分为两个部分，第一部分从自身角度衡量“我”与“他人”的亲密度（对应表 4-2 中题项 1 至题项 5），第二部分从对方的角度出发衡量两人之间的亲密度（对应表 4-2 中题项 6 至题项 10）。

表 4-2　　实际亲密度子量表

题号	中文题项	对应的英文题项
第一部分（participant's perspective）：		
1	你愿意与她有福同享、有难同当	You are willing to form a common wealth with her
2	你愿意与她分享自己心中的秘密	You arewilling to share your own secret with her
3	你对她的个性、兴趣及生活习惯非常了解	You understand very well about her personality, hobbies, living habits
4	当生活中遇到不如意的时候，你会向她寻求安慰和支持	You will seek for her condolence and support when in bad encountering
5	你们的关系非常好	Therelationship between two of you are very good
第二部分（counterpart's perspective）：		
6	她愿意与你有福同享、有难同当	She is willing to form a common wealth with her
7	她愿意与你分享自己心中的秘密	She is willing to share her own secret with you
8	她对你的个性、兴趣及生活习惯非常了解	Sheunderstands very well about your personality, hobbies, living habits
9	当她生活中遇到不如意的时候，她会向你寻求安慰和支持	She will seek for your condolence and support when in bad encountering
10	她觉得你们的关系非常好	She thinks the relationship between two of you are very good

资料来源：Lau K H. Indigenous modeling on Chinese interpersonal behaviors by using Guanxi [D]. Hong Kong: The Chinese University of Hong Kong, 2005。

三、旅游者个体真实性概念及测量

在旅游中，一个人不仅能从观看风景、事件或表演中获得愉快的体验，而且同时能体验到强烈的真实、自然和情感的联系，以及如家庭关系一样的亲密感。旅游提供了一种放松的旅游体验和一段相对集中的时间，可以进行密集的社交活动和情感交流。这不仅带来了看异国风景的乐趣，也带来了在旅行团（Bruner，1995）或在其他人的陪伴下看到这些风景的乐趣（Urry，1990）。旅游的乐趣不仅存在于看到异国情调的东西，还存在于与一起看风景的同伴们分享和交流的乐趣。旅游者们不仅是在寻找真实感，也在寻找自己的真实性，以及他们之间的真实性。旅游客体或旅游可以只是一种手段或媒介，游客被召集在一起，之后通过旅游者之间的互动产生个体间的真实性体验。

旅游者个体真实性（authenticity of tourism）是在旅游情境中，由于摆脱日常生活中社会角色和社会评价等的影响，旅游者在旅游过程中因防御性和关系维护倾向降低，内部积极成长倾向提升，而诱发出的更接近自然本性的存在状态（刘晶晶，2017）。刘晶晶（2017）以 Wang（1999）、Kim 和 Jamal（2007）等学者以旅游者存在的真实性的研究成果为基础，结合现阶段哲学和心理学中对个体真实性的阐释，开发了旅游者个体真实性量表。旅游者个体真实性更适用于旅游情境下的“主体本真性”的探索，因此，本书根据研究主题和研究目的，结合 Berdychevsky 等（2013）的理论模型中提出的维度，对刘晶晶（2017）开发的旅游者个体真实性量表进行优化，优化的过程中剔除了不符合闺蜜游情境的题项，依据第三章半结构化访谈及网络文本挖掘的相关内容对题项进行修正与补充，如用“增强友情纽带”及其下属维度来替代“增强家庭纽带”（family tie）及其相关维度等，得出闺蜜游个体真实性量表，具体指标见表 4－3。

表 4－3 闺蜜游中旅游者个体真实性初步量表

维度	二级指标	题项	编号
个人内在真实性	机体感受 body feeling	跟闺蜜一起出游更加无拘无束、自由自在	IA1
		我更加清楚我要的是什么样的生活	IA2
		我不必花时间在对我不重要的事情上	IA3
		我可以释放平时被压抑的自己	IA4
		现在的我更接近真的我	IA5
	自我成就 self－making	我发现了我以前没有意识到的优点或能力	IA6
		我更能独立面对问题	IA7
		我能够更好地感知自己	IA8
		我更加清楚我内心的真实感受	IA9
		我更加了解自己的内心需要	IA10
		我对自己有了新的了解或认识	IA11
		有时候陶醉其中，忘记了时间的流逝	IA12
		我很享受我现在的状态	IA13

续表

维度	二级指标	题项	编号
人际真实性	旅游共睦态 touristic communitas	在闺蜜眼中我就像一个孩子 我和闺蜜一起纵情欢笑，快乐玩耍	IA14 IA15
		我感到心胸变得开阔 我能无拘无束地与闺蜜谈论旅途中的见闻和感受 与闺蜜相处时我能获得内心的力量 与闺蜜相处时我很容易感受到自由和快乐	IA16 IA17 IA18 IA19
	增强友情纽带 friendship tie	我与闺蜜共同度过了美好的时光 我与闺蜜之间的关系更加亲密了 加深了我对闺蜜的了解和认识 我感到与闺蜜有心灵上的契合	IA20 IA21 IA22 IA23

资料来源：刘晶晶，2017。

为保证该量表的适用性和信效度，本研究对量表进行了探索性因子分析，由于预调研是与性别角色回归的量表开发一起进行的，因此，放在第三节进行讨论。

四、心理幸福感的概念与测量

心理幸福感的定义一方面包括自我实现，另一方面试图指明自我实现的意义及途径。自我实现论认为存在三种基本需要，能力需要（need for competence）、关系需要（need for relatedness）、自主需要（need for autonomy），三种需要都得到满足时，才会产生持续的整合感和幸福感（Ryan 和 Deci，2000）。目前，心理幸福感的测量方面使用最广泛的是 Ryff 于 1989 年编制并在 1995 年进行了修订的心理幸福感量表，该量表共包含六个维度，信效度和内部一致性良好。量表包含的六个维度分别是：积极关系、个人成长、掌控环境、个人目标感、自我接纳、自主性（Ryff 和 Keyes，1995）。2004 年，邢占军抽取了泰安市的 390 个不同行业的被试作为样本，对 Ryff 的心理幸福感量表进行修订，开发出了适合我国城市居民使用的心理幸福感量表，该量表的内部一致性、信效度良好，但是构想效度不理想。崔春华等（2005）以河北师大的大学生为被试，修订出了适合我国大学生使用的心理幸福感量表，该量表的内部一致性较好，但信度低于测量学要求，验证性因素分析的结果表明，修订后的大学生心理幸福感量表构想效度不理想。吴双磊（2007）也以学生群体为被试对象，将Ryff的心理幸福感量表进行了修订，修订后的量表包含积极关系、生活目标感、个人成长、自主性和自我接纳五个维度。鉴于以往的研究者在测试Ryff的心理幸福感量表在中国本土的适用性及尝试在中国情境下优化该量表时选择的样本群体基本都为学生，与本研究的主要研究群体有较大的差异，因此本研究依然采用Ryff的心理幸福感量表作为依据，将其嵌入闺蜜游情境中，用以测量女性参与闺蜜游的过程中互动行为对女性心理幸福感的影响。心理幸福感量表的维度及含义见表4-4。

表4-4　心理幸福感各维度及含义

维度	含义	
自我接受 self-acceptance	高水平	对自己有积极的态度；承认并接受自我的多个方面，包括好的和坏的品质；对过去的生活充满信心
	低水平	对自己不满意；对过去的生活感到失望；为某些个人品质而烦恼；希望自己能变得不一样
个人成长 personal growth	高水平	有自我发展的意识；认为自我具备成长空间；乐于接受新的体验；有实现自身潜力的愿望；会逐渐改善自我和自身的行为习惯；能够根据对自我的认知做出有效的改变
	低水平	有个人发展停滞的感觉；没有自我拓展和进步的意识；感到无聊并对生活缺乏热情；感觉无法发展新的态度和行为
环境控制 environmental mastery	高水平	有掌控和管理环境的能力；能够控制复杂连续的外部事件；能够抓住和有效利用身边的机会；能够主动选择和创造符合自身需求和价值观的情境
	低水平	疲于应对日常事务；感觉无法改变或改善周围环境；意识不到身边的机会；缺乏对外部环境的控制力
生活目标 purpose in life	高水平	有生活目标和方向感；感觉现在和过去的生活都有意义；有坚定的信念并能赋予生命目标性；有生活的宗旨和目标
	低水平	缺乏生活的意义感；没目标，缺乏方向感；看不到过往生活的意义；没有赋予生命意义的观点或信仰

续表

维度	含义	
良好关系 positive relation with others	高水平	与他人有温暖、满意、信任的关系；关心他人的幸福；具有强烈的同理心、亲切感和亲密感；理解人际关系中有付出也有索取
	低水平	很少与他人建立亲密、信任的关系；发现很难做到热情、开放和关心他人；在人际关系中感到孤立和沮丧；不愿意为了维持与他人的重要关系而作出妥协
独立自主 autonomy	高水平	自我决定和独立，能够抵抗社会压力，以特定的方式思考和行动；从内部规范行为；根据个人标准评估自己
	低水平	在意他人的期望和评价；依靠他人的评价来做重要的决定；依据社会压力来规范自己的思维和行动模式

资料来源：Carol D. Ryff. Happiness is everything, or is it? Explorations on the meaning of psychological well - being [J]. Journal of Personality & Social Psychology, 1989, 57 (6): 1069 - 1081.

本研究重点探讨女性是如何通过闺蜜游实现自我与自我关系的优化（自我接受、自我成长）以及调整自我与他人的关系（良好关系、独立自主）。因此，在量表的选择上采用了 Ryff 的心理幸福感量表与闺蜜游研究情境高度相关的四个维度“自我接受”“个人成长”“良好关系”“独立自主”和一个理论上有显著影响的“生活目标”。选取各维度下符合闺蜜游研究情境的题项，并以此为依据编制调查问卷（详见表 4 - 5）。依据第三章质性研究的结果，女性参与闺蜜游的过程中，旅游者间互动行为对女性心理幸福感的影响主要体现在“个人成长”“良好关系”和“生活目标”这三个维度上，对于“自我接受”“环境控制”和“独立自主”的影响不明显，因此在测量模型中只引入这三个维度。

表 4 - 5　　闺蜜游中女性心理幸福感量表

维度	序号	题项	编号
个人成长	1	若有机会，我愿意在很多方面改变自己	PG1
	2	对我来说，生活是一个不断学习、变化和成长的过程	PG2
	3	我很高兴看到自己的思想有所改变并日趋成熟	PG3
	4	我认为，获得新经验是十分重要的，这些经验可以挑战我们对自己和对世界的既定看法	PG4
	5	我早就不想对自己的生活做出重大的改善或改变了	PG5

续表

维度	序号	题项	编号
良好关系	6	我认为当好友向我诉说他们的烦恼时，做一个好的聆听者是最重要的	PR1
	7	我和我的朋友都认为我们之间是可以相互信任的	PR2
	8	我觉得从友谊中获益匪浅	PR3
生活目标	9	我喜欢为将来订下计划并努力去实践	PL1
	10	有些人的生活没有目标，但我不是这样的人	PL2
	11	每当我想到我过去所做的事情和将来希望做的事情时，我都感觉良好	PL3

第二节 性别角色回归的界定与量表开发

一、量表开发的步骤与方法

在营销学、管理学和心理学研究中量表开发的方法多种多样，发展得也较为成熟，本研究根据实际情况采用了营销学中 Gilbert 和 Churchill（1979）所提出的量表开发程序对性别角色回归这一概念进行量表开发，具体步骤及各阶段采用的方法如图 4－1 所示。

二、闺蜜游中女性性别角色回归的界定

Berdychevsky，Gibson 和 Bell（2013）在研究闺蜜游与女性幸福感之间的关系时首次提到了闺蜜游中的性别角色回归，他们通过访谈发现，女性与闺蜜结伴出游的过程中由于男性的“缺席”，女性旅游者间互动的方式会呈现出明显的性别特质，并且较少受到男性“权力”的影响。例如，更擅长多人互动，更愿意分享，沟通中更注重情感和情绪的表达与交流，更容易与同伴产生共鸣等。三位学者进一步运用扎根理论的方法对性别角色回归这一构念所包含的维度进行了挖掘，最终认为闺蜜游中性别角色回归这一构念下属共六个维度：女性专属时间、没有性别压力、没有性别权力

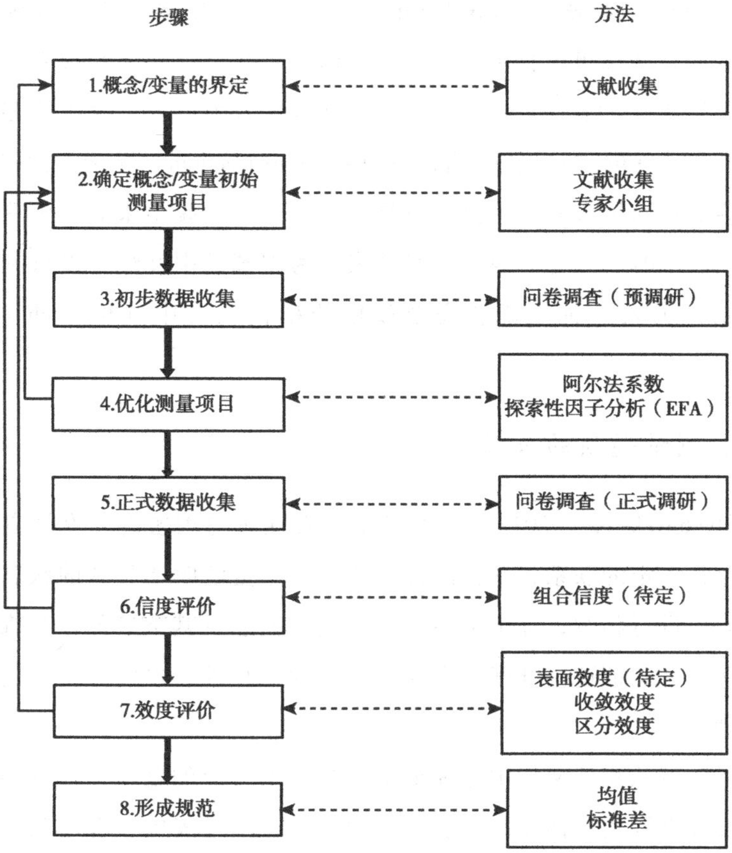

图 4－1 量表开发程序及所用方法

差异、没有男性主宰者、做回少女和自由感。

女性专属时间（woman－to－woman time）指闺蜜游为女性创造了远离有亲密关系的异性，以及与同性朋友相处的时间（Durko 和 Stone，2017），该维度意在测量这个时间内女性在心理和行为上会呈现出一种什么样的特殊状态。没有性别压力（no sexual tension）指女性在参与闺蜜游时，由于没有男性在场，不必承受来自男性的“凝视”，不必担心自己在男性眼中的“形象”不够好，自身行为可以短暂逃离父权文化规则的桎梏（Green，2010）。因此，男性的缺席为女性带来一种没有性别压力的轻松感和自由感。没有性别权力差异（no gender power difference）意指闺蜜游缩小了由性别产生的权力差异（Berdychevsky 等，2017）。闺蜜游中，男性的“缺席”带来的是女性可以自由掌控自己的活动，甚至有些女性很享受在团队中做“领导者”的状态。本维度意在测试性别权力差异的缩小能够让女性感受到哪些特殊的“好处”。自由感（sense of freedom）是指女性在参与闺蜜游时感受到的从家庭和社会责任及性别期望中摆脱出来而产生的自由感（Gibson 等，2012）。这种自由感具体表现为闺蜜游中女性可以只做自己想做的事情，进入一种愉悦和完全放松的精神状态中（Berdychevsky 等，2013）。

三、测量题项的来源

Berdychevsky 等（2013）虽然指出了女性参与闺蜜游与女性自身幸福感之间存在一定的联系，并首次将女性参与闺蜜游时所呈现的状态和可能产生的效应进行归纳，提出了性别角色这一概念及其下属的六个维度，但是他们并没有验证这些维度在实证研究中的可行性，也没有将其进行可操作化处理。

本节尝试从相关文献中梳理出每一维度下对应的题项，初步编制出闺蜜游中女性性别角色回归的量表（见表 4－6）。量表中所有题项均来自英文文献，笔者采用 Denzin（1978）提出的三角互证法（triangulation）来保证翻译的准确性。三角互证法中的研究者三角互证即为多个研究者而非单一研究者共同研究同一问题或现象（沈崇麟，2008）。具体操作方法如下：笔者将从文献中挖掘出的题项英文原文摘录整理成表格，邀请两位有英美国家留学背景的旅游管理专业的专家，分别对整理出的题项进行翻译；翻译工作完成后，将两位专家的翻译结果与笔者自己翻译的结果进行对比，保留三者一致的翻译题项；再邀请两位专家参与焦点小组讨论，针对翻译不一致的题项逐条讨论，直到得出最合适的中文表述；同时在后续的量表开发专家咨询问卷中也设置了开放式问题，询问专家题项中是否有语句不通或表述不清楚的题目。

表 4-6 闺蜜游中女性性别角色回归的初步量表

维度	题项	编号	题项来源
女性专属时间 woman-to-woman time	闺蜜游使我有了跟女性好友单独相处的时间	WT1	Berdychevsky，Gibson 和 Bell (2017)；Durko 和 Stone (2017)
	旅途中相似的女性思维使我们在交流时更容易“读懂”对方	WT2	Berdychevsky，Gibson 和 Bell (2017)
	旅途中我们更注重情感的互动和交流	WT3	Berdychevsky，Gibson 和 Bell (2017)
	和闺蜜一起旅行时我们会深入了解对方的感受	WT4	Berdychevsky，Gibson 和 Bell (2017)
	旅途中我可以跟多名女性好友保持良好的沟通与互动	WT5	质性研究资料
	旅途中我们会花大量的时间聊天和倾听	WT6	Berdychevsky，Gibson 和 Bell (2017)
没有性别压力 no sexual tension	旅途中没有男性在场我感到更轻松，因为不必考虑我在男性眼中的形象	NT1	Berdychevsky，Gibson 和 Bell (2017)
	没有男性在场的旅游让我感到很舒服	NT2	Berdychevsky，Gibson 和 Bell (2017)
	旅途中我不必因为有男性在场而改变自己的行为习惯	NT4	Berdychevsky，Gibson 和 Bell (2017)
	闺蜜游中，我感受到女性自身的力量	NT5	Berdychevsky，Gibson 和 Bell (2017)
	本次旅途中我跟闺蜜聊了一些有男性在场时我不会聊起的亲密话题	NT6	Berdychevsky，Gibson 和 Bell (2017)
	没有男性在场我能够做完整的自己	NT7	Berdychevsky，Gibson 和 Bell (2017)
	我可以毫不犹豫地说出我想说的话，表达我当下的感受	NT8	Berdychevsky，Gibson 和 Bell (2017)
	没有男性在场时我可以展现出自己的另一面	NT9	Berdychevsky，Gibson 和 Bell (2017)
没有性别权力差异 no gender power difference	旅途中我与女性同伴之间互相照顾，分享食物、衣服及生活用品	NG1	Xiaolian Chen 和 Barry Mak (2020)
	闺蜜游中我不再是男性的附属品或被照顾的一方	NG2	Berdychevsky，Gibson 和 Bell (2017)
	我与女性同伴之间是平等的	NG3	Berdychevsky，Gibson 和 Bell (2017)

续表

维度	题项	编号	题项来源
没有性别权力差异 no gender power difference	我可以尽情地跟女性同伴一起徒步、购物而不必担心受到指责和阻拦	NG4	Gibson, Berdychevsky 和 Bell（2012）；质性研究资料
	跟闺蜜一起出游更开心，因为女性之间有共同的爱好	NG5	Durko 和 Stone（2017）
	旅游中我可以做自己想做的事情而不必去取悦任何男性	NG6	Berdychevsky, Gibson 和 Bell（2017）
没有男性主宰者 no male telling what to do	跟闺蜜出游意味着我不必收敛和压抑自己去迎合男性同伴的想法和选择	NM1	Berdychevsky, Gibson 和 Bell（2017）
	闺蜜游中我可以尽情展现自己的决策力、判断力和领导力，不必担心被男性指责"太强势"	NM2	Berdychevsky, Gibson 和 Bell（2017）
	旅途中我可以保持自身的独立性	NM3	Berdychevsky, Gibson 和 Bell（2017）
	和闺蜜一起出游让我变得更勇敢	NM4	Berdychevsky, Gibson 和 Bell（2017）
	参与闺蜜游让我意识到我可以不依赖男性	NM5	Berdychevsky, Gibson 和 Bell（2017）
	我可以自由制订计划，不必再围绕男性同伴/伴侣制订旅行计划	NM6	Gibson, Berdychevsky 和 Bell（2012）
做回少女 being girl	和闺蜜一起出游让我觉得自己变年轻了	BG1	Gibson, Berdychevsky 和 Bell（2012）
	旅途中和闺蜜一起挑战极限、体验新鲜事物能让我们保持年轻	BG2	Berdychevsky, Gibson 和 Bell（2017）
	和闺蜜一起出游让我觉得仿佛回到了学生时代	BG3	Durko 和 Stone（2017）质性研究材料
自由感 sense of freedom	参与闺蜜游可以让我暂时离开父母/配偶摆脱家务琐事或照顾孩子的职责	SF1	Durko 和 Stone（2017）
	闺蜜游中我跟同伴可以进入一个绝对自由的精神空间	SF2	Gibson, Berdychevsky 和 Bell（2012）
	旅途中我可以尽情放纵自己（跟闺蜜一起喝酒、熬夜、泡吧、尝试新鲜事物等）	SF3	Gibson, Berdychevsky 和 Bell（2012）；质性研究资料

续表

维度	题项	编号	题项来源
自由感 sense of freedom	我可以随心所欲地做我真正想做的事情，不必担心男朋友/配偶的感受	SF4	Durko 和 Stone（2017）
	闺蜜游中我可以和同伴一起尽情探索新奇的事物以及寻求冒险①	SF5	Berdychevsky 和 Bell（2012）
	跟闺蜜们在一起，我可以没有负罪感地善待自己	SF6	Berdychevsky 和 Bell（2012）
	旅途中我们可以自由地谈论一些关于女性的话题和问题	SF7	Durko 和 Stone（2017）
	闺蜜游中我可以做我真正想做的事情而不是应该做的事情和别人期望你做的事情	SF8	Berdychevsky 和 Bell（2012）

四、性别角色回归量表的内容效度

内容效度（content validity）指量表内容或题目的适切性与代表性，即测试内容能否反映所要测量的构念，能否达到测量的目的（吴明隆，2010）。为保证量表开发的内容效度，本研究采用专家小组法对量表的合理性进行逻辑分析。将整理完成的量表制成专家咨询问卷（见附录 B）发放给相关研究领域的专家咨询意见。共邀请了 9 位专家对量表每个维度下题项的合理性和代表性进行评估，专家中有 7 位是国内外高校旅游管理、市场营销及企业管理领域的学者，2 位是国内知名旅游 OTA 企业的中高层管理人员。评估流程遵循 Zaichkowsky（1985）提出的原则，咨询问卷首先详细阐述了“闺蜜游”、闺蜜游中女性的“性别角色回归”及下属六个维度的含义，然后请他们评价每个维度下的题项是否与各维度的含义相吻合，在大多程度上衡量了该维度，并在对应的选项下打分（1 = 不符合，2 = 比较符合，3 = 非常符合）。某个题项是否应当保留取决于以下规则

① 过往的研究显示，女性对冒险的理解非常宽泛，比如去一个从未去过的地方或是尝试一些新奇的事物，甚至可能是去不同的地方吃饭，走不同的路。

(Ap 和 Crompton，1998)：

(1) 有6位或6位以上的专家将该题项评价为“非常符合”，题项就被保留；

(2) 有7位或7位以上的专家将该题项评价为“非常符合”或“较为符合”，题项也可以保留；

(3) 题项评分情况既不满足 (1) 也不满足 (2)，则该题项被删除。

问卷结果汇总后依据专家意见对量表进行以下修正：首先，根据专家意见合并中国情境下在概念上高度相似的“没有性别压力”“没有性别权力差异”和“没有男性主宰者”三个维度，将“没有性别压力”和“没有男性主宰者”统一归入“没有性别权力差异”这一维度中；其次，将代表性不强，无法很好地解释对应维度的题项进行删除，共删除题项10项；最后，对部分题项的语言表述进行修正，尽量简洁，并修改有在语义上有“预设”的题项，共修订了10项；无改动题项共17项，最终保留了三个维度共27个题项，量表的修订情况如表4-7、表4-8所示。

表4-7　闺蜜游中女性性别角色回归量表的修订

题项编号	原始题项	修订后的题项
WT1	闺蜜游使我有了跟女性好友单独相处的时间	闺蜜游中我有了跟闺蜜单独相处的时间
WT6	旅途中我们会花大量的时间聊天和倾听	本次旅途中我们花了很多时间聊天
NT1	旅途中没有男性在场我感到更轻松，因为不必考虑我在男性眼中的形象	旅途中没有男性在场我感到更轻松
NG5	跟闺蜜一起出游更开心，因为女性之间有共同的爱好	女性之间共同的爱好使我跟闺蜜一起出游时更开心
NM1	跟闺蜜出游意味着我不必收敛和压抑自己去迎合男性同伴的想法和选择	跟闺蜜出游意味着我不必收敛和压抑自己去迎合男性同伴的想法
NM2	闺蜜游中我可以尽情展现自己的决策力、判断力和领导力，不必担心被男性指责“太强势”	旅途中我可以尽情展现自己的能力不必担心被男性指责“太强势”
NM6	我可以自由制订计划，不必再围绕男性同伴/伴侣制订旅行计划	旅游时我不用再围绕男性同伴/伴侣制订旅行计划，这让我感到很轻松

续表

题项编号	原始题项	修订后的题项
SF6	跟闺蜜们在一起，我可以没有负罪感地善待自己	跟闺蜜们在一起我可以没有负罪感地善待自己（做 SPA，买平时不舍得买的东西等）
SF7	旅途中我们可以自由地谈论一些关于女性的话题和问题	旅途中我们曾频繁谈论一些关于女性的话题和问题
NT6	旅途中我跟闺蜜聊了一些有男性在场时我不会聊起的亲密话题	归入“女性专属时间”维度中
题项编号	删除的题项	
WT3	旅途中我们更注重情感的互动和交流	
WT4	和闺蜜一起旅行时我们会深入了解对方的感受	
WT5	旅途中我可以跟多名女性好友保持良好的沟通与互动	
NT8	我可以毫不犹豫地说出我想说的话，表达我当下的感受	
NG1	旅途中我与女性同伴之间互相照顾，分享食物、衣服及生活用品	
NG2	闺蜜游中我不再是男性的附属品或被照顾的一方	
NG3	我与女性同伴之间是平等的	
NM3	旅途中我可以保持自身的独立性	
NM4	和闺蜜一起出游让我变得更勇敢	
SF2	闺蜜游中我跟同伴可以进入一个绝对自由的精神空间	
题项编号	无改动的题项	
WT2	旅途中相似的女性思维使我们在交流时更容易“读懂”对方	
NG4	我可以尽情地跟女性同伴一起徒步、购物而不必担心受到否定和指责	
NG6	旅游中我可以做自己想做的事情而不必去取悦任何男性	
NT2	没有男性在场的旅游让我感到很舒服	
NT4	旅途中我不必因为有男性在场而改变自己的行为习惯	
NT5	闺蜜游中，我感受到女性自身的力量	
NT7	没有男性在场我能够做完整的自己	
NT9	没有男性在场时我可以展现出自己的另一面	
NM5	参与闺蜜游让我意识到我可以不依赖男性	
BG1	和闺蜜一起出游让我觉得自己变年轻了	
BG2	旅途中和闺蜜一起挑战极限、体验新鲜事物能让我们保持年轻	
BG3	和闺蜜一起出游让我觉得仿佛回到了学生时代	

续表

题项编号	无改动的题项
SF1	参与闺蜜游可以让我暂时离开父母/配偶摆脱家务琐事或照顾孩子的职责
SF3	旅途中我可以尽情放纵自己（跟闺蜜一起喝酒、熬夜、泡吧、尝试新鲜事物等）
SF4	我可以随心所欲地做我真正想做的事情，不必担心男朋友/配偶的感受
SF5	闺蜜游中我可以和同伴一起尽情探索新奇的事物以及寻求冒险
SF8	闺蜜游中我可以做我真正想做的事情而不是应该做的事情和别人期望你做的事情

表 4-8　闺蜜游中女性性别角色修订后的量表

维度	编号	题项
女性专属时间 woman - to - woman time	GD1	闺蜜游中我有了跟女性好友单独相处的时间
	GD2	旅途中我跟闺蜜聊了一些有男性在场时我不会聊起的亲密话题
	GD3	旅途中相似的女性思维使我们在交流时更容易“读懂”对方
	GD4	旅途中我们会花大量的时间聊天和倾听
没有性别权力差异 no gender power difference	GD5	本次旅途中没有男性在场我感到更轻松
	GD6	闺蜜游中我不必因为有男性在场而改变自己的行为习惯
	GD7	本次闺蜜游中我感受到女性自身的力量
	GD8	闺蜜游中没有男性在场我能够做完整的自己
	GD9	没有男性在场的旅游让我感到很舒服
	GD10	闺蜜游中，没有男性在场时我可以展现出自己的另一面
	GD11	我可以尽情地跟闺蜜一起徒步、购物而不必担心受到否定和指责
	GD12	女性之间共同的爱好使我跟闺蜜一起出游时更开心
	GD13	旅游中我可以做自己想做的事情而不必去取悦任何男性
	GD14	跟闺蜜出游意味着我不必收敛和压抑自己去迎合男性同伴的想法和选择
	GD15	闺蜜游中我可以尽情展现自己的能力，不必担心被男性指责“太强势”
	GD16	参与闺蜜游让我意识到我可以不依赖男性
	GD17	旅游时我不用再围绕男性同伴/伴侣制订旅行计划，这让我感到很轻松
做回少女 being girl	GD18	和闺蜜一起出游让我觉得自己变年轻了
	GD19	旅途中和闺蜜一起挑战极限、体验新鲜事物能让我们保持年轻
	GD20	和闺蜜一起出游让我觉得仿佛回到了学生时代

续表

维度	编号	题项
自由感 sense of freedom	GD21	参与闺蜜游可以让我暂时离开男朋友/配偶摆脱家务琐事或照顾孩子的职责
	GD22	旅途中我可以尽情放纵自己（跟闺蜜一起喝酒、熬夜、泡吧、尝试新鲜事物等）
	GD23	我可以随心所欲地做我真正想做的事情，不必担心男朋友/配偶的感受
	GD24	闺蜜游中我可以和同伴一起尽情探索新奇的事物以及寻求冒险
	GD25	跟闺蜜们在一起，我可以没有负罪感地善待自己
	GD26	旅途中我们曾频繁地谈论一些关于女性的话题和问题
	GD27	闺蜜游中我可以做我真正想做的事情而不是应该做的事情和别人期望你做的事情

第三节　问卷预调研及结果分析

一、预调研的目的

问卷预调研是为了检验准备使用的量表的信效度，对不成熟的概念量表进行调整和改进，以保证正式调研的科学性和可靠性。本研究的模型中共有五个变量，其中“旅游者互动”“实际亲密度”和“心理幸福感”三个变量有成熟的量表可以直接应用；“旅游者个体真实性”虽有成熟量表，为了更符合本研究的情境，笔者根据实际情况对量表进行了筛选和优化；“性别角色回归”的量表是直接开发而来，因此也需要对这两个变量的量表进行信效度的检验。预调研问卷包括四个部分：问卷说明、旅游者个体真实性量表、性别角色回归量表、调研对象的基本信息。

二、抽样与数据收集

由于疫情影响，调研数据的收集只能通过网络及信息通讯平台完成，预调研问卷设计完成之后在网络问卷平台“问卷星”上转录制成电子问卷（包括手机版和网页版两个版本）并生成对应的链接和二维码，调研人员通过微信、腾讯 TIM、电子邮件等通信工具将链接发给被调查者，被调查者可以直接点击进入问卷填写的界面。为提高回收问卷的质量，在“问卷星”上编制电子问卷时对功能进行了设置，首先，在问卷的发放和填写上规定了微信填写的用户每个 ID 只能填写一份问卷，问卷提交后将无法再看到问卷内容，网页版每个 IP 地址限填一份，避免一人填多份的情况发生；其次，每份问卷都设置有 1.6 元至 2 元不等的随机红包，被调查者在提交问卷之后可以抽取红包，提交的问卷经过研究者审核通过视为有效问卷后，红包即可发放。为了激励更多有闺蜜游经历的游客参与调研并认真填写问卷，每份问卷在发放时都会预先告知被调研人对象红包的领取规则。

本次预调研的抽样方法主要采用方便抽样和滚雪球抽样两种方法，一是邀请身边熟悉的有过闺蜜游经历的女性填写问卷，再拜托她们把问卷转发给身边符合抽样条件的女性。二是研究者将问卷链接发布在微信朋友圈，说明问卷填写的要求，请符合条件的女性填写，同时也拜托朋友和同学帮忙以同样的方式将问卷发布在各自的朋友圈中。三是研究者通过经营旅行社的朋友借助企业的大数据平台筛选了符合条件的旅游者，将问卷的链接以邮件的形式发送给她们。考虑到老年女性受教育水平的局限性可能会降低数据的质量，且老年人结伴游有其独有的特征，与闺蜜游有一定的差异，属于另外一个独特的研究群体和范畴，因此在抽样的过程中，基本排除了 60 岁以上的女性游客。

审核问卷是否有效的标准如下：首先，从问卷填写时间上筛选，填写时间低于 100 秒的视为无效问卷，依据是研究者在问卷发放前用计时器测算过答题的总体时间，低于 100 秒无法保证基本审题时间；其次，问卷题项勾选答案全部一致的判定为无效问卷。预调研期间共回收了 300 份问卷，经过审核剔除无效问卷 48 份，最终保留有效问卷 252 份。一般情况下，样本量的采集取决于问卷中的量表题项数量和变量的个数，学界目前普遍认为调研回收的样本量应该是问卷中题项数量的 5 倍以上（吴明隆，2010）

或是观察变量的10—15倍（Thompson，2000），最低不能少于200份。本次预调研问卷共涉及2个构念50个题项，共回收252份有效问卷，符合抽样的基本要求。

三、人口统计描述性统计

问卷统计了被调查者的年龄、职业、受教育程度、家庭状况、出游目的、次数等内容。接受调查的女性中，26岁到30岁、31岁到40岁这两个年龄段的人比较多，分别占了全部人数的28%和41%。这一数据说明这两个年龄段的女性参与闺蜜游的意愿比较强烈，与年龄分布相呼应的是，被调查者中未婚单身的占36%，有子女且最小的子女未成年的占42%。接受调查的女性中，受教育程度为本科的占30%，研究生及以上学历的占50%，这些女性参与闺蜜游的目的主要是放松、观光以及和闺蜜聚在一起，其次是购物；采取的出游方式以自由行居多，占88.44%。从出游次数上看，4次及以上的占36%，2次的占31%，1次的占19%，3次的占比最低为14%。从职业类型上看，占比从高到低依次是学生、教师、其他、政府及事业单位职工、自由职业者、企业管理人员、全职主妇。从客源地上看，样本覆盖了河南省、湖北省、江西省、福建省、湖南省、广西壮族自治区、浙江省、四川省、河北省、山西省、江苏省、陕西省、山东省、贵州省、广东省、海南省、北京市、上海市，样本的代表性和覆盖面符合预调研的要求，正式调研时会对题项进行一定的优化和调整使其覆盖面更广、代表性更强。

四、测量量表分析

本书用SPSS23.0软件进行探索性因子分析（EFA）以进一步保证量表的内部结构效度，获取最适合测量闺蜜游中女性旅游者的个体真实性和性别角色回归的因子结构以及题项。

（一）旅游者个体真实性量表结果分析

首先，旅游者个体真实性样本数据运行结果显示KMO值（抽样适切度）为0.941大于0.7，且Bartlett球形检验的显著性概率P值小于0.001（详见表4-9），表明预调研收集的数据适合对该量表进行因子分析（吴明隆，2009）。用主成分分析法配合最大方差法（varimax）转轴对预设的23个题项进行检测和分析，经过8次迭代后收敛，删除因子载荷低于0.6的题项和附着两个及以上因子的8个题项，最终保留了12个题项。保留的12个题项分别附着于2个因子（特征值均大于1），解释了73.015%的方差（详见表4-10）；2个因子的α值均大于0.7，12个题项中只有4个题项的因子载荷介于0.6与0.7之间，其余题项的因子载荷均大于0.7（详见表4-10）。由此判定该量表整体具有较高的信度和效度。

表4-9　旅游者个体真实性量表KMO与Bartlett检验结果

KMO取样适切性量数	0.941	
KMO取样适切性量数	近似卡方	2887.868
	自由度	136
	显著性	0.000

表4-10　旅游者个体真实性量表EFA结果

题项编号	因子/题项	因子载荷	特征值	解释方差（%）	α值
	因子1：人际真实性（ItA）		9.985	58.738	0.952
ItA1	跟闺蜜一起出游更加无拘无束、自由自在	0.644			
ItA2	我和闺蜜一起纵情欢笑，快乐玩耍	0.838			
ItA3	我能无拘无束地与闺蜜谈论旅途中的见闻和感受	0.786			
ItA4	与闺蜜相处时我很容易感受到自由和快乐	0.799			
ItA5	我与闺蜜共同度过了美好的时光	0.867			
ItA6	我与闺蜜之间的关系更加亲密了	0.790			
ItA7	加深了我对闺蜜的了解和认识	0.616			
ItA8	我感到与闺蜜有心灵上的契合	0.654			

续表

题项编号	因子/题项	因子载荷	特征值	解释方差（%）	α值
	因子2：自我实现（SM）		1.071	14.277	0.853
SM1	我发现了我以前没有意识到的优点或能力	0.706			
SM2	我更能独立面对问题	0.867			
SM3	我能够更好地感知自己	0.755			
SM4	我更加清楚我内心的真实感受	0.641			
总计				73.015	0.950

根据每个因子下附着的题项内容，参照前文的文献分析，分别给2个因子命名为“人际真实性”和“自我实现”，并对保留的题项进行重新编号。因子1“人际真实性”（ItA1～ItA8）解释了58.738%的总方差，下属的“我与闺蜜共同度过了美好的时光”“我与闺蜜之间的关系更加亲密了”等7个题项描绘了女性参与闺蜜游这一特定场景下所呈现出的人际真实性特征，也是闺蜜游较为重要的特征之一。个体真实性的表达需要在特定社会环境或关系背景下，个体对内在感受和想法披露的安全程度的感知（Neff和Suizzo，2006），而当个体能够依照内在价值观、愿望和情绪等组织自己的行为和自我表达时，便达到了真实性（Harter，2002）。闺蜜群体为女性提供了相对安全的社会环境和关系背景，因此闺蜜游中的人际真实性很大程度上影响了旅游者个体真实性的表达，这与人际真实性能够解释超过50%的总方差这一结果相吻合。

因子2“自我实现”（SM1～SM4）解释了14.277%的方差，包括了“我发现了我以前没有意识到的优点或能力”“我更能独立面对问题”等4个题项；基于探索性因子分析所提取的两个维度，可以将涉及旅游者个体真实性的研究假设进一步分解，研究假设H2“旅游者间互动行为对旅游者个体真实性有直接的正向影响”可以分解为以下4个子假设：

H2a：友情互动对人际真实性存在直接的正向影响

H2b：友情互动对自我实现存在直接的正向影响

H2c：认同与共鸣对人际真实性存在直接的正向影响

H2d：认同与共鸣对自我实现存在直接的正向影响

研究假设H3“旅游者个体真实性对女性心理幸福感有直接的正向影响”可以分解为以下2个子假设：

H3a：人际真实性对心理幸福感存在直接的正向影响

H3b：自我实现对心理幸福感存在直接的正向影响

研究假设H4“旅游者个体真实性在旅游者互动行为和女性心理幸福感之间存在中介作用”可以分解为以下4个子假设：

H4a：人际真实性在友情互动和心理幸福感之间存在中介作用

H4b：自我实现在友情互动和心理幸福感之间存在中介作用

H4c：人际真实性在认同与共鸣和心理幸福感之间存在中介作用

H4d：自我实现在认同与共鸣和心理幸福感之间存在中介作用

研究假设H8“实际亲密度在旅游者间互动行为和旅游者个体真实性之间存在调节作用，当闺蜜间的实际亲密度高时，旅游者间互动行为对旅游者个体真实性的正向影响显著”可以被分解为以下4个子假设：

H8a：实际亲密度在友情互动和人际真实性之间存在调节作用，当闺蜜间的实际亲密度高时，友情互动为对人际真实性的正向影响显著

H8b：实际亲密度在友情互动和自我实现之间存在调节作用，当闺蜜间的实际亲密度高时，友情互动为对自我实现的正向影响显著

H8c：实际亲密度在认同与共鸣和人际真实性之间存在调节作用，当闺蜜间的实际亲密度高时，认同与共鸣为对人际真实性的正向影响显著

H8d：实际亲密度在认同与共鸣和自我实现之间存在调节作用，当闺蜜间的实际亲密度高时，认同与共鸣对自我实现的正向影响显著

（二）性别角色回归量表结果分析

性别角色回归的样本数据运行结果显示KMO值（抽样适切度）为0.953大于0.7，且Bartlett球形检验的显著性概率P值小于0.001（详见表4－11），表明预调研收集的数据适合对该量表进行因子分析。用主成分分析法配合最优斜交法对预设的27个题项进行检测和分析，9次迭代后收

敛，删除因子载荷低于0.5的题项和附着两个及以上因子的8个题项，最终保留了19个题项。保留的19个题项分别附着于3个因子（特征值均大于1），这一结果与前文专家小组法得出的结论一致，因此各因子的命名保持不变，剔除不合适的题项之后，各题项编号重新排序；3个因子共解释了78.157%的方差，Cronbach's Alpha值均大于0.7，19个题项中只有1个题项的因子载荷介于0.5与0.6之间，其余题项的因子载荷均大于0.6（详见表4-12）。说明该量表整体具有较高的信度和效度。

表4-11　　性别角色回归量表KMO与Bartlett检验结果

KMO取样适切性量数	0.953	
KMO取样适切性量数	近似卡方	4010.979
	自由度	171
	显著性	0.000

表4-12　　性别角色回归量表EFA结果

题项编号	因子/题项	因子载荷	特征值	解释方差（%）	α值
	因子1：没有性别权力差异		12.616	66.398	0.964
NG1	旅途中相似的女性思维使我们在交流时更容易“读懂”对方	0.823			
NG2	本次旅途中没有男性在场我感到更轻松	0.806			
NG3	闺蜜游中我不必因为有男性在场而改变自己的行为习惯	0.854			
NG4	闺蜜游中没有男性在场我能够做完整的自己	0.890			
NG5	没有男性在场的旅游让我感到很舒服	0.930			
NG6	闺蜜游中，没有男性在场时我可以展现出自己的另一面	0.806			
NG7	我可以尽情地跟闺蜜一起徒步、购物而不必担心受到否定和指责	0.694			
NG8	跟闺蜜出游意味着我不必收敛和压抑自己去迎合男性同伴的想法和选择	0.814			

续表

题项编号	因子/题项	因子载荷	特征值	解释方差（%）	α值
NG9	旅游时我不用再围绕男性同伴/伴侣制订旅行计划，这让我感到很轻松	0.612			
	因子2：自由感		1.206	6.345	0.938
SF1	参与闺蜜游让我意识到我可以不依赖男性	0.588			
SF2	参与闺蜜游可以让我暂时离开父母/配偶摆脱家务琐事或照顾孩子的职责	0.682			
SF3	旅途中我可以尽情放纵自己（跟闺蜜一起喝酒、熬夜、泡吧、尝试新鲜事物等）	0.676			
SF4	我可以随心所欲地做我真正想做的事情，不必担心男朋友/配偶的感受	0.782			
SF5	闺蜜游中我可以和同伴一起尽情探索新奇的事物以及寻求冒险	0.918			
SF6	跟闺蜜们在一起，我可以没有负罪感地善待自己	0.981			
SF7	闺蜜游中我可以做我真正想做的事情而不是应该做的事情和别人期望你做的事情	0.557			
	因子3：女性专属时间		1.029	5.413	0.826
WT1	闺蜜游中我有了跟女性好友单独相处的时间	0.802			
WT2	旅途中我跟闺蜜聊了一些有男性在场时我不会聊起的亲密话题	0.732			
WT3	旅途中我们会花大量的时间聊天和倾听	0.809			
总计				78.157	0.971

基于探索性因子分析得出的结果，涉及女性性别角色回归的研究假设可以进一步分解为若干子假设。研究假设 H5 “旅游者互动行为对女性性别角色回归存在直接的正向影响” 可以分解为：

H5a：友情互动对女性专属时间存在直接的正向影响

H5b：友情互动对没有性别权利差异存在直接的正向影响

H5c：友情互动对自由感存在直接的正向影响

H5d：认同与共鸣对女性专属时间存在直接的正向影响

H5e：认同与共鸣对没有性别权力差异存在直接的正向影响

H5f：认同与共鸣对自由感存在直接的正向影响

研究假设 H6“女性性别角色回归对心理幸福感存在直接的正向影响”可以分解为：

H6a：女性专属时间对心理幸福感存在直接的正向影响

H6b：没有性别权力差异对心理幸福感存在直接的正向影响

H6c：自由感对心理幸福感存在直接的正向影响

研究假设 H7“女性性别角色回归在旅游者间互动行为和女性心理幸福感之间存在中介作用”可以分解为以下 6 个子假设：

H7a：没有性别权力差异在友情互动和女性心理幸福感之间存在中介作用

H7b：没有性别权力差异在认同与共鸣和女性心理幸福感之间存在中介作用

H7c：女性专属时间在友情互动和女性心理幸福感之间存在中介作用

H7d：女性专属时间在认同与共鸣和女性心理幸福感之间存在中介作用

H7e：自由感在友情互动和女性心理幸福感之间存在中介作用

H7f：自由感在认同与共鸣和女性心理幸福感之间存在中介作用

第四节　本章小结

本章主要进行了量表的开发和问卷预调研，主要目的是形成科学合理的正式调研问卷。总体来说，本章主要阐述了以下几个方面的内容：

将上一章中构建的理论模型中涉及的五个抽象概念：旅游者互动行

为、实际亲密度、旅游者个体真实性、女性性别角色回归，心理幸福感一一转化为可以直接测量的题项，实现概念的操作化。这五个变量中女性性别角色属于较新的概念，目前学术界还没有成熟的量表可供直接使用，因此，本章遵循 Churchill（1979）量表开发的原则与程序开发闺蜜游中女性性别角色回归的量表。

首先以 Berdychevsky 等（2013）提出的理论模型中闺蜜游中女性性别角色回归下属的六个维度为基准，通过文献梳理和分析找到每个维度下对应的题项，形成初始量表，接着采用专家小组法对题项的内容进行修改和优化，筛选最合适的题项以提高量表的内容效度。来自美国内华达大学、湖北大学、中南财经政法大学等国内外知名高校的 7 名教授、学者和来自去哪儿网、途牛网的 2 名 OTA 企业中层管理人员组成的专家小组对初始量表所含题项的代表性进行了评估与分析。最终采纳专家小组的意见，将“没有性别权力差异”“没有男性主宰者”和“没有性别压力”三个维度合并为一个维度，删除题项 10 项，修改优化题项 10 项，保留题项 17 项，最终得到了包含 3 个维度 27 个题项的量表。

为了使旅游者个体真实性量表更加符合闺蜜游的研究情境，笔者基于文献和质性研究的结论对量表进行了修订和优化，为了确保量表的信效度，在预调研阶段对旅游者个体真实性量表也进行了探索性因子分析。预调研问卷包含了 2 个变量共 50 个题项，回收了 252 份有效问卷，其中旅游者个体真实性量表经过 8 轮 EFA，最终保留了 2 个维度 12 个测量题项，结果显示 2 个因子能够较好地解释旅游者个体真实性这一概念，并具备较好的信度与效度 2 个因子分别被命名为“人际真实性”和“自我实现”；女性性别角色回归经过 9 轮 EFA，保留了 3 个维度 19 个测量题项，这 3 个因子具有较强的代表性，同样能够很好地解释女性性别角色回归这一构念，3 个因子分别被命名为“女性专属时间”“没有性别权力差异”和“自由感”，3 个因子具备较好的信效度，量表整体信效度也较高。本章开发完成的量表将与其他几个变量一起编入正式调研问卷中，下一章将重点阐述正式调研的过程与结果。

第五章　闺蜜游场景中同伴互动与其幸福感的实证研究

第一节　正式调研的实施

一、测量量表的选取

正式调研开始于2020年8月26日，2020年10月15日结束，正式调研问卷的发放与回收历时50天。正式调研问卷包括七个部分：卷首引导语、旅游者间互动量表、实际亲密度量表、旅游者个体真实性量表、女性性别角色回归量表、心理幸福感量表和被调查者基本情况，共80个题项（见附录）。五个变量中旅游者间互动量表、实际亲密度量表和心理幸福感量表均直接采用了学界认可的成熟量表，女性性别角色作为一个较新的概念目前还未有对应的量表，因此笔者采用了Churchill（1979）提出的量表开发方法及程序为本研究开发了全新的量表，并在第四章详细阐述了量表开发的过程及结果。为了跟契合本研究的情景，旅游者个体真实性量表是在已有成熟量表的基础上进行优化并使用预调研数据经过探索性因子分析（EFA）后修订的量表（见第四章）。现有的研究文献中，部分学者在为心理幸福感量表的题项进行赋值时采用了6点计分法（Ryff，1989；崔春华等，2005；罗雪峰等，2017），因此，本研究在为心理幸福感量表赋值时也采用了6点计分法，其中1代表非常不同意，6代表非常同意，其他量表为保持一致也采用了6点计分法，其中1代表非常不符合或从不发生，6

代表非常符合或经常发生，被调查者根据自己的实际情况勾选对应的选项（详见附录E）。正式调研问卷中被调研人基本信息中删除了职业一栏，原因是通过预调研数据分析统计被调查者的职业类型对研究的意义不大，正式调研中主要收集了被调研人的年龄、受教育程度、个人状况（婚恋及子女）、出游目的、次数和出游方式（详见附录E）。正式调研问卷的主要内容和变量指标见表5-1。

表5-1　　正式调研问卷的主要内容及变量指标

主要内容	变量	指标描述	题项编号
卷首引导语	闺蜜游的界定，问卷填写说明和基本要求，致谢		
旅游者间互动量表	友情互动	分享、沟通交流、协商决策、共同行动	FI1 - FI6
	认同与共鸣	获取闺蜜的认同和共鸣、获得情感支持、增进友谊	SiR1 - SiR5
实际亲密度量表	实际亲密度	有福同享有难同当、愿意分享秘密、互相寻求安慰和支持、非常了解对方的个性和习惯、你们的关系非常好	RA1 - RA10
旅游者个体真实性	自我实现	独立性、对自我的认识	SM1 - SM4
	人际真实性	无拘无束、自由和快乐、共度美好时光、加深了解和认识、感受到心灵的契合	ItA1 - ItA8
女性性别角色回归量表	女性专属时间	与闺蜜独处的时间、聊天和倾听	WT1 - WT3
	没有性别权力差异	平等、没有男性在场时所产生的轻松感、以自我为中心的行为和感受	NG1 - NG9
	自由感	没有束缚和压力、做回自己、挑战自我、善待自己	SF1 - SF7
心理幸福感量表	个人成长	持续学习、主动改变、主动获取新经验	PG1 - PG3
	良好关系	懂得聆听、与朋友之间是相互信任的	PR1 - PR3
	生活目标	计划性、执行力、判断力	PL1 - PL3
被调查者人口统计信息	出游目的、出游方式及次数、年龄、受教育程度、个人状况（婚恋及子女）		

二、调研数据的收集

正式调研问卷的发放和回收依然以“问卷星”平台的电子问卷为主，和预调研相同也设置了红包，并事先告知被调查者，问卷提交完毕审核为有效问卷后发放红包。审核标准与预调研相比更严格，答题时间低于150秒的问卷予以剔除，答案选项完全相同的判定为无效问卷，此外，第五部分答案选项完全相同的问卷也被视为无效问卷，原因是第五部分第6题“若有机会，我愿意在很多方面改变自己”和第10题“我早就不想对自己的生活作出重大的改善或改变了”这两道题目在逻辑上存在一定的互斥关系。这就意味着从逻辑上判断如果被调查者在第五部分第6题上给出的答案是非常同意（6分），那么她就不太可能在第10题上给出同样是非常同意（6分）的答案。

正式调研的抽样方法与预调研一致仍然是方便抽样与滚雪球抽样相结合，为了增加数据的代表性，正式调研增加了问卷发放的途径，主要途径如下：

第一个途径也是主要途径，通过微信转发、朋友圈、腾讯TIM等线上通讯平台转发电子问卷，过程、方式与预调研一致，这里不再赘述，通过这一途径回收问卷283份。第二个途径是请旅游企业工作的朋友组织发放纸质版问卷。笔者通过朋友联系到去哪儿网、途牛网、携程网下属的旅行社分社导游及领队共10人，委托他们在出团过程中选择符合条件的女性填写纸质问卷，并给每位填写问卷的人发放了小礼物，最终这一途径共回收问卷117份（受疫情影响出团频率不高）。为了保证问卷填写的质量，研究者在联系6位导游和领队时详细解释了问卷的设计思路和内容，并沟通了问卷发放的对象应该满足的条件，以便他们更好地挑选和辅助被调查者。第三个途径是十一小长假期间在景区发放问卷，选择了武汉昙华林历史街区、武汉东湖生态旅游风景区、恩施女儿城和三亚亚龙湾热带天堂森林公园，前三个景区由研究者本人带领调研小组完成问卷的发放和回收，恩施女儿城和三亚亚龙湾热带天堂森林公园分别委托了当地的同学帮忙完成问卷的发放和回收。调研时准备了纸质版问卷、笔、小礼物和印有电子版问卷二维码的小卡片，被调查者可以自由选择用何种方式填写问卷，以提高问卷的回收率，最后共收集到 95 份问卷。正式调研阶段共回收问卷 488 份，剔除无效问卷之后剩余 438 份。问卷回收情况如表 5 – 2 所示。

表 5 – 2　　正式调研问卷来源情况说明

问卷发放途径	问卷类型	覆盖区域	问卷数量
网络平台（微信、腾讯 TIM、微博）	电子问卷	浙江、河南、山东、安徽、江苏、湖北、湖南、云南、黑龙江、海南、广东、河北、江西、北京、天津、上海、深圳、匈牙利、美国、澳大利亚	283
导游、领队	纸质问卷	广西、贵州、福建、山东、河南、四川	117
景区	纸质问卷 + 电子问卷	武汉、恩施、海南	95

第二节　描述性统计分析

一、人口统计变量的描述性分析

正式调研中被调查者的个人信息主要包括年龄、受教育程度、婚恋及子女状况、参与闺蜜游的动机、出游次数、出游形式，本研究的主题是纯女性旅游，被调查者的性别均为女性，因此不再对性别做统计分析。被调查者的个人基本信息详细情况如表 5 – 3 所示。

表 5 – 3　　被调查者的人口特征描述性统计

统计变量	属性	人数	占比（%）
年龄	18—25 岁	163	37.22
	26—30 岁	73	16.67
	31—40 岁	153	34.93
	41—50 岁	39	8.9
	50 岁以上	10	2.28

续表

统计变量	属性	人数	占比（%）
婚恋及子女情况	未婚单身	172	39.27
	未婚非单身	53	12.1
	已婚无子女	34	7.76
	最小的子女未成年	157	35.84
	最小的子女 18 岁以上	22	5.02
受教育程度	初中及以下	4	0.91
	高中或中专	10	2.28
	大专	58	13.24
	本科	203	46.35
	硕士及以上	163	37.22
出游动机	放松	387	88.36
	观光	272	62.1
	跟闺蜜聚在一起	335	78.41
	购物	162	36.99
	其他	16	3.65
出游次数	1 次	77	17.58
	2—3 次	184	42.01
	4 次及以上	177	40.41
出游方式	参加旅行团	35	7.99
	自由行	379	86.54
	定制游	19	4.34
	其他	5	1.14

资料来源：根据回收数据整理。

回收有效的 438 份问卷中，受访者参与闺蜜游的次数基本都在 2 次以上，4 次及以上的占比 40%，说明正式调研选取的样本与调查研究的目的高度契合。接受调查的女性中 18 岁到 25 岁及 31 岁到 40 岁这两个年龄段的人比较多，分别占了全部人数的 37% 和 34.93%。这一数据说明了这两个年龄段的女性参与闺蜜游的意愿比较强烈。接受调查的女性中，受教育程度在本科及以上学历的占比过半（83.57%），被调查者受教育的年限较长，因此，处在18—25岁的被调查女性通常处于已经工作但尚未建立自己的家庭的状态，这一部分女性经济独立且负担较轻，有足够的时间和精力参与闺蜜游。31—41岁这一年龄段的女性多数已经有了自己的家庭和子女，最小的子女尚未成年，经历了结婚、生育下一代这个阶段之后极度渴望恢复正常的社交和争取属于自己的时间，这一阶段的女性对参与闺蜜游的需求和意愿更强烈，但是家中有未成年子女需要照顾成为她们参与闺蜜游的阻碍，故在实际参与度上反而低于没有子女的女性。与年龄分布相呼应的是被调查者中未婚单身的占39.27%，有子女且最小的子女未成年的占36%。这些女性参与闺蜜游的目的主要是放松、观光以及和闺蜜聚在一起，采取的出游方式以自由行居多，占86.54%。

二、测量变量的描述性统计分析

所有量表题项的描述性统计分析结果如表5-4所示。正式调研问卷的量表均采用李克特6分量表，1代表“非常不同意”或“从不发生”，6代表“非常同意”或“经常发生”，分值越大说明被调查者对该题项描述的情况认同度越高或与自身的实际情况越贴合。描述性统计分析结果显示各题项的得分的均值基本上介于4分至5.5分之间，同意程度集中在“有点同意”“比较同意”两个选项上。

三、正态性检验

本研究运用IBM SPSS23.0对模型中的所有观测变量数据进行正态性检验，结构方程模型通常采用极大似然估计对参数进行估计，因此要求观测变量回收的数据服从正态分布，严格服从正态分布的数值其峰度和偏度系数均为零，但是一般情况下变量数据的峰度系数小于8（较严格的标准是小于5），偏度系数小于3都可判定为近似服从正态分布（Kline，1988）。表5-5中展示了所有变量数值的峰度和偏度系数，变量数值的峰度系数的绝对值基本都小于2，偏度系数的绝对值均小于1.5，服从正态分布（Hair 等，2009）。进一步对观测变量数值进行 Kolmogorov - Smirnov 检验和 Shapiro - Wilk 检验，检验结果显示 K - S 值和 S - W 值均小于1，统计值 P >0.05 不显著，无法拒绝原假设，因此数值近似服从正态分布（Lee 等，2016）。正态性检验通过，数据可以在后续的研究中运用到结构方程模型中。

表 5 - 4　　量表各题项的描述性统计分析结果

变量	编号	均值	标准差	变量	编号	均值	标准差	变量	编号	均值	标准差
人际真实性	ItA1	4.95	1.027	友情互动	FI5	5.64	0.715	实际亲密度	RA1	4.89	1.047
	ItA2	4.31	1.136		FI6	5.37	0.960		RA2	5.03	1.005
	ItA3	3.90	1.079	女性专属时间	WT1	4.69	1.081		RA3	4.74	1.036
	ItA4	4.22	0.978		WT2	4.82	0.993		RA4	4.61	1.143
	ItA5	4.23	0.968		WT3	4.97	0.931		RA5	5.12	1.048
	ItA6	4.60	1.073	没有性别权力差异	NG1	4.61	1.031		RA6	5.03	0.994
	ItA7	4.60	1.115		NG2	4.53	1.102		RA7	4.74	1.086
	ItA8	4.66	1.093		NG3	5.05	1.125		RA8	4.85	1.042
自我实现	SM1	4.81	1.072		NG4	4.83	1.205		RA9	4.85	1.034
	SM2	4.91	1.020		NG5	4.92	1.207		RA10	4.99	0.971
	SM3	5.05	0.969		NG6	5.01	1.092	良好关系	PR1	4.58	1.138
	SM4	5.11	0.945		NG7	4.48	1.290		PR2	5.06	0.957
认同与共鸣	SiR1	5.10	0.725		NG8	4.95	1.181		PR3	5.34	0.729
	SiR2	4.85	0.823		NG9	4.90	1.209	个人成长	PG1	5.20	0.870
	SiR3	4.92	0.989	自由感	SF1	4.90	1.229		PG2	4.61	1.168
	SiR4	5.07	0.897		SF2	5.06	1.115		PG3	5.39	0.736
	SiR5	4.45	1.147		SF3	4.76	1.010	自我接受	SA1	5.07	0.891
友情互动	FI1	5.24	0.965		SF4	5.01	1.149		SA2	3.16	1.462
	FI2	5.45	0.801		SF5	5.26	0.911		SA3	4.32	1.320
	FI3	5.52	0.825		SF6	4.97	1.112	生活目标	PL1	5.00	0.920
	FI4	5.47	0.802		SF7	5.12	1.037		PL2	4.91	1.012
			—						PL3	4.92	0.993

表 5－5　　各变量数值的正态检验结果

变量	峰度	偏度	K－S	S－W	变量	峰度	偏度	K－S	S－W
ItA1	1.444	－1.113	0.256	0.832	NG6	0.931	－1.082	0.242	0.814
ItA2	0.067	－0.589	0.214	0.905	NG7	0.148	－0.876	0.269	0.869
ItA3	0.091	－0.311	0.218	0.918	NG8	0.741	－1.111	0.243	0.815
ItA4	1.288	－1.203	0.344	0.727	NG9	0.655	－1.083	0.233	0.823
ItA5	－0.375	－0.081	0.206	0.904	SF1	1.044	－1.199	0.238	0.814
ItA6	－0.675	－0.284	0.184	0.891	SF2	1.709	－1.336	0.249	0.790
ItA7	－0.492	－0.387	0.178	0.893	SF3	1.268	－1.005	0.276	0.850
ItA8	－0.150	－0.567	0.208	0.888	SF4	0.957	－1.204	0.241	0.800
SM1	0.393	－0.822	0.240	0.864	SF5	1.857	－1.342	0.287	0.765
SM2	0.157	－0.813	0.239	0.850	SF6	0.560	－1.025	0.231	0.825
SM3	1.171	－1.068	0.241	0.822	SF7	1.499	－1.266	0.259	0.791
SM4	1.591	－1.194	0.246	0.804	RA1	1.670	－1.206	0.287	0.824
SiR1	1.872	－0.798	0.283	0.833	RA2	1.794	－1.236	0.259	0.812
SiR2	1.828	－1.000	0.333	0.846	RA3	0.641	－0.848	0.267	0.865
SiR3	0.885	－0.991	0.287	0.845	RA4	0.061	－0.714	0.239	0.884
SiR4	0.619	－0.927	0.260	0.817	RA5	1.316	－1.246	0.263	0.789
SiR5	0.195	－0.706	0.240	0.851	RA6	1.175	－1.081	0.245	0.824
FI1	0.560	－1.009	0.230	0.833	RA7	0.722	－0.902	0.249	0.865
FI2	0.859	－0.935	0.250	0.846	RA8	1.582	－1.104	0.257	0.841
FI3	1.150	－0.881	0.263	0.845	RA9	－0.020	－0.685	0.219	0.865
FI4	0.914	－1.017	0.242	0.817	RA10	0.558	－0.901	0.248	0.838
FI5	－0.032	－0.887	0.227	0.851	PR1	0.092	－0.649	0.213	0.891
FI6	－0.469	－0.645	0.184	0.888	PR2	1.490	－1.135	0.254	0.816
WT1	0.305	－0.721	0.232	0.879	PR3	1.487	－1.052	0.288	0.764
WT2	1.319	－0.999	0.282	0.846	PG1	0.574	－0.971	0.265	0.800
WT3	1.848	－1.061	0.260	0.831	PG2	－0.812	－0.413	0.195	0.884
NG1	1.127	－0.920	0.272	0.864	PG3	1.116	－1.115	0.318	0.749
NG2	0.406	－0.723	0.237	0.889	PL1	0.406	－0.770	0.226	0.840
NG3	1.699	－1.340	0.246	0.790	PL2	1.809	－1.112	0.245	0.835
NG4	－0.038	－0.874	0.238	0.839	PL3	1.089	－0.991	0.256	0.842
NG5	0.766	－1.103	0.233	0.818					

注：（1）K－S 指 Kolmogorov－Smirnov 检验值，S－W 指 Shapiro－Wilk 检验值。（2）各变量编号含义同表 5－4。

第三节　正式调研问卷的信效度检验

一、个体测量模型的信效度检验

为了符合本研究的研究情境，研究者在使用旅游者个体真实性量表时对量表进行了修订，因此需要对旅游者个体真实性量表及前文开发的女性性别角色回归量表分别进行个体测量模型的拟合度及信效度检验。

（一）闺蜜游中旅游者个体真实性的个体测量模型检验

本章基于正式调研数据对旅游者个体真实性测量模型进行验证性因子分析（CFA）结果显示模型的拟合优度较好，表5－6显示了旅游者个体真实性量表的卡方值（Chi－Square）与自由度比（χ^2/df）为4.14，小于5，模型拟合度较好。塔克—刘易斯指数TLI（Tacker－Lewis index）和比较适配指数CFI（Comparative fit index）的值均大于0.9基本接近1，也说明了模型适配度较高（吴明隆，2017）。在模型拟合的检验标准中，一般认为RMSEA（Root Mean Square Error of Approximation）和SRMR（Standardized Root Mean Square Residual）的值小于0.05拟合度较高，但是也有学者建议这两个指标的值小于0.08模型也可以接受（罗胜强等，2019）。旅游者个体真实性测量模型的RMSEA值为0.078小于0.08，SRMR的值为0.048小于0.05，因此模型的拟合度整体较好。

表5－6　　旅游者个体真实性测量模型的拟合优度

拟合优度指标	测量模型值	拟合度判断标准
χ^2	360.978	
df	87	
χ^2/df	4.14	<5
TLI	0.907	≥0.9拟合度较高
CFI	0.923	≥0.9拟合度较高
RMSEA	0.078	<0.08模型可接受
SRMR	0.048	<0.05拟合度较高

表 5-7 展示了旅游者个体真实性测量模型的 CFA（confirmatory factor analysis）分析的结果。各因子/构念下属的测量值因子载荷均大于0.7（因子载荷值的临界点为0.5），变量附着于因子的 t 值均远高于95%置信水平下的 t 值临界点1.95，表示各因子下属的测量题项是显著的，能够有效地反映各个构念要测量的内容。旅游者个体真实性量表的信度将放在总体测量模型中进行检验。

表 5-7　　　　旅游者个体真实性的 CFA 结果

因子/构念	t 值	因子载荷
人际真实性		
ItA1	17.113	0.716
ItA2	16.497	0.842
ItA3	17.010	0.868
ItA4	17.058	0.870
ItA5	17.951	0.914
ItA6	17.839	0.909
ItA7	16.577	0.846
ItA8	15.872	0.811
自我实现		
SM1	21.590	0.781
SM2	16.835	0.790
SM3	20.100	0.911
SM4	19.153	0.875

注：所有因子载荷对应 P 值均小于0.001。

（二）女性性别角色回归的个体测量模型检验

使用 Amos23.0 对女性性别角色回归个体测量模型进行 CFA 检验，得出结果如表 5-8 所示：卡方与自由度比为3.85，TLI=0.898，CFI=0.824 接近0.9，RMSEA=0.082 略高于0.08，SRMR=0.046，模型拟合度处于可接受的范围内（Huan Zhou 等，2019）。每个因子下对应的测量题项因子载荷均大于0.6，t 值大于12（见表 5-9）每个因子下属的题项与因子/构念之间是显著相关的，该量表具有较好的信效度，可参与结构方程模型分析。

表 5-8 女性性别角色回归测量模型的拟合优度

拟合优度指标	测量模型值	拟合度判断标准
χ^2	574.11	
df	149	
χ^2/df	3.85	<5
TLI	0.898	≥0.9 拟合度较高
CFI	0.824	≥0.9 拟合度较高
RMSEA	0.082	<0.08 拟合度较高
SRMR	0.046	<0.05 拟合度较高

表 5-9 女性性别角色回归量表的 CFA 结果

因子/构念	t 值	因子载荷
女性专属时间		
WT1	NA	0.716
WT2	12.620	0.733
WT3	12.923	0.756
没有性别权力差异		
NG1	NA	0.761
NG2	15.830	0.765
NG3	12.462	0.620
NG4	15.984	0.772
NG5	17.381	0.828
NG6	16.265	0.783
NG7	16.021	0.773
NG8	15.620	0.757
NG9	16.117	0.777
自由感		
SF1	18.018	0.695
SF2	NA	0.747
SF3	14.636	0.789
SF4	15.748	0.853
SF5	14.942	0.806
SF6	15.276	0.825
SF7	15.516	0.839

注：所有因子载荷对应 P 值均小于 0.001。

二、总体测量模型的信效度检验

同样采用 Amos23.0 软件对总体测量模型进行验证性因子分析（CFA），测量模型的信度和效度，表 5 – 10 显示总体测量模型的卡方自由度比为 3.34，TLI = 0.877，CFI = 0.867，一般认为 TLI 与 CFI 值大于 0.9 模型拟合度较高，事实上 CFI 值与 TLI 值大多介于 0 与 1 之间，越接近 1 表示模型的适配度越高，越小表示模型的契合度越差，因此总体测量模型的 TLI 与 CFI 值大于 0.8 模型是可以被接受的，并且依然有较高的适配度（吴明隆，2017）。RMSEA = 0.073，SRMR = 0.031，同样表明总体测量模型具有较高的拟合优度。

表 5 – 10　　　　总体测量模型的拟合优度

拟合优度指标	测量模型值	拟合度判断标准
$\chi 2$	3061.883	
df	917	
χ^2/df	3.34	<5
TLI	0.877	≥0.9 拟合度较高
CFI	0.867	≥0.9 拟合度较高
RMSEA	0.073	<0.08 拟合度较高
SRMR	0.031	<0.05 拟合度较高

总体测量模型共包括友情互动、认同与共鸣、女性专属时间、没有性别权力差异、自由感、人际真实性、自我实现和心理幸福感 8 个潜变量，51 个测量题项。为了使模型更加简洁，提高模型估计的稳定性，减少测量误差的总数（Bandalos，2002），研究者对心理幸福感下属三个维度的测量题项进行了打包处理，最终得到 45 个测量变量。各观测变量的因子载荷及 t 值见表 5 – 11，基本上个观测变量的因子载荷都大于 0.6，只有 PL（生活目标）的因子载荷是 0.525 但也超过了最低标准 0.5，所有变量 t 值均大于 10，说明各观测变量与对应的潜变量之间关系显著，结构模型构建情况较好。各构念的克朗巴哈 α 系数值（Reliability）均大于 0.8（见表 5 – 12），按照一般

标准，克朗巴哈系数大于0.7，该构念的信度水平即为可接受的（Tavakol等，2011），因此本研究各构念的信度水平都达到了可接受的程度。

表5-11　　总体测量模型的CFA检验结果

因子/构念	t值	因子载荷	因子/构念	t值	因子载荷
女性专属时间			认同与共鸣		
WT1	NA	0.842	SiR1	NA	0.749
WT2	14.753	0.645	SiR2	17.825	0.827
WT3	20.407	0.813	SiR3	18.745	0.865
没有性别权力差异			SiR4	17.859	0.828
NG1	NA	0.770	SiR5	17.780	0.825
NG2	17.493	0.779	人际真实性		
NG3	13.388	0.620	ItA1	NA	0.746
NG4	17.883	0.793	ItA2	19.037	0.856
NG5	19.212	0.840	ItA3	19.652	0.880
NG6	18.131	0.802	ItA4	19.564	0.876
NG7	17.592	0.783	ItA5	20.758	0.921
NG8	17.244	0.770	ItA6	20.448	0.910
NG9	18.078	0.800	ItA7	19.032	0.856
自由感			ItA8	18.303	0.828
SF1	NA	0.707	自我实现		
SF2	15.282	0.757	SM1	NA	0.792
SF3	16.026	0.794	SM2	18.692	0.804
SF4	16.905	0.838	SM3	22.526	0.931
SF5	16.635	0.825	SM4	20.991	0.877
SF6	16.790	0.833	友情互动		
SF7	17.222	0.707	FI1	NA	0.649
心理幸福感			FI2	13.641	0.772
PL	11.154	0.525	FI3	13.452	0.759
PR	21.773	0.940	FI4	14.417	0.831
PG	NA	0.790	FI5	12.145	0.669
—			FI6	12.367	0.684

注：（1）所有因子载荷对应P值均小于0.001；（2）PL：生活目标，PR：良好关系，PG：个人成长。

聚合效度（convergent validity）和区分效度（Discriminant validity）是Campbell和Fiske（1995）提出的概念，旨在反映每个潜在变量下属测量变量之间的关系。聚合效度（convergent validity）也称收敛效度或一致性效度，是指同一个因子所包含的各个观测变量之间的相关性程度，用来检验某因子变量的观测变量是否显著依附于所度量的因子变量（Carlson，2012）。区分效度（Discriminant validity）也称为判别效度，检验某个因子变量的观测变量对于该因子的依附程度远远高于它们对于其他因子的依附程度，反映观测变量测量某一因子的效果（Lucas，Diener，1996）。收敛效度和区分效度的判断需要借助平方差抽取量AVE（Average Variances Extracted）来衡量。潜在变量的AVE值越大其收敛度越好，一般情况下AVE值要大于0.5（Fornell和Larcker，1981），各构念的AVE值开平方根以后大于相应构念间的相关系数则表明该构念的区分效度较好。根据表5－12显示，各构念的AVE值均大于0.5，大部分构念的AVE值开平方根以后的值大于相应构念间的相关系数，极少数值达不到要求但是两个值之间相差不大，总体来说各构念之间的区分效度是显著的。总体测量模型的信效度通过检验。

表5－12　整体测量模型的相关系数、信度及AVE结果

	SiR	FI	WT	NG	SF	ItA	SM	PBW
SiR	1							
FI	0.767	1						
WT	0.769	0.725	1					
NG	0.454	0.380	0.715	1				
SF	0.470	0.416	0.720	0.772	1			
ItA	0.760	0.663	0.697	0.615	0.665	1		
SM	0.455	0.372	0.538	0.520	0.515	0.602	1	
PBW	0.735	0.657	0.848	0.628	0.660	0.854	0.577	1
Reliability	0.911	0.872	0.813	0.931	0.927	0.958	0.914	0.807
AVE	0.672	0.533	0.595	0.601	0.644	0.741	0.727	0.594
$\sqrt{AVE}$	0.820	0.730	0.688	0.775	0.803	0.861	0.853	0.771

注：FI：友情互动；SiR：认同与共鸣；ItA：人际真实性；SM：自我实现；NG：没有性别权力差异；WT：女性专属时间；SF：自由感；PWB：心理幸福感。

第四节　结构模型分析与假设检验

本研究基于质性研究和相关理论构建了旅游者互动行为、旅游者个体真实性、女性性别角色回归、心理幸福感和实际亲密度之间的关系模型，本节将继续使用 Amos23.0 进行结构模型分析并对第四章提出的假设进行检验。

一、中介效应分析

（一）中介效应的检验方法

现有的文献中验证中介变量的方法有很多，管理学中较常用的方法有四种：Baron 和 Kenny（1986）的层级回归法，Sobel 检验，Bootstrap 检验和时间延迟模型。本研究采中介效应的检验采用 Baron 和 Kenny 提出的经典的层级回归法，为确保检验结果的准确性，同时进行了 Sobel 检验。

采用层级回归法检验中介效应需要先建立三个回归模型，以研究假设 H3 “旅游者个体真实性在旅游者互动行为和女性心理幸福感之间存在中介作用” 为例（见图 5－1），模型 1 根据解释变量 “旅游者互动行为” 预测结果变量 “心理幸福感” c 作为模型中路径系数说明解释变量对结果变量的效应水平，即总效应。模型 2 由解释变量 “旅游者互动行为” 预测中介变量 “旅游者个体真实性”，记路径系数为 a。模型 3 将解释变量 “旅游者互动行为” 和中介变量 “旅游者个体真实性” 同时作为自变量，将因变量 “心理幸福感” 作为结果变量。将 “旅游者个体真实性” 到 “心理幸福感” 的路径系数为 b，c′表示模型 3 中 “旅游者互动行为” 到结果变量 “心理幸福感” 的系数，c′为考虑中介后的直接效应。

依据 Baron 和 Kenny 提出的层次回归法检验中介效应的准则，要判断 “旅游者个体真实性” 的中介效应成立，需要满足以下条件：

（1）“旅游者互动行为” 显著地解释 “心理幸福感”。即模型 1 结果显著；

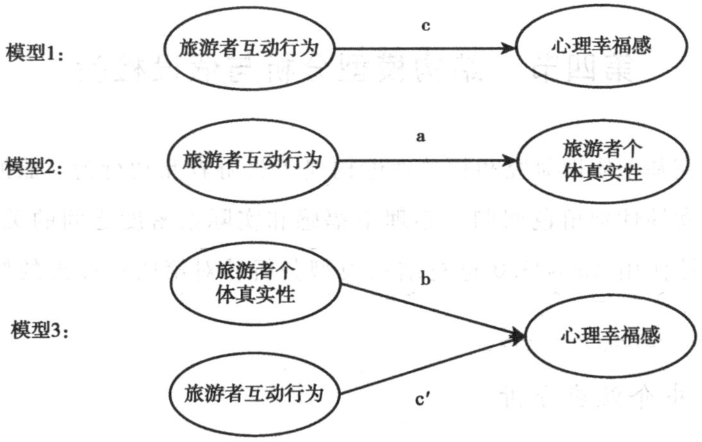

图 5-1 “旅游者个体真实性”中介效应的三个回归模型

(2)“旅游者互动行为”显著地影响“旅游者个体真实性”。回归模型 2 是有效的;

(3)模型 3 中的“旅游者个体真实性”对“心理幸福感”存在显著影响;

(4)模型 3 中“旅游者互动行为”对“心理幸福感”的影响比模型 1 中稍微弱一些,即 $c' < c$。这一准则意味着“旅游者互动行为”对“心理幸福感”的影响部分被中介变量“旅游者个体真实性”解释了。

为了精准判断准则 4 中部分中介的程度,本研究同时借助 Sobel 检验、效应量(effect size)和路径系数综合判定中介效应情况。

(二)中介效应分析结果

研究者基于正式调研问卷回收数据在 Amos23.0 中分别运行两个中介效应的模型 1、模型 2 和模型 3,得出结果见表 5-13。包含“旅游者个体真实性”和“性别角色回归”两个中介变量的结构模型分析结果显示,模型 1、模型 2、模型 3 的拟合优度均可接受。模型 1 的卡方自由度比为 3.2,较宽松的规定下卡方自由度比临界值为 5(郭立伟和叶峥,2020),RMSEA = 0.071(< 0.08)CFI = 0.956(> 0.9)TLI = 0.946(> 0.9)模型拟合度较高;模型 2 和模型 3 的卡方自由度比分别为 3.71 和 4.37,也处于可接受的范围内，RMSEA 均为0.079，小于临界值0.08，CFI 和 TLI 略低于0.9，但差距不大。因此，模型2 和模型3 拟合优度通过检验。

表 5－13　旅游者个体真实性和女性性别角色的中介模型分析结果

	标准化路径系数（t 值，显著性）		
	模型 1	模型 2	模型 3
模型拟合优度指标	$\chi^2(df)$ = 237.633(74)	$\chi^2(df)$ = 3451(929)	$\chi^2(df)$ = 4057.704(928)
	χ^2/df = 3.2	χ^2/df = 3.71	χ^2/df = 4.37
	RMSEA = 0.071	RMSEA = 0.079	RMSEA = 0.079
	CFI = 0.956 TLI = 0.946	CFI = 0.855 TLI = 0.845	CFI = 0.850 TLI = 0.840
FI→PWB	0.223 (3.231**)		0.105 (2.172**)
SiR→PWB	0.559 (8.024***)		−0.133 (−0.575)
FI→ItA		0.027 (0.870)	0.019 (0.618)
FI→SM		−0.121 (−2.802**)	−0.125 (−2.899***)
SiR→ItA		0.879 (17.408***)	0.880 (17.401***)
SiR→SM		0.636 (13.035***)	0.639 (13.111***)
FI→WT		0.119 (3.274**)	0.102 (2.795**)
FI→SF		−0.165 (−4.166***)	−0.171 (−4.322***)
FI→NG		−0.196 (−4.841***)	−0.201 (−4.968***)
SiR→WT		0.891 (16.788***)	0.888 (16.784***)
SiR→SF		0.732 (15.171***)	0.734 (15.247***)
SiR→NG		0.720 (13.917***)	0.721 (13.969***)
ItA→PWB		0.449 (7.487***)	0.529 (4.913***)

续表

	标准化路径系数（t值，显著性）		
	模型1	模型2	模型3
SM→PWB		0.082 (2.122**)	0.170 (3.011***)
WT→PWB		0.336 (5.138***)	0.238 (1.699*)
SF→PWB		0.089 (2.069**)	0.157 (2.308**)
NG→PWB		0.034 (0.806)	-0.053 (-0.789)

注：(1) FI：友情互动；SiR：认同与共鸣；ItA：人际真实性；SM：自我实现；NG：没有性别权力差异；WT：女性专属时间；SF：自由感；PWB：心理幸福感；(2) 括号内为t值和显著性；***表示在1%水平上显著；**表示在5%水平上显著；*表示在10%水平上显著。

模型1又称总效应模型，结果显示自变量“旅游者互动行为”下属两个维度“友情互动”和“认同与共鸣”均对结果变量“心理幸福感”有显著的正向影响。女性的心理幸福感受到友情互动（β=0.223，t=3.231，P=0.03）、认同与共鸣（β=0.559，t=8.024，p=0.000）的正向影响，研究假设H1、H1a、H1b得到支持。

模型2又称完全中介模型，结果显示自变量“旅游者的互动行为”下属两个维度对“旅游者个体真实性”和“女性性别角色回归”两个中介构念的影响有明显的差异性。友情互动对“旅游者个体真实性”中的人际真实性影响不显著（β=0.027，t=0.870，p=0.536），因此研究假设H2a未得到支持。除此以外，友情互动对自我实现存在影响显著（β=-0.121，t=-2.802，p=0.002），研究假设H2b成立，认同与共鸣对人际真实性（β=0.879，t=17.408，p=0.000）及自我实现（β=0.636，t=13.035，p=0.000）均存在显著的正向影响，而人际真实性（β=0.449，t=7.487，p=0.000）和而自我实现（β=0.082，t=2.122，p=0.003）对心理幸福感进一步产生正向影响，由此推断假设H2c、H2d、H3、H3a、H3b成立。

另一个中介构念“女性性别角色回归”则显著受到“旅游者间互动行

为”的影响。其中友情互动对女性专属时间存在显著的正向影响（β = 0.119，t = 3.274，p = 0.000），对自由感（β = −0.165，t = −4.166，p = 0.000）和没有性别权力差异（β = −0.196，t = −4.841，p = 0.000）有显著的负向影响。认同与共鸣对女性专属时间（β = 0.891，t = 16.788，p = 0.000）没有性别权力差异（β = 0.720，t = 13.917，p = 0.000）以及自由感（β = 0.732，t = 15.171，p = 0.000）的正向影响显著，研究假设H5a、H5d、H5e、H5f 成立，H5b、H5c 不成立。而女性专属时间（β = 0.336，t = 5.138，p = 0.000）和自由感（β = 0.089，t = 2.069，p = 0.003）进一步对心理幸福感产生了显著的正向影响，研究假设 H6a、H6c 成立；没有性别权力差异对心理幸福感的影响则不显著（β = 0.034，t = 0.806，p = 0.673），因此研究假设 H6b 未得到支持。

为了准确判断中介效应是否存在以及中介效应的具体情况，研究者基于层次回归法中的三个模型检验结果进一步进行 Sobel 检验，并运用 Hayes 开发的 PROCESSv3.4 程序（Hayes，2017）计算出每条中介效应路径的总效应、直接效应、间接效应和中介效应量。研究假设 H4a、H7a、H7b 不成立，因此不再进行 Sobel 检验，其他中介效应检验结果见表 5 - 14。

表 5 - 14　　中介效应及 Sobel 检验结果

中介关系	总效应 [LLCI, ULCI]	直接效应 [LLCI, ULCI]	间接效应 [BootLLCI, BootULCI]	中介效应量 (ab/c)	Sobel 检验 Z 值	Sobel 检验 P 值
FI→WT→PWB	0.4346 [0.3641, 0.5050]	0.1685 [0.0931, 0.2439]	0.2661 [0.1932, 0.3427]	0.6123	4.088	0.006
FI→SF→PWB	0.4346 [0.3641, 0.5050]	0.2959 [0.2294, 0.3624]	0.1387 [0.0963, 0.1900]	0.3191	2.036	0.042
SiR→WT→PWB	0.5513 [0.4796, 0.6628]	0.2800 [0.1953, 0.3648]	0.2713 [0.1932, 0.3540]	0.4921	1.690	0.009
SiR→SF→PWB	0.5513 [0.4798, 0.6228]	0.3981 [0.3270, 0.4692]	0.1532 [0.1089, 0.2025]	0.2279	2.282	0.022

续表

中介关系	总效应 [LLCI, ULCI]	直接效应 [LLCI, ULCI]	间接效应 [BootLLCI, BootULCI]	中介效应量 (ab/c)	Sobel 检验 Z 值	Sobel 检验 P 值
FI→SM→PWB	0.4346 [0.3641, 0.5050]	0.3062 [0.2395, 0.3728]	0.1284 [0.860, 0.1753]	0.2952	2.088	0.037
SiR→ItA→PWB	0.5513 [0.4798, 0.6628]	0.1365 [0.0486, 0.2243]	0.4148 [0.3279, 0.5057]	0.7524	4.728	0.000
SiR→SM→PWB	0.5513 [0.4798, 0.6628]	0.4034 [0.3309, 0.4759]	0.1479 [0.1043, 0.1971]	0.2683	2.935	0.003

注：(1) FI：友情互动；SiR：认同与共鸣；ItA：人际真实性；SM：自我实现；WT：女性专属时间；SF：自由感；PWB：心理幸福感；(2) LLCI、ULCI 分别指总效应和直接效应取值的下限与上限；(3) BootLLCI、BootULCI 分别指间接效应取值的下限与上限。

中介效应及 Sobel 检验结果显示，友情互动→女性专属时间→心理幸福感路径上的中介效应量达到 0.6123，Sobel 检验结果 Z = 4.088，P = 0.006 < 0.05，CI [0.1932，0.3427] 区间不包含 0，中介效应显著，假设 H7c 成立。友情互动→自由感→心理幸福感路径上的中介效应量为 0.3191，中介效应取值区间不包括 0，Sobel 检验 Z 值为 2.036，P 值为 0.042 小于 0.05，检验结果显著，该路径中介效应存在，假设 H7e 成立。友情互动→自我实现→心理幸福感路径上的中介效应量为 0.2952，Sobel 检验 Z = 2.088，P = 0.037 小于 0.05，CI 区间均不含 0，中介效应显著，假设 H4b 成立。认同与共鸣→女性专属时间→心理幸福感路径上中介效应量达到 0.4921，Sobel 检验结果 Z = 1.690，P = 0.009 < 0.05，中介效应显著，假设 H7d 成立。认同与共鸣→自由感→心理幸福感路径上的中介效应量为 0.2279，Sobel 检验结果显著（Z = 2.282，P = 0.022 < 0.05），假设 H7f 成立。认同与共鸣→人际真实性→心理幸福感路径上的中介效应量达到了 0.7524，Sobel 检验结果 Z = 4.728，P = 0.000 显著，认同与共鸣→自我实现→心理幸福感路径上的中介效应量 0.2683，Sobel 检验结果显著（Z = 2.935，P = 0.003 < 0.05）。两条路径的中介效应都是显著的，假设

H4c、H4d 成立。

表 5－15　　　　　　中介效应假设检验结果汇总

假设编号	假设内容	检验结果
H4	旅游者个体真实性在旅游者间互动行为和心理幸福感之间存在中介作用	通过
H4a	人际真实性在友情互动和心理幸福感之间存在中介作用	不通过
H4b	自我实现在友情互动和心理幸福感之间存在中介作用	通过
H4c	人际真实性在认同与共鸣和心理幸福感之间存在中介作用	通过
H4d	自我实现在认同与共鸣和心理幸福感之间存在中介作用	通过
H7	女性性别角色回归在旅游者互动行为和心理幸福感之间存在中介作用	通过
H7a	没有性别权力差异在友情互动和心理幸福感之间存在中介作用	不通过
H7b	没有性别权力差异在认同与共鸣和心理幸福感之间存在中介作用	不通过
H7c	女性专属时间在友情互动和心理幸福感之间存在中介作用	通过
H7d	女性专属时间在认同与共鸣和心理幸福感之间存在中介作用	通过
H7e	自由感在友情互动和女性心理幸福感之间存在中介作用	通过
H7f	自由感在认同与共鸣和女性心理幸福感之间存在中介作用	通过

二、调节效应分析

（一）调节效应的检验方法

调节效应是指当一个变量 M 的数值大小会影响另外两个变量 X 与 Y 的关系时，我们说 W 调节了 X 与 Y 的关系（罗胜强等，2019）。即若变量 Y 与变量 X 的关系是变量 W 的函数，称 W 为调节变量（James 等，1984）。Y 与 X 的关系受到第三个变量 W 的影响（温忠麟等，2005）。

本研究中提出的假设中，假设 H8、H9 及其所包括的子假设均为调解效应，以“旅游者互动行为”为自变量，“旅游者个体真实性”和“女性性别角色回归”为因变量，以“实际亲密度”为调节变量。本研究在 Amos23.0 软件中运行 Hayes 开发的 PROCESSv3.4 程序，对假设 H8、H9 及其对应的子假设进行检验（Hayes，2017）。

（二）实际亲密度在旅游者间互动行为与旅游者个体真实性之间的调节作用

H8 假设实际亲密度（RA）对旅游者互动行为（两个维度）→旅游者个体真实性（两个维度）→心理幸福感（三个维度）存在调节作用，假设 H8 可以细分为 4 个子假设，根据 PROCESSv3.4 的运行结果可以判断实际亲密度在旅游者互动行为与旅游者个体真实性之间存在调节作用。由于假设 H4a 不成立，人际真实性在友情互动和心理幸福感之间不存在中介作用，因此假设 H8a 不成立，不进行调节效应的建议。H8 下属其余的 3 个子假设检验结果见表 5－16，其中假设 H8d 的检验结果 CI［－0.104，0.0298］区间包含了 0，t＝－1.091，P＝0.276＞0.05，检验不通过；H8b 的检验结果 CI［－1.107，0.006］区间同样包含了 0，t＝－1.757，P＝0.079＞0.05，检验不通过，因此研究假设 H8b、H8d 未得到支持。研究子假设 H8c 的检验结果 t 值、P 值均显著，LLCI 和 ULCI 不包括 0，检验通过。PROCESSv3.4 运行结果依据问卷相应题项得分将实际亲密度划分为高亲密度、中亲密度和低亲密度，图 5－2 直观展示了不同亲密度下交互作用对人际真实性的影响差异，结合表 5－16 的检验结果，假设 H8c 成立，即实际亲密度在认同与共鸣和人际真实性之间存在调节作用，当闺蜜间的实际亲密度高时，认同与共鸣对人际真实性的正向影响显著。

表 5－16　实际亲密度对旅游者互动行为与旅游者个体真实性的调节效应假设检验结果

编号	调节效应假设	coeff	［LLCI，ULCI］	t 值	P 值
H8b	FI×RA→SM	－0.051	［－0.107，0.006］	－1.757	0.079
H8c	SiR×RA→ItA	－0.058	［－0.099，－0.017］	－2.765	0.005
H8d	SiR×RA→SM	－0.037	［－0.104，0.0298］	－1.091	0.276

注：（1）SiR：认同与共鸣；RA：实际亲密度；ItA：人际真实性；SM：自我实现；FI：友情互动；（2）FI×RA→SM 表示实际亲密度在友情互动和自我实现之间起调节作用，SiR×RA→ItA 表示实际亲密度在认同与共鸣和人际真实性之间起调节作用，SiR×RA→SM 表示实际亲密度在认同与共鸣和自我实现之间起调节作用；（3）coeff 为交互项系数；（4）LLCI，ULCI 分别为交互项系数的取值下限和上限。

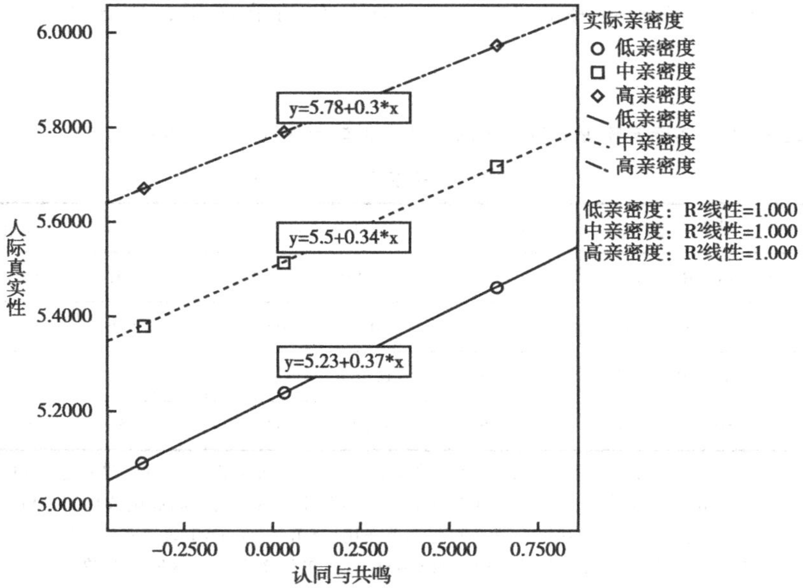

图 5－2 认同与共鸣与实际亲密度交互影响人际真实性效应

（三）实际亲密度对旅游者间互动行为与女性性别角色回归的调节效应分析

研究假设 H9 假设实际亲密度（RA）对旅游者互动行为（两个维度）→女性性别角色回归（三个维度）→心理幸福感（三个维度）存在调节作用，当闺蜜间的实际亲密度高时，旅游者间互动行为对女性性别角色回归的正向影响显著。研究假设 H9 共分为 6 个子假设，由于研究假设中没有性别权力差异，对旅游者间互动行为与心理幸福感之间不存在中介效应，因此研究假设 H9b 和 H9e 不成立，不再进行调节效应检验。另外 4 个子假设检验结果见表 5－17，其中假设 H9c、H9f 检验结果不通过，P 值均大于 0.05，LLCI 和 ULCI 区间包含了 0，因此研究假设 H9c、H9f 未得到支持。假设 H9a 检验结果 CI[－0，130，－0.045] 不含 0，t = －4.101，P =0.000，检验结果显著，假设 H9d 的 t = －3.094，P =0.002 <0.05，CI[－0.169，－0.038] 检验结果显著，结合图 5－3 和图 5－4 的直观结果，亲密度不

同的三个组之间友情互动和认同与共鸣对女性专属时间的影响是有差异的，说明实际亲密度在这两条路径中存在调节作用，假设 H9a、H9d 成立。

表 5-17　实际亲密度对旅游者间互动行为与女性性别角色回归的调节效应假设检验结果

编号	调节效应假设	coeff	[LLCI，ULCI]	t 值	P 值
H9a	FI × RA→WT	-0.087	[-0，130，-0.045]	-4.101	0.000
H9c	FI × RA→SF	-0.026	[-0.121，0.067]	-0.556	0.579
H9d	SiR × RA→WT	-0.103	[-0.169，-0.038]	-3.094	0.002
H9f	SiR × RA→SF	-0.055	[-0.149，0.039]	-1.154	0.249

注：(1) SiR：认同与共鸣；RA：实际亲密度；WT：女性专属时间；SF：自由感；FI：友情互动；(2) FI × RA→WT 表示实际亲密度在友情互动和女性专属时间之间起调节作用，FI × RA→SF 表示实际亲密度在友情互动和自由感之间起调节作用，SiR × RA→WT 表示实际亲密度在认同与共鸣和女性专属时间之间起调节作用，SiR × RA→SF 表示实际亲密度在认同与共鸣和女性专属时间之间起调节作用；(3) coeff 为交互项系数；(4) LLCI，ULCI 分别为交互项系数的取值下限和上限。

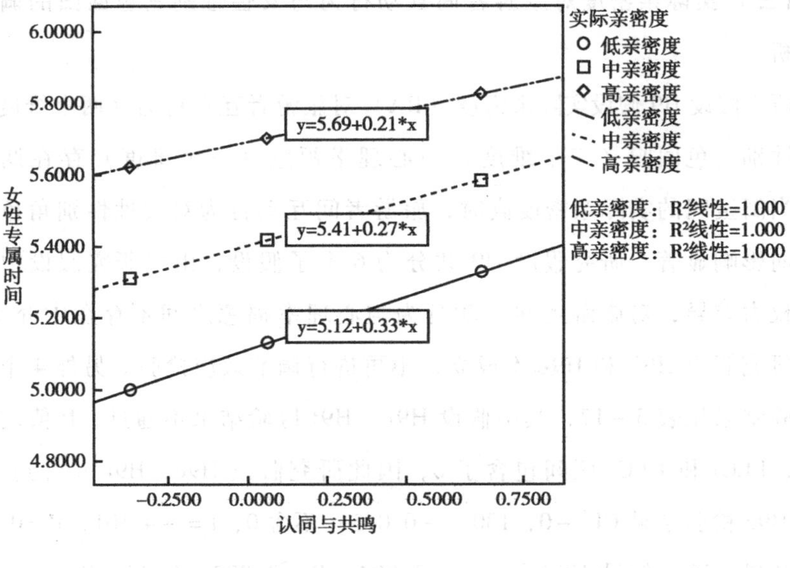

图 5-3　认同与共鸣与实际亲密度交互影响女性专属时间的效应

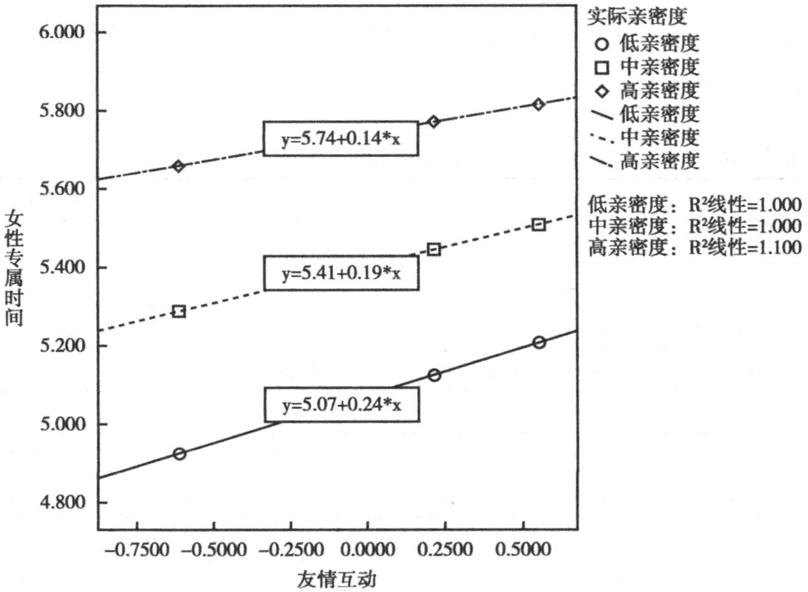

图 5－4　友情互动与实际亲密度交互影响女性专属时间的效应

第五节　本章小结

本章主要介绍了正式调研问卷的发放及回收过程，正式调研历时 50 天，共回收了 488 份问卷。为了保证数据质量，使用三种不同的途径对问卷进行发放和回收，回收的问卷经过严格的筛选，剔除了无效问卷之后保留 438 份。

实证研究部分首先对数据进行了假设检验前的分析处理，包括人口统计变量的描述性分析、测量变量的均值、标准差、各变量数值的正态性检验（峰度、偏度、K－S 值、S－W 值），检验结果表示数值可用于结构方程模型中。在前面的研究中，为了使实证研究更符合本研究的情境，研究者对旅游者个体真实性量表进行了修订，并根据研究情境开发了女性性别角色回归量表，本章第三节对两个量表单独进行了 CFA 检验，随后又对总体测量模型进行了验证性因子分析（CFA）测量模型的信度和效度，验证结果表明无论是个体测量模型还是总体测量模型信效度都通过了检验。之后研究者基于正式调研问卷的数据运用结构方程模型对研究假设进行检验，检验结果见表5－18。

表5－18 研究假设检验结果汇总表

研究假设		检验结果
H1	旅游者间互动行为对心理幸福感有直接的正向影响	通过
H1a	友情互动对心理幸福感有直接的正向影响	通过
H1b	认同与共鸣对心理幸福感有直接的正向影响	通过
H2	旅游者间互动行为对旅游者个体真实性存在直接的正向影响	通过
H2a	友情互动对人际真实性存在直接的正向影响	不通过
H2b	友情互动对自我实现存在直接的正向影响（检验结果为负向影响）	不通过
H2c	认同与共鸣对人际真实性存在直接的正向影响	通过
H2d	认同与共鸣对自我实现存在直接的正向影响	通过
H3	旅游者个体真实性为对心理幸福感有直接的正向影响	通过
H3a	人际真实性对心理幸福感存在直接的正向影响	通过
H3b	自我实现对心理幸福感存在直接的正向影响	通过
H4	旅游者个体真实性在旅游者间互动行为和心理幸福感之间存在中介作用	通过
H4a	人际真实性在友情互动和心理幸福感之间存在中介作用	不通过
H4b	自我实现在友情互动和心理幸福感之间存在中介作用	通过
H4c	人际真实性在认同与共鸣和心理幸福感之间存在中介作用	通过
H4d	自我实现在认同与共鸣和心理幸福感之间存在中介作用	通过
H5	旅游者间互动行为对女性性别角色回归存在直接的正向影响	通过
H5a	友情互动对女性专属时间存在直接的正向影响	通过
H5b	友情互动对没有性别权力差异存在直接的正向影响（结果为负向影响）	不通过
H5c	友情互动对自由感存在直接的正向影响（检验结果为负向）	不通过
H5d	认同与共鸣对女性专属时间存在直接的正向影响	通过
H5e	认同与共鸣对没有性别权力差异存在直接的正向影响	通过
H5f	认同与共鸣对自由感存在直接的正向影响	通过
H6	女性性别角色回归对心理幸福感有直接的正向影响	通过
H6a	女性专属时间对心理幸福感存在直接的正向影响	通过
H6b	没有性别权力差异对心理幸福感存在直接的正向影响	不通过

续表

研究假设		检验结果
H6c	自由感对心理幸福感存在直接的正向影响	通过
H7	女性性别角色回归在旅游者互动行为和心理幸福感之间存在中介作用	通过
H7a	没有性别权力差异在友情互动和心理幸福感之间存在中介作用	不通过
H7b	没有性别权力差异在认同与共鸣和心理幸福感之间存在中介作用	不通过
H7c	女性专属时间在友情互动和心理幸福感之间存在中介作用	通过
H7d	女性专属时间在认同与共鸣和心理幸福感之间存在中介作用	通过
H7e	自由感在友情互动和女性心理幸福感之间存在中介作用	通过
H7f	自由感在认同与共鸣和女性心理幸福感之间存在中介作用	通过
H8	实际亲密度在旅游者间互动行为和旅游者个体真实性之间存在调节作用，当闺蜜间的实际亲密度高时，旅游者间互动行为对旅游者个体真实性的正向影响显著	通过
H8a	实际亲密度在友情互动和人际真实性之间存在调节作用，当闺蜜间的实际亲密度高时，友情互动为对人际真实性的正向影响显著	不通过
H8b	实际亲密度在友情互动和自我实现之间存在调节作用，当闺蜜间的实际亲密度高时，友情互动为对自我实现的正向影响显著	不通过
H8c	实际亲密度在认同与共鸣和人际真实性之间存在调节作用，当闺蜜间的实际亲密度高时，认同与共鸣为对人际真实性的正向影响显著	通过
H8d	实际亲密度在认同与共鸣和自我实现之间存在调节作用，当闺蜜间的实际亲密度高时，认同与共鸣对自我实现的正向影响显著	不通过
H9	实际亲密度在旅游者间互动行为和女性性别角色回归之间存在调节作用，当闺蜜间的实际亲密度高时，旅游者间互动行为对女性性别角色回归的正向影响显著	通过
H9a	实际亲密度在友情互动和女性专属时间之间存在调节作用，当闺蜜间的实际亲密度高时，友情互动对女性专属时间的正向影响显著	通过
H9b	实际亲密度在友情互动和没有性别权力差异之间存在调节作用，当闺蜜间的实际亲密度高时，友情互动对没有性别权力差异的正向影响显著	不通过
H9c	实际亲密度在友情互动和自由感之间存在调节作用，当闺蜜间的实际亲密度高时，友情互动对自由感的正向影响显著	不通过
H9d	实际亲密度在认同与共鸣和女性专属时间之间存在调节作用，当闺蜜间的实际亲密度高时，认同与共鸣对女性专属时间的正向影响显著	通过
H9e	实际亲密度在认同与共鸣和没有性别权力差异之间存在调节作用，当闺蜜间的实际亲密度高时，认同与共鸣对没有性别权力差异的正向影响显著	不通过
H9f	实际亲密度在认同与共鸣和自由感之间存在调节作用，当闺蜜间的实际亲密度高时，认同与共鸣对自由感的正向影响显著	不通过

假设检验结果表明：

（1）旅游者间互动的两个维度对心理幸福感均有直接的正向影响，即研究假设 H1 的两个子假设 H1a、H1b 均得到了支持。

（2）旅游者间互动对旅游者个体真实性存在直接的正向影响，对应的 4 个子假设中除了假设 H2a（友情互动对人际真实性存在直接的正向影响）不成立之外，其余 3 个子假设都得到了支持。

（3）旅游者个体真实性对心理幸福感有直接的正向影响，研究假设 H3 的子假设 H3a、H3b 均得到了支持。综合检验结果（2）初步判定旅游者个体真实性在旅游者间互动和心理幸福感之间的中介效应部分存在。

（4）中介效应和 Sobel 检验结果进一步显示假设 H4 的中介效应部分成立，其中 H4a 未通过检验，即人际真实性在友情互动和心理幸福感之间不存在中介作用。但是另外 3 个子假设 H4b、H4c、H4d 均通过了检验，假设得到支持。

（5）假设 H5 旅游者间互动行为对女性性别角色回归存在直接的正向影响部分成立。即对应的 6 个子假设中假设 H5b、H5c 不成立，友情互动对性别权力差异和自由感不存在直接的正向影响，但是子假设 H5d、H5e、H5f 得到了支持。

（6）研究假设 H6 部分成立，女性性别角色回归这一构念中女性专属时间和自由感对心理幸福感存在直接的正向影响（H6a、H6c 得到支持），而没有性别权力差异这一维度对心理幸福感的影响不显著，研究假设 H6b 未得到支持。

（7）女性性别角色回归在旅游者间互动行为和心理幸福感之间存在部分中介作用，即研究子假设 H7a、H7b 不成立，没有性别权力差异在旅游者间互动行为和心理幸福感之间不存在中介作用，其他 4 条中介效应路径显著，假设 H7 成立。

（8）调节效应假设 H8 部分得到了支持，实际亲密度在认同与共鸣和人际真实性之间存在调节作用，当闺蜜间的实际亲密度高时，认同与共鸣对人际真实性的正向影响显著，子假设 H8c 得到支持。另外 3 个子假设

H8a、H8b、H8d 成立。

（9）调节效应假设 H9 下属的 6 个子假设中有 4 个子假设（H9b、H9c、H9e、H9f）未通过检验，不存在调节效应。两个子假设（H9a、H9d）通过检验，调节效应显著，即实际亲密度在友情互动和女性专属时间之间存在调节作用，当闺蜜间的实际亲密度高时，友情互动对女性专属时间的正向影响显著。同时，实际亲密度在认同与共鸣和女性专属时间之间也存在调节作用，当闺蜜间的实际亲密度高时，认同与共鸣对女性专属时间的正向影响显著，综上所述假设 H9 成立。

第六章　结论与建议

本研究从关注女性旅游的视角出发，在性别认同理论、社会互动理论、社会支持理论的依托下分析了女性参与闺蜜游时的旅游者间互动行为是如何影响女性的心理幸福感的。研究者在对国内外相关文献和研究结论进行梳理和总结之后，认为目前学术界对于闺蜜游这一现象的研究尚处于起步阶段，部分学者用质性研究的方法找到了女性参与和开展闺蜜游的动机，并肯定了闺蜜游（GGA）对女性的健康、压力管理和幸福感均能产生积极影响（Bailey，2009；Gibson 2013；Bond，2008；Cavallari，2008），但是鲜有学者深入探讨这一积极影响背后的运作机制。因此本研究采用质性研究的方法找到了闺蜜游中影响参与者心理幸福感的主要因素以及各因素之间相互影响和作用的路径，构建出相应的理论模型。研究引入了旅游者个体真实性和女性性别角色回归两个变量，分别验证了它们的中介效应，揭示了女性参与闺蜜游的过程中互动行为对于女性心理幸福感的影响路径和机制。同时，依据社会学领域对于人际关系的研究成果，将人际关系中衡量个体之间亲疏度的构念——实际亲密度引入模型中，检验了实际亲密度在影响机制中的调节作用。

为了能够深入分析女性参与闺蜜游的过程中互动行为对于女性心理幸福感的影响路径和机制，研究者在总结梳理相关文献的基础上，结合专家小组法和量化研究的方法开发出女性性别角色回归的量表，并对旅游者个体真实性量表进行修订。在这两个量表的基础上，结合其他现有的概念成熟量表设计了女性参与闺蜜游与其心理幸福感的测量问卷，通过线上线下几种不同的方式在国内外有过闺蜜游经历的女性旅游者中发放调研问卷，回收的438份有效问卷被用于实证检验，检验结果显示46个假设中，32条假设得到了支持，14条假设未通过，实证检验的结果更详细地解释了女性参与闺蜜游的过程中旅游者间互动行为的维度对女性心理幸福感的影响机理。

本章将在实证检验结果的基础上详细阐释理论模型的意义与价值，分析各假设背后的理论和现实意义，给出合理的管理建议，同时反思研究的局限性，展望未来可能的研究方向。

第一节　研究结论

本研究遵循“提出问题—文献梳理—理论与质性分析—构建理论模型—提出假设—假设检验—结论建议”的逻辑路线，着重回答了以下问题：

1. 女性参与闺蜜游的动机和特征有哪些？

2. 女性在闺蜜游的过程中所产生的互动行为是否能够影响女性心理幸福感？

3. 影响的路径和机制是什么？

4. 有哪些中介变量在其中发挥作用，又是如何影响的？

5. 这一路径中是否存在调节变量？

研究者自2019年7月至2019年12月历时5个月时间对54位年龄在18岁以上近三年内有过闺蜜游经历的女性进行了半结构化访谈，访谈收集的文字资料被用于扎根理论研究，同时使用Python 3.6初步筛选了2016年1月至2019年12月，近四年的游记共270篇。剔除内容不符合主题的，经过严格筛选最终精选了11篇游记（6篇国内游、5篇出境游）作为补充材料。所有文字资料借助Nvivo 11软件，按照程序化扎根理论的方法和步骤对其进行编码和分析，梳理出实际亲密度、旅游者间互动行为、旅游者个体真实性、女性性别角色回归和心理幸福感五个变量，并构建出女性参与闺蜜的过程中互动行为对女性心理幸福感影响的两条主要路径，同时找到了影响这两条路径的调节变量——实际亲密度。

一、女性参与闺蜜游的动机及特征

本研究将闺蜜游中参与者之间的人际互动分为友情互动、纯女性间的互动和仪式性互动。女性参与闺蜜游的动机主要集中在以下几个方面：（1）加深与女性朋友之间的联结，增进友谊和联系；（2）与同伴创造新的美好的回忆；（3）逃离日常生活中的压力；（4）反抗社会给予女性的道德伦理约束和赋予女性的刻板印象；（5）与她们内在的自我重新建立联系与对话。此外，总结出闺蜜游的特征如下：（1）对于参与者来说，闺蜜游具有专属性和排他性。（2）与其他旅游形式相比，闺蜜游的压力小，少计较。（3）参与者之间的相互依赖性。（4）聊天是闺蜜游中最重要的一种互动形式。（5）有的女性会将闺蜜游当作友谊的试金石，通过出游过程中的互动来检验双方是否有默契，发现自己在对方心中的地位，并审视对方在自己心中的位置。通过研究发现，国内的女性参与闺蜜游的主观意识不是很清晰，尚处于自发的状态，多数是出于逃避日常角色带来的压力或者是与分居两地的朋友聚在一起强化彼此的联结，对于出游的形式没有具体的要求和限定。但是国外的女性在参与和开展闺蜜游时就会明确表示：“不能有男性、不带相机不沉迷于拍照以及没有性别压力（Heather J. Gibson 和 Heather L. Bell，2013）。”在闺蜜游出游同伴的选择上，国内女性比国外的女性考虑的因素更多。

通过对访谈资料的分析出闺蜜游的特征如下：（1）对于参与者来说闺蜜游具有专属性和排他性。部分女性尤其是高知女性参与和组织闺蜜游的动机是加深与女性朋友之间的联结，增进友谊和联系，在选择同游者时又有自己的一些准则，因此闺蜜游不同于广义上的全女性团体出游，它是为了给参与者这个小团体一个专属和独立的空间，因此具有一定的排他性。（2）与其他旅游形式相比，闺蜜游的压力小，少计较。（3）参与者之间的相互依赖性。与其他旅游形式相比，女性在参与闺蜜游的过程中会彼此依赖。这种依赖性包括时间依赖、技术依赖、知识依赖和情感依赖。时间依赖指双方基于时间的需求或假期的同步性。知识依赖指两个或更多的人在闺蜜游的互动中相互了解对方的优点和长处（Chen 和 Mak，2020）。受访者表示，在出游购物的过程中与其他人相比，闺蜜提供的建议更有用，而在选择旅游项目上闺蜜与自己更一致、更有默契。一方面源于同为女性的先天优势，另一方面也是因为有些闺蜜之间相处的时间长，彼此对对方的了解程度可能超过了伴侣。技术上的依赖表现为行程的安排、寻找当地的美食、出游过程中与旅游服务人员的沟通等方面。对闺蜜情感上的依赖包括闺蜜的陪伴在出游中能带来安全感、能够使自己获得内心的力量、提升自我效能感等。而闺蜜游与女性独游最大的区别也在于此，对于女性来说，闺蜜游既为她们提供了独立自由的空间，同时又能在这个独立于日常生活的空间中获得来自闺蜜的支持，尤其是感情上和精神上的支持，来帮助她们应对现实生活中的难题。（4）聊天是闺蜜游中最重要的一种互动形式。聊天本身对女性之间的友谊具有重要的作用，而聊天是闺蜜游中被提及最多的内容。聊天同样也是闺蜜游中的重要互动行为，通过聊天，女性发泄和缓解了日常生活中的压力，与闺蜜分享了自己的秘密，交流巩固了感情，加深了彼此之间的了解，找到了应对生活中难题的方法，甚至通过聊天提升了自我效能感。（5）有的女性会将闺蜜游当作友谊的试金石，通过出游过程中的互动来检验双方是否有默契，发现自己在对方心中的地位，并审视对方在自己心中的位置。

二、闺蜜场景下同伴互动行为对其心理幸福感的正向影响

本研究通过严格的量表开发与修订程序，将闺蜜游理论模型中涉及的中介变量旅游者个体真实性与女性性别角色回归两个构念进行拆分与解构。旅游者个体真实性划分为代表个体内在真实性的“自我实现”与人际真实性两个维度，女性性别角色回归则由“女性专属时间”“没有性别权力差异”和“自由感”三个维度来诠释。闺蜜游中的旅游者间互动行为主要探讨了“友情互动”和“认同与共鸣”两个维度。基于以上量表开展实证检验，检验结果显示，女性参与闺蜜游的过程中，旅游者间互动行为确实会对其心理幸福感产生直接的正向影响，同时还会分别通过“旅游者个

体真实性”和“女性性别角色回归”对参与者的心理幸福感产生正向影响。具体来说，闺蜜游中旅游者间互动行为对女性心理幸福感的正向影响共有三条路径。

（一）路径一：旅游者间互动行为对女性心理幸福感的直接的正向影响

研究假设H1认为闺蜜游中旅游者间互动行为的两个维度友情互动和认同与共鸣分别对女性心理幸福感存在直接的正向影响，第五章表5－13中的测量模型1检验和支持了这一路径。

（二）路径二：旅游者个体真实性的中介作用

研究假设H2、H3、H4及其各自的子假设共同验证了闺蜜游中旅游者个体真实性的中介作用，同时也验证了闺蜜游中旅游者间互动行为对女性心理幸福感影响的第二条路径。

研究假设H2的4条子假设认为旅游者间互动行为中的“友情互动”“认同与共鸣”分别对旅游者个体真实性中的“自我实现”和“人际真实性”之间存在直接的正向影响。表5－13中模型2验证结果表明认同与共鸣对自我实现和人际真实性的正向影响显著，而友情互动对人际真实性的影响不显著，对自我实现则存在负向的影响。

研究假设H3的两条子假设认为人际真实性和自我实现对参与闺蜜游的女性心理幸福感有直接的正向影响。表5－13中模型2的检验结果显示，人际真实性和自我实现对心理幸福感的正向影响显著，尤其是人际真实性对心理幸福感的正向影响要明显高于自我实现（人际真实性的标准化路径系数为0.449，自我实现的标准化路径系数为0.082）。

研究假设H4的4个子假设详细解释了旅游者个体真实性的中介作用机制，通过表5－13中3个模型结果的对比，结合表5－14中中介效应的检验结果可知，旅游者个体真实性在旅游者间互动行为与心理幸福感之间的中介效应是存在的。但是“人际真实性”这一维度在路径“友情互动→心理幸福感”上的中介效应不存在，主要原因在于“友情互动”对“人际真实性”的影响不显著，导致“友情互动→人际真实性→心理幸福感”这一子路径不通。另外3条子路径的中介效应均成立，但是“认同与共鸣→

心理幸福感”的直接效应在加入“人际真实性”这一中介后显著下降，间接效应明显，因此“认同与共鸣→人际真实性→心理幸福感”这一子路径的中介效应最明显（中介效应量为0.7524也印证了这一结论）。

（三）路径三：女性性别角色回归的中介作用

研究假设H5、H6和H7（包括子假设）共同描述了女性性别角色回归各维度在旅游者间互动行为与心理幸福感之间的中介作用。假设H5的6个子假设认为，旅游者间互动的两个维度“友情互动”“认同与共鸣”与女性性别角色回归的三个维度“女性专属时间”“没有性别权力差异”“自由感”之间存在直接的正向影响。表5－13模型2的结果展示了友情互动只对女性专属时间有显著的正向影响，对自由感和没有性别权力差异产生了显著的负向影响。女性参与闺蜜游的过程中也并不是所有的互动都能在一片祥和中愉快地进行的，女性出游过程中也可能产生压力、争执和人际冲突，一起旅行的女性之间的冲突可能会干扰她们在旅行中获得自由感和幸福感的能力（Heimtun和Jordan，2011）。这些冲突不仅对本次出游体验产生了负面影响，还会影响她们未来出游的偏好和方式，特定情况下可能还会破坏彼此之间的友谊。也就是说，闺蜜游可能为旅游者带来正向的、积极的影响，也有可能带来负面的、消极的结果。

认同与共鸣对女性性别角色回归下属的三个维度均存在显著的、直接的正向影响。而假设H6下的3个子假设只有H6a和H6c得到了数据的支持，即女性专属时间和自由感对心理幸福感有直接的正向影响，没有性别权力差异这一维度对女性心理幸福感的影响不显著，该子路径中断。

研究假设H7及其子假设详细分析了女性性别角色回归在“旅游者间互动行为→心理幸福感”之间的中介作用机制，同样结合表5－13中3个模型的检验结果及表5－14的中介效应检验数据，综合判定假设H7：“女性性别角色回归在旅游者间互动行为和女性心理幸福感之间存在中介作用”成立。但是6个子路径中，“友情互动→没有性别权力差异→心理幸福感”（假设H7a）和“认同与共鸣→没有性别权力差异→心理幸福感”（假设H7b）两条子路径不通，主要原因在于没有性别权力差异这一维度对女性心理幸福感的影响不显著（假设 H6b 不成立）。

三、闺蜜游场景下女性心理幸福感提升的边界条件

（一）实际亲密度对旅游者个体真实性的调节作用

研究假设 H8 假设了实际亲密度在旅游者间互动行为及旅游者个体真实性之间存在调节作用，当闺蜜间的实际亲密度高时，旅游者间互动行为对旅游者个体真实性的正向影响显著。实证研究中，研究者将被调查者按照实际亲密度的高低不同划分为低亲密度、中亲密度和高亲密度三个组，通过对比组别差异来检验调节作用。根据表 5－16 检验结果显示，H8 下属 4 个子假设中只有假设 H8c 成立，即实际亲密度在“认同与共鸣→人际真实性”子路径中存在调节作用，其他子路径下调节效应不存在。结合表5－4 可以得出，实际亲密度的调节效应虽然存在，但是不明显，不同亲密度下认同与共鸣对人际真实性的正向影响存在差异但差异不大。

（二）实际亲密度对女性性别角色回归的调节作用

研究假设 H9 假设了实际亲密度在旅游者间互动行为及女性性别角色回归之间存在调节作用，当闺蜜间的实际亲密度高时旅游者间互动行为对女性性别角色回归的正向影响显著。结合表 5－17 的检验结果及图 5－5 和图 5－6 的直观展示可以得出，实际亲密度主要调节了旅游者间互动行为与女性专属时间之间的关系（假设 H9a、H9d 成立），在女性性别角色回归的其他维度上不存在调节作用。

第二节　研究贡献

一、拓展了闺蜜游情境下旅游者行为特征的认识

本研究探索了闺蜜游情境下女性旅游者的行为特征和旅游者间的互动行为。以往的研究者们从关注和改善女性休闲福祉的视角出发，聚焦于女性参与闺蜜游的动机、目的及需求偏好的研究。在闺蜜游这一现象上过往

的研究几乎都是国外的学者研究国外的女性群体，中西文化差异的存在必然导致国内外的女性群体在参与闺蜜游时所表现出的行为特征有差异之处。本书在前人研究的基础上，通过半结构化访谈和质性研究方法深入挖掘了女性在参与闺蜜游过程中的行为特征，并对女性参与闺蜜游的出游动机进行了补充，深化了闺蜜游情境下对女性旅游者的行为特征的认知。

本研究将闺蜜游中参与者之间的人际互动分为友情互动、纯女性间的互动和仪式性互动。研究发现中国女性参与闺蜜游的5个主要动机与Berdychevsky等（2016）、Khoo - lattimore等（2017）的研究结论基本一致。此外，本研究总结出了闺蜜游的5个特征，解决了前期研究结果中只关注旅游者动机而忽略了对闺蜜游这一出游形式的特殊性关注不足的问题。虽然这一结论是基于对中国女性的研究得出的，存在一定的局限性，但也能够为后续的研究提供一定的借鉴意义。最后本研究发现了中国的女性参与闺蜜游的动机、行为特征中与西方女性之间的差异，推动了不同文化背景下闺蜜游的研究进程。

二、完善了女性性别角色回归的量表

Gibson和Bell（2017）在探讨女性参与闺蜜游与女性幸福感之间的关联时，首次将性别角色回归（gender dynamics）这一概念引入闺蜜游的研究框架中，本研究为了深入挖掘女性参与闺蜜游与女性幸福感之间的影响机制，在大量文献分析的基础上对闺蜜游中的女性性别角色回归这一概念进行了界定并开发了女性性别角色回归的量表。这一量表在文献挖掘的基础上选取了最能解释和代表闺蜜游场景下女性性别角色回归的测量题项，经过严格的开发和检验程序，具有良好的信度和效度，能够适用于与闺蜜游相关的研究。

闺蜜游中的女性性别角色回归（gender dynamics）指女性与闺蜜结伴出游的过程中由于男性的“缺席”，女性旅游者间互动的方式会呈现出明显的性别特质，并且较少受到男性“权力”的影响。如更擅长多人互动、更愿意分享，沟通中更注重情感和情绪的表达与交流，更容易与同伴产生共鸣等。量表将女性性别角色回归这一构念细化为三个维度，分别是“女性专属时间”“没有性别权力差异”和“自由感”。

女性专属时间（woman－to－woman time）描述了女性参与闺蜜游时与同性好友之间的沟通和相处的特殊状态。闺蜜游为女性创造了远离有亲密关系的异性，与同性朋友相处的专属时间，该维度测量了这个时间内女性在心理和行为上所呈现出的特殊状态。没有性别权力差异（no gender power difference）描述了闺蜜游这一特殊“阈限空间”缩小了由性别产生的权力差异。在传统的社会规则下，通常认为男性是强势的一方，应该时时掌握控制权，而女性是被“安排”和被保护的一方。这一准则如延续到旅游活动中可能并不会让女性产生舒适感和愉悦感。闺蜜游中，男性的“缺席”带来的是女性可以自由掌控自己的活动，甚至有些女性很享受在团队中做“领导者”的状态。本维度测试了性别权力差异的缩小让女性感受到的“自我”的存在和塑造。自由感（sense of freedom）指女性在参与闺蜜游时感受到的从家庭和社会责任及性别期望中摆脱出来而产生的自由感。这种自由感具体表现为闺蜜游中女性可以只做自己想做的事情，进而进入一种愉悦放松的精神状态中。

女性性别角色回归量表透过女性参与闺蜜游过程中的行为表象反映女性在这一过程中的心理状态和精神需求，将抽象的构念具体化，将 Gibson 和 Bell（2017）提出的概念向前推进了一步，为未来相关的研究提供了一定的便利和参考价值。

三、丰富了闺蜜游与女性幸福感之间关系的理论框架

本研究基于 Gibson 和 Bell（2017）构建的“闺蜜游与女性幸福感之间的联系”的模型，通过半结构化访谈及网络文本挖掘收集的文字资料进行编码分析发现，在闺蜜游和幸福感之间的联系中，Gibson 和 Bell（2017）提到的四个维度：逃避、性别角色回归、存在的真实性和授权，与女性心理幸福感关联度最高的是存在的真实性与性别角色回归两个维度。结合文献分析与质性研究的结果，本研究找到了与闺蜜游情境契合度更高的“旅

游者个体真实性”来替代“存在的真实性”这一构念，使原有的理论框架更精准。

本研究从女性主义视角出发，将社会互动理论、社会支持理论，人际互动、心理幸福感等相关理论引入旅游学研究中，幸福感是一个综合的有机整体，是理性与感性、质与量、共建与共享、个人与社会的统一，幸福感的概念不能仅包括对生活满意度的评价，还应该包括人生价值以及自我潜能的实现（蒲德祥，2010）。随着时代的进步和女性受教育程度的逐步提升，越来越多的女性尤其是高知女性不再一味追求旅游带给她们的短暂的感官上的享乐（主观幸福），而是渴望在自我、社会和家庭中找到平衡，参与闺蜜游成为她们逃离日常身份职责，巩固友情，回归、审视和塑造“自我”的重要途径。女性通过参与闺蜜游重新审视和确立积极的生活目标，更多地了解和接受自我，实现个人成长并与他人建立良好的关系，而积极的人际关系对幸福有着深刻的正面影响（曹瑞等，2013）。树立积极的生活目标，接受自我，实现个人成长能够帮助女性在回归日常生活之后更容易获得幸福感，因此本研究将闺蜜游与女性幸福感之间关系的理论框架中提到的 Well - being（幸福感）更精确地定位为心理幸福感（Psychological well - being）。

四、探索了女性参与闺蜜游对其幸福感影响的路径模型

本研究构建了女性参与闺蜜游对其心理幸福感影响的路径模型，以旅游学、社会学和心理学领域的理论为基础，结合文献分析及执行研究结果，将旅游者间互动行为、旅游者个体真实性、女性性别角色回归、心理幸福感及实际亲密度五个概念引入模型中，构建了女性参与闺蜜游的过程中旅游者间互动对女性心理幸福感影响的两条路径，并找到和验证了实际亲密度对两条路径中中介变量的调节作用。总体来说，女性在参与闺蜜游的过程中能够通过与闺蜜间的互动促使自己“真实地面对自己”，在摆脱了社会职责和刻板印象的场景下寻找个体存在的意义就是在寻求“真实性”（Heidegger，1962）。旅途中闺蜜的陪伴帮助女性抵消了在非惯常环境

下产生的恐惧感和不安全感，控制权回归自我之后的女性更容易进入自由放松的状态，进而有更充足的精力关注当下的感受，关注自己的内心。由于旅途中与闺蜜之间的互动是在放松的状态下进行的，因此这种互动像一面镜子，促使参与者照见真实的自我。根据社会支持理论，互动中所产生的社会支持能够帮助女性更好地接纳“不够完美”的自我，治愈社会其他场景下累积的孤独感和无助感，而来自友谊的支持更有可能促使女性树立信心，积极反思和成长，促进女性心理幸福感的提升。这也是本研究探索出的女性参与闺蜜游对其心理幸福感影响的路径之一，即旅游者间互动通过旅游者个体真实性来影响女性心理幸福感。本研究探索出的第二条路径——旅游者间互动通过女性性别角色回归影响女性幸福感，能够运用性别认同理论进行很好地阐释。女性在日常环境中受到社会文化的影响，会形成符合社会性别期望的态度、行为和价值观（Judith Butler，2009），但是这些刻板印象会在一定程度上给女性带来压力和“迷失自我”的焦虑感。性别表演理论认为，传统的父权意识形态夸大了男性和女性在性别上的差异，强化了男性对女性的“统治权”，导致了性别上的不平等。闺蜜游为女性提供了特殊而短暂的逃避空间，同伴间的互动能够激发她们摆脱社会赋予女性的性别刻板印象，使她们按照自己的意愿呈现和展示女性特质。这一状态下的女性摆脱了性别压力和男性“主宰者”的控制，性别角色中内嵌的权力差异被淡化，女性更容易获得相应的心理幸福感。中国悠久的历史中，父权制一直占主导地位（Birdwhistell，2012），这一文化背景下闺蜜游的出现以及女性参与闺蜜游的重要性还体现在它实际上成为女性扭转社会性别差异、获得自我赋权的途径之一。本研究构建的路径模型回答了“为什么女性参与闺蜜游能够产生幸福感”“女性参与闺蜜游对自身有什么样的影响和益处”以及“闺蜜游又是如何对女性心理幸福感产生影响的”。同时该模型的构建在理论上细化和拓展了 Gibson 和 Bell（2017）的理论模型，验证了女性参与闺蜜游及其幸福感之间的关系及详细的作用机制，在一定程度上将相关研究向前推进了一步。

第三节　管理建议

2016年李克强总理在达沃斯论坛上首次提出旅游、文化、体育、健康、养老五大幸福产业，在这五个与人们生活质量及幸福感高度相关的产业中，旅游业被列为首位，旅游让生活更美好，是因为旅游能给人带来愉悦感与幸福感（Nawijn和Veenhoven，2011）。2015年9月25日，在纽约召开的联合国可持续发展峰会上提出了17个联合国可持续发展目标（Sustainable Development Goals）缩写SDGs，这17个目标旨在引导各国走上可持续发展道路，解决社会、经济和环境三个维度的发展问题，其中就包括了确保健康生活与提升幸福感（SDG3）、性别平等（SDG5）两个目标。消除对女性的压迫，实现性别平权以及关注女性心理健康与幸福感不仅是我国目前社会发展与进步要关注的问题，也是全球关注的热点问题。

一、为闺蜜游发展创造良好的社会环境

社会交往对于个人具有重要的意义，我们每个人都生活在群体之中，具有一定的社会属性，从心理学和社会学的角度看，社会的发展和个人的发展都离不开人与人之间的交往与互动。但是对于女性来说，一旦成为母亲，就意味着她们要放弃自己的公众价值，以换取一系列私人意义（Rechel Cusk，2001）——回归家庭，意味着妈妈们可以选择陪伴自己的孩子，参与他们早期的成长过程，但某种程度上，这也意味着妈妈们社会身份的消失。当女性从少女时期便养成的思维方式和生活习惯，与“母亲”这个身份产生交汇时，她们便会陷入一种两难的处境中。与此同时，家务的重担、社会身份的逐渐消失、社交圈的缩小，女性在家庭中话语权的减弱，使她们更容易陷入负面情绪中，并且没有时间和精力来解决和修复属于“自我”的空间，丧失取悦自己的能力。

闺蜜游虽然能为女性提供一个相对属于自己的独处空间，帮助她们找回失去的“自我”的同时恢复社会交往，与他人恢复或重建良好的有意义

的关系，但是现实生活中并不是所有女性都能够有机会、有条件参与闺蜜游，女性在休闲方面的增权需要全社会予以支持。例如，研究中发现已婚及最小的子女未成年的女性群体参与闺蜜游的动机最强烈，但恰恰是这个群体真正参与到闺蜜游中的却很少，主要原因在于家庭及配偶的不支持、不理解。同时社会舆论赋予女性的刻板印象也在制约女性参与闺蜜游、参与休闲的权力。因此，女性寻找自我的“成己之路”，获取休闲权力的“赋权之路”不应该只是女性自身面对冲突勇敢向前，因为不是每一位女性都拥有主动改变生活惯性的力量，更多的需要社会的支持和家庭成员的理解。

为促进闺蜜游市场发展，促进女性心理幸福感提升，建议政府出台相关政策：（1）将“三八”妇女节列为女性法定节假日，女性有权放假休息。同时，鼓励女性将“三八”妇女节和周末调休、连休，为闺蜜游提供时间保障。（2）出台女性旅游产品服务标准，强调旅游产品的安全性、互动性和体验性，引导闺蜜游市场良好有序发展。

二、为闺蜜游市场提供定制化服务

对于酒店经营者来说，了解了闺蜜游中女性旅游者的行为特征可以有针对性地为闺蜜游群体提供满足其需求的产品和服务。闺蜜游中聊天、分享以及共同参与旅游项目等因素会对女性心理幸福感产生正向影响，酒店可以设计少量空间较大、适合多人入住的房间，并在房间中设置专门的聊天区域或者为闺蜜游团体提供连通房。还可以提供一些能够促进女性团体参与、互动及分享的服务项目，如团体 SPA、闺蜜下午茶套餐、烹饪体验项目等。事实上，美国和马来西亚部分酒店已经开始依据闺蜜游市场的需求和特征推出相应的闺蜜套餐和闺蜜游专项旅游产品了（Khoo - Lattimore 和 Gibson，2015；Khoo - Lattimore 和 Prayag，2015）。

对于旅游企业来说，随着市场的变化和新冠肺炎疫情的影响，旅游市场的细分越来越多样化，包价游产品的竞争早就脱离了原始的价格竞争，个性化、专属化、差异化、安全性、便利性、舒适性才是竞争的核心因素。旅游企业完全可以把闺蜜游市场作为一个新的利基市场（niche market）来开拓，推出适合闺蜜出游的包价游产品或定制游产品。

三、拓展闺蜜游市场的产品种类

女性参与闺蜜游的过程中，在保证安全的基础上、她们对旅游中可能存在的冒险、可能面临的挑战以及由此带来的刺激感和独立感的渴望呈现出上升趋势（Cave 和 Ryan，2007；Lagace，2005；Obenour，2005），这些经历和体验可以增强她们的归属感、自信、自我成长和幸福感（Berdychevsky 等，2013；Cockburn－Wootten 等，2006；Wilson 和 Harris，2006）。同时女性参与闺蜜游时的互动行为会对其心理幸福感产生正向影响，这就意味着良性的互动会提高参与者的心理幸福感。由此带给旅游业的启示是，旅游者在参与闺蜜游的过程中能够在多大程度上实现心理幸福感的提升是可以通过互动被设计的，增强环境的参与性、促进旅游者之间正向的互动能够对旅游者幸福感产生助力（蔡礼彬和宋莉，2020）。因此，旅游企业可以考虑在闺蜜游市场中强化探险游、徒步游等旅游产品，开发出适合全女性出游的相关产品，或者在休闲游中增加冒险性元素增加旅游产品的挑战性和团队合作性，以此提高产品的吸引力和互动性，促进闺蜜游市场产品的多样化。

第四节 研究的局限性与未来展望

一、研究的局限性

本研究主要存在以下局限性与不足：

1. 本研究未考虑闺蜜游的群体规模。以乔治·齐美尔为代表的古典社会学家认为群体规模会对群体行为产生影响，最直接的表现为群体规模会影响互动质量（Micheal Hughes 等，1999），群体越小，人们了解彼此和建立密切关系的机会就越多（Daviad Popenoe，2007）。原因是，在小群体中，人与人之间的相互联系较多，因此，关系容易更加密切（郭毅等，2000）。在旅游者行为研究中尤其是与旅游互动相关的研究中，同游者群体规模的差异和最佳群体的确定也很重要。本研究因为旨在探讨影响机制和路径，未考虑闺蜜游中同游者群体规模的大小对旅游者间互动行为的影响，但后续的研究可以朝着这一方向进一步深化。

2. 模型检验结果中假设 H6a“没有性别权力差异对心理幸福感存在直接的正向影响”未得到支持，这一结果与前期质性研究的结论有明显的偏差，产生偏差的原因有待进一步探索和讨论。

3. 本研究未考察闺蜜游的出游方式和目的地类型是否会对女性旅游者间的互动行为及参与者的其他心理及行为特征产生影响。本研究将参与闺蜜游的女性旅游者看作一个整体，未对女性旅游者进行分年龄上的分层，淡化了年龄差异对其产生的影响。年龄差异意味着不同年龄的女性所处的人生阶段不同，而社会阶层、家庭结构和男性权力关系等因素对处于不同人生阶段的女性的闲暇时间的影响程度也不同（Deem，1986）。此外，不同年龄阶段的女性参与闺蜜游的动机和所获得的心理体验也不同，比如，中年女性会在闺蜜游中感受到自己“变年轻”“更有权力”，并且感受到从女性朋友那里得到的支持和快乐（Gibson 等，2012），使她们对未来充满期待和信心。同时，友谊带来的支持和欢乐也是女性在晚年生活中谈论闺蜜游的一个主要主题。但是对于18—25岁的女性来说，参与闺蜜游她们更多的感受是“自由”和“独立”，她们更倾向于通过参与闺蜜游来宣誓自己的成长（质性研究资料）。对于大学毕业生来说，组织和参与闺蜜游更像是一场仪式，类似于格拉本（Graburn，1983）所描述的过渡旅行。因此，后续研究可以将参与闺蜜游的女性旅游者依据年龄进行分组，验证不同年龄阶段的女性参与闺蜜游的动机、体验以及对其心理幸福感的影响是否有显著差异。

二、未来展望

本研究将定性研究和定量研究相结合，综合运用旅游学、社会学的理论探索了女性参与闺蜜游的过程中旅游者间互动行为对女性心理幸福感的影响机制，相当于尝试打开“女性旅游者间互动行为→女性心理幸福感”

这一过程的“黑箱”，并从社会学和市场营销学两个视角给出了相关的管理建议。但是本研究偏重探讨过程和作用路径，难免有“结果导向”的倾向，研究本身存在一定的不足和局限性，未来的研究可以考虑从以下几个方面开展：

1. 女性参与闺蜜游的过程中除了友情互动还有纯女性间的互动和仪式性互动，本书着重研究了闺蜜游中的友情互动与女性的旅游者个体真实性、女性性别角色回归及女性心理幸福感之间的关系，未来的研究可以尝试女性在闺蜜游过程中其他形式的互动对于参与者及闺蜜间意味着什么，会产生什么样的影响。

2. 本研究只考虑了闺蜜游中女性旅游者之间的良性互动以及这些良性互动对女性的正向影响，但实际情况中并不是所有的互动都是顺畅的、愉悦的。女性结伴出游过程中也会产生压力、争执和人际冲突（Heimtun 和 Jordan，2011），而在两人结伴出游的闺蜜游中还会出现一种被称为“权力支配”（power to）的现象，权力支配指的是“A 让 B 做一些 B 不会做的事情”（Dahl，1957）。在只有两个人参与的闺蜜游中，权力的控制通过两种方式进行：压制个人偏好和让对方完成其不希望完成的任务，其中压制个人喜好是闺蜜游中女性朋友之间最常见的权力支配现象（Chen 和 Barry，2020）。因此，未来的研究可以考虑两个方向：一是闺蜜游中的人际冲动和不和谐现象的研究；二是所谓的“权力支配”现象会不会在不同的群体规模中出现，如三人或更多的人参与闺蜜游时“权力支配”现象是否依然显著。

3. 闺蜜游对幸福感的作用机制离不开同伴间关系及其互动质量，在同伴关系中处于网络中不同位置和权力不同的人，参与闺蜜游对其心理幸福感的影响可能也会有差异。现有研究表明，在只有两个人参与的闺蜜游中，同游者之间的权力也是不对等的，但是这种权力的不对等反而能够推动参与闺蜜游的女性之间相互依赖和信任合作（Chen 和 Barry，2020）。因此，未来可以尝试将互动质量作为变量之一，研究在闺蜜游中处于不同权力维度的女性在参与闺蜜游的过程中所获得的幸福感是否有差异。

参考文献

中文文献：

[1] 包敦安，董大海．交易社区环境下的类社会互动关系的测量及实证检验［J］．软科学，2010，24（05）：124－128，144.

[2] 陈岗．旅游吸引物符号的双层表意结构与体验真实性研究［J］．人文地理，2012，27（02）：50－55.

[3] 陈丽坤．“范式争鸣”在旅游研究中的应用——以“本真性”旅游研究为例［J］．旅游学刊，2013，28（01）：30－38.

[4] 陈向明．扎根理论的思路和方法［J］．教育研究与实验，1999（04）：58－63，73.

[5] 陈享尔，李宏．时间、载体、体验倾向三种角度下的旅游真实性研究述评［J］．北京第二外国语学院学报，2010，32（01）：30－34，15.

[6] 崔春华，李春晖，王欣，等．Ryff心理幸福感量表在河北师范大学生中的试用［J］．中国心理卫生杂志，2005（02）：128－130.

[7] 蔡礼彬，宋莉．旅游者幸福感研究述评：基于扎根理论研究方法［J］．旅游学刊，2020，35（05）：52－63.

[8] 戴维·波普诺．社会学（第十一版）［M］．李强等译．北京：中国人民大学出版社，2007.

[9] 董培海．旅游中“真实性”研究的回顾与展望［J］．旅游研究，2011，3（03）：62－70.

[10] 方杰，温忠麟，张敏强，等．基于结构方程模型的多重中介效应分析［J］．心理科学，2014，37（03）：735－741.

［11］方杰，张敏强．参数和非参数 Bootstrap 方法的简单中介效应分析比较［J］．心理科学，2013，36（03）：722－727.

［12］范向丽，郑向敏．女性旅游者研究综述［J］．旅游学刊，2007（03）：76－83.

［13］甘露，卢天玲．对旅游民族志中真实性表达差异的评述［J］．广西民族研究，2013（04）：187－195.

［14］高良，郑雪，严标宾．幸福感的中西差异：自我建构的视角［J］．心理科学进展，2010，18（07）：1041－1045.

［15］高培霞．人际互动的情感研究：取向、路径与展望［J］．山西大学学报（哲学社会科学版），2015，38（05）：128－132.

［16］高燕，凌常荣．旅游者对黑衣壮民族文化的真实性感知差异与满意度［J］．旅游学刊，2007（11）：78－84.

［17］高燕，郑焱．凤凰古城景观真实性感知比较研究——基于居民和旅游者视角［J］．旅游学刊，2010，25（12）：44－52.

［18］郭素然，伍新春．社会关系模型在家庭研究中的应用［J］．心理科学进展，2013，21（03）：561－570.

［19］韩利红．中国女性旅游快速发展的社会学分析［J］．河北学刊，2010，30（03）：154－158.

［20］郭毅，阎海峰，付永刚编著．组织行为学［M］．北京：高等教育出版社，2000.

［21］蒋婷，胡正明．服务接触中游客间互动行为研究——基于关键事件技术的方法［J］．旅游学刊，2011，26（05）：77－83.

［22］蒋婷，张峰．游客间互动对再惠顾意愿的影响研究——基于游客体验的视角［J］．旅游学刊，2013，28（07）：90－100.

［23］蒋婷．基于员工体验的游客间互动行为的质性研究［J］．河南社会科学，2014，22（03）：84－89，124.

［24］李同归，加藤和生．成人依恋的测量：亲密关系经历量表（ECR）中文版［J］．心理学报，2006（03）：399－406.

[25] 李筱，梁昆，唐有财．社区工作者能力量表开发与检验：以上海为例［J］．浙江工商大学学报，2020（04）：138－148．

[26] 李燕萍，李洋．价值共创情境下的众创空间动态能力——结构探索与量表开发［J］．经济管理，2020，42（08）：68－84．

[27] 李志飞．生活在别处：旅游者二元行为理论［J］．旅游学刊，2014，29（08）：13－14．

[28] 刘好强．顾客间互动研究综述与未来展望［J］．技术经济与管理研究，2014（10）：56－60．

[29] 刘会燕．古村落旅游地互动仪式与旅游体验质量相关性分析——以柯林斯互动仪式链理论为基础［J］．湖北经济学院学报（人文社会科学版），2010，7（12）：63－65．

[30] 刘晶晶．旅游者的个体真实性体验研究［D］．武汉：厦门大学，2017．

[31] 李银河．女性权利的崛起［M］．北京：文化艺术出版社，2003．

[32] 罗胜强，姜嬿．管理学问卷调查研究方法［M］．重庆：重庆大学出版社，2014．

[33] 罗雪峰，沐守宽．高中生感恩对心理幸福感的影响：领悟社会支持和基本心理需要的链式中介作用［J］．心理科学，2017（04）：112－118．

[34] 马鹏，张威．游客互动、体验价值、主观幸福感关系研究——一个民宿旅居者视角的实证检验［J］．消费经济，2017，33（05）：83－90．

[35] 马晓羽．走向多元化的积极心理学：问题与超越［D］．长春：吉林大学，2019．

[36] 苗元江，胡亚琳，周堃．从快乐到实现：实现幸福感概观［J］．广东社会科学，2011（05）：114－121．

[37] 苗元江，江麒，梁小玲，朱晓红．《综合幸福问卷》在中学生中的应用分析［J］．校园心理，2012，10（05）：291－294．

[38] 苗元江．心理学视野中的幸福——幸福感理论与测评研究［D］．南京：南京师范大学，2003．

[39] 马颖杰，杨德锋．服务中的人际互动对体验价值形成的影响——品牌价值观的调节作用 [J]. 经济管理，2014，36 (06)：86－98.

[40] 倪亚琨，郭腾飞，陈萍，等．受艾滋病影响儿童领悟社会支持对自尊的影响：安全感、同伴关系的复合式多元中介效应 [J]. 中国临床心理学杂志，2015，23 (04)：695－700，745.

[41] 诺曼·邓津，伊冯娜·林肯．数据分析与分析方法．定性研究：经验资料收集与分析的方法 [M]. 凤笑天等译．重庆：重庆大学出版社，2007.

[42] 彭丹．旅游体验研究新视角：旅游者互动的社会关系研究 [J]. 旅游学刊，2013，28 (10)：89－96.

[43] 普荣，白海霞．生态敏感旅游地和旅游者互动影响与协调——以梅里雪山雨崩村为例 [J]. 地域研究与开发，2012，31 (03)：121－125.

[44] 潘文静，胡敬凡．网络社区中的社会支持：理论模型与实证研究分析 [J]. 新闻春秋，2020 (02)：72－82.

[45] 邱琪，郑秋莹，姚唐．顾客间互动影响服务品牌象征价值的心理机制 [J]. 心理科学进展，2015，23 (06)：937－945.

[46] 屈小爽．家庭旅游互动行为与体验价值研究 [D]. 武汉：中南财经政法大学，2018.

[47] 屈小爽．基于网络文本的旅游者情感体验构建理路——以杭州西湖为例 [J]. 河南师范大学学报（哲学社会科学版），2017，44 (04)：74－78.

[48] 冉雅璇，卫海英．互动仪式链视角下的品牌危机修复机制研究 [J]. 营销科学学报，2015，11 (02)：18－33.

[49] 冉雅璇，卫海英．互动仪式链视角下品牌危机应对的多案例研究 [J]. 管理学报，2016，13 (05)：647－656.

[50] 宋立中，谭申，周胜林．近10年西方女性休闲研究进展述评 [J]. 北京第二外国语学院学报，2009，31 (09)：67－76.

[51] 沈崇麟．社会研究方法的新发展——应用社会学前沿问题综述 [J]. 社会科学管理与评论，2008 (01)：77－83.

[52] 宋佳萌，范会勇. 社会支持与主观幸福感关系的元分析 [J]. 心理科学进展，2013，21 (08)：1357 - 1370.

[53] 孙九霞，丁幂. 背包旅游者与梅里雪山目的地的互动研究 [J]. 广西民族大学学报（哲学社会科学版)，2016，38 (04)：83 - 90.

[54] 田学英. 成为真实的自我：罗杰斯心理治疗理念的逻辑指向 [J]. 教育教学论坛，2015 (26)：262 - 264.

[55] 王华，徐仕彦. 游客间的"道德式"凝视及其规训意义——基于网络博文的内容分析 [J]. 旅游学刊，2016，31 (05)：45 - 54.

[56] 王磊. 高校科研团队领导内隐追随的维度与量表开发——基于KAQ理论的维度构建方法 [J]. 运筹与管理，2020，29 (08)：222 - 232.

[57] 王宁. 旅游中的互动本真性：好客旅游研究 [J]. 广西民族大学学报（哲学社会科学版)，2007 (06)：18 - 24.

[58] 王曦，王星，彭仲生. 积极心理学的研究焦点——基于 CiteSpace 的知网文献梳理与展望 [J]. 心理月刊，2020，15 (12)：20 - 21.

[59] 卫海英，毛立静. 服务仪式对消费者幸福感的影响研究——基于互动仪式链视角 [J]. 暨南学报（哲学社会科学版)，2019，41 (12)：79 - 90.

[60] 卫海英，王颖，冉雅璇，等. 小事情、大幸福：互动仪式链理论视角下服务仪式对品牌福祉的影响 [J]. 心理科学进展，2018，26 (07)：1141 - 1151.

[61] 王优，闫睿杰，赵久波. 大学生依恋类型和恋爱幸福感：亲密度的中介 [J]. 中国健康心理学杂志，2017，25 (03)：357 - 362.

[62] 王永贵，马双. 虚拟品牌社区顾客互动的驱动因素及对顾客满意影响的实证研究 [J]. 管理学报，2013，10 (09)：1375 - 1383.

[63] 温忠麟，侯杰泰，张雷. 调节效应与中介效应的比较和应用 [J]. 心理学报，2005 (02)：268 - 274.

[64] 温忠麟，叶宝娟. 中介效应分析：方法和模型发展 [J]. 心理科学进展，2014，22 (05)：731 - 745.

［65］吴承照，王婧．游客真实性感知与文化遗产资源持续利用策略研究［J］．城市规划学刊，2012（04）：98－104．

［66］吴建兴．社会互动、面子与旅游者环境责任行为研究［D］．杭州：浙江大学，2019．

［67］吴明隆．结构方程模型——AMOS 的操作与应用［M］．重庆：重庆大学出版社，2010．

［68］吴明隆．问卷统计分析实物——SPSS 操作与应用［M］．重庆：重庆大学出版社，2010．

［69］吴艳，温忠麟．结构方程建模中的题目打包策略［J］．心理科学进展，2011，19（12）：1859－1867．

［70］夏瑞雪，金瑞秸，赵海燕，等．实际亲密度对自我概念包含不同类型他人的调节效应［J］．中国临床心理学杂志，2015，23（5）：843－847．

［71］谢春山，魏占慧．旅游活动中的“文化真实性”问题研究［J］．旅游研究，2016，8（02）：20－24．

［72］谢彦君．基础旅游学［M］．3 版．北京：中国旅游出版社，2011：251－252．

［73］谢彦君，徐英．旅游体验共睦态：一个情境机制的多维类属分析［J］．经济管理，2016，38（08）：149－159．

［74］邢占军．中国城市居民主观幸福感量表的编制研究［D］．上海：华东师范大学，2003．

［75］徐红罡，狄兰，吴浩存．基于旅游互动的背包客通用技能变化研究［J］．旅游科学，2014，28（01）：1－13，21．

［76］徐雨晨，张海洲，陆林．国际休闲研究综述——基于 Journal of Leisure Research、Leisure Sciences、Leisure Studies 的统计分析［J］．旅游学刊，2019，34（03）：134－148．

［77］熊欢．“自由”的选择与身体的“赋权”——论体育对女性休闲困境的消解［J］．体育科学，2014，34（04）：11－17．

［78］闫静，李树民．基于扎根理论的顾客间互动影响因素研究——以

团队游客为例［J］．西北大学学报（哲学社会科学版），2015，45（06）：131－136.

［79］闫静．旅行社团队游客间互动的影响因素及其与满意度的关系研究［D］．西安：西北大学，2017.

［80］严标宾，郑雪，邱林．社会支持对大学生主观幸福感的影响［J］．应用心理学，2003，9（4）：22－28.

［81］杨骏，席岳婷．符号感知下的旅游体验真实性研究［J］．北京第二外国语学院学报，2015，37（07）：34－39，49.

［82］杨瑞．虚拟品牌社群顾客间互动的结构维度探索及测量量表开发［J］．管理学报，2017，14（01）：111－121.

［83］杨玄酯，罗巍，唐震，等．商业模式设计对可持续导向创新绩效的影响研究——环境宽容性的调节效应［J/OL］．软科学：1－12［2020－11－27］．http：//kns. cnki. net/kcms/detail/51. 1268. G3. 20201124. 1754. 002. html.

［84］杨宜音．试析人际关系及其分类——兼与黄光国先生商榷［J］．社会学研究，1995（05）：18－23.

［85］杨宜音．自我与他人：四种关于自我边界的社会心理学研究述要［J］．心理学动态，1999（03）：58－62.

［86］杨莹，寇彧．亲社会互动中的幸福感：自主性的作用［J］．心理科学进展，2015，23（07）：1226－1235.

［87］姚新华．幸福心理结构模型建构及其跨群体研究［D］．长春：吉林大学，2017.

［88］于福洋，李颖，刘佳，等．研究生自我效能感、社会支持与心理幸福感的关系［J］．中国健康心理学杂志，2009，17（01）：21－23.

［89］袁晓劲，郭斯萍．中国人人际情感的差序格局关系：来自 EAST 的证据［J］．心理科学，2017，40（03）：651－656.

［90］朱丽叶·M. 科宾，安塞尔姆·L. 施特劳斯．质性研究的基础：形成扎根理论的程序与方法［M］．朱光明译．重庆：重庆大学出版

社，2015.

［91］张爱卿．动机论：迈向21世纪的动机心理学研究［M］．武汉：华中师范大学出版社，2002.

［92］张宏宇，许燕，柳恒超．社会关系模型（SRM）——个体差异研究的新策略［J］．心理科学进展，2007（06）：968－973.

［93］张洪，王登峰，杨烨．亲密关系的外显与内隐测量及其相互关系［J］．心理学报，2006（06）：910－915.

［94］张陆，佐斌．自我实现的幸福——心理幸福感研究述评［J］．心理科学进展，2007（01）：134－139.

［95］张晓，白长虹．快乐抑或实现？旅游者幸福感研究的转向——基于国外幸福感研究的述评［J］．旅游学刊，2018，33（09）：132－144.

［96］张羽，邢占军．社会支持与主观幸福感关系研究综述［J］．心理科学，2007（06）：1436－1438.

［97］赵红梅，董培海．回望“真实性”（authenticity）（上）——一个旅游研究的热点［J］．旅游学刊，2012，27（04）：13－22.

［98］赵红梅，李庆雷．回望“真实性”（authenticity）（下）——一个旅游研究的热点［J］．旅游学刊，2012，27（05）：11－20.

［99］赵红梅．国外旅游族群性的研究及其方法探讨［J］．旅游学刊，2015，30（1）：112－124.

［100］赵红梅．论仪式理论在旅游研究中的应用——兼评纳尔什·格雷本教授的“旅游仪式论”［J］．旅游学刊，2007（09）：70－74.

［101］赵红梅．也谈“communitas”人类学视野下的一种旅游体验［J］．思想战线，2008（04）：44－48.

［102］郑杭生．社会学概论新修．第4版［M］．北京：中国人民大学出版社，2013.

［103］郑磊，胡甜甜，郭鹏飞，赵慧莉．社会支持与主观幸福感：元分析［J］．社会心理科学，2014，29（05）：3－9.

［104］周丽，苏彦捷．实际亲密度对恋人参照效应的影响［J］．心理

学报，2008（4）：487 -495.

英文文献：

[1] Andrew F. Hayes. Introducation to Mediation, Moderation, and Conditional Process Analysis: A regression - based approach [M]. New York: The Guilford Press, 2017.

[2] Aron, A. , Mclaughlin - Volpe, T. , Mashek, D. , Lewandowski, G. , Wright, S. C. , & Aron, E. N. Including others in the self [J]. European Review of Social Psychology, 2004, 15 (1): 101 -132.

[3] Alamdari, F. , Burrell, J. Marketing to female business travellers [J]. Journal of Air Transportation World Wide, 2000, 5 (2): 3 -18.

[4] Anderson, L. F. , & Littrell, M. A. . Souvenir - purchase behavior of women tourists [J]. Annals of Tourism Research, 1995, 22 (2): 328 -348.

[5] Bond, M. Best girlfriends getaways worldwide [M]. Washington, DC: National Geographic Society, 2008.

[6] Bond, M. 50 best girlfriend getaways in North America (2nd ed.) [M]. Washington, DC: National Geographic Society, 2011.

[7] Bond, M. Women travel statistics explained by travel expert. Retrieved Dec 16, 2013, from http: //gutsytraveler. com/women - travel - statistics -2/.

[8] Brownell, J. . Creating value for women business travelers: focusing on emotional outcomes. Cornell Hospitality Report, 2011, 11 (12), 18. Cornell University.

[9] Bailey, T. Escape Together's ultimate girls getaway guidebook: Escape Together, LLC, 2009.

[10] Berdychevsky, L. , Poria, Y. , & Uriely, N. Sexual behavior in women's tourist experiences: motivations, behaviors, and meanings [J]. Tourism Management, 2013, 35: 144 -155.

[11] Benckendorff, P. , Edwards, D. , Jurowski, C. , Liburd, J. J. , Miller, G. , & Moscardo, G. . Exploring the future of tourism and quality of life

[J]. Tourism and Hospitality Research, 2009, 9 (2): 171 - 183.

[12] Balneg, I. G. 2010 All about Eve: Second of two series on girlfriend getaway. http: //www. mb. com. ph/articles/253288/all - about - eve (accessed April 30, 2010).

[13] Bandalos, D. L. The effects of item parceling on goodness - of - fit and parameter estimate bias in structural equation modeling. Structural Equation Modeling [J]. 2002, 9 (1): 78 - 102.

[14] Berdychevsky L, Gibson H J, Bell H L. "Girlfriend getaway" as a contested term: Discourse analysis [J]. Tourism Management, 2016, 55 (1): 106 - 122.

[15] Bitner M J, Booms B H, Mohr L A. Critical Service Encounters: The Employee's Viewpoint [J]. Journal of Marketing, 1994, 58 (4): 95 - 106.

[16] Coleman, D. and Iso - Ahola, S. E.. Leisure and Health: The role of social support and self - determination [J]. Journal of Leisure Research, 1993, 25: 111 - 128.

[17] Cavallari, R.. What women want: Girlfriend getaways make up $6 billion travel segment [J]. Hotel & Motel Management, 2008, 223 (9): 8 - 24.

[18] Campbell D T, Fiske D W. Convergent and discriminant validation by the multitrait - multimethod matrix [J]. Psychological Bulletin, 1959, 56 (2): 81 - 105.

[19] Carlson K. D, Herdman A. Understanding the Impact of Convergent Validity on Research Results [J]. Organizational Research Methods, 2012, 15 (1): 17 - 32.

[20] Carol D. Ryff. Happiness is everything, or is it? Explorations on the meaning of psychological well - being [J]. Journalof Personality & Social Psychology, 1989, 57 (6): 1069 - 1081.

[21] Chen X, Mak B. Understanding Chinese girlfriend getaways: an interdependence perspective [J]. Annals of Tourism Research, 2020, 81:

1 - 11.

[22] Chuang, Y. C. The cognitive structure of role norms in Taiwan. Asian Journal of social Psychology [J]. 1998, 1 (3): 239 - 251.

[23] Cohen, S., & Wills, T. A. Stress, social support, and the buffering hypothesis. Psychological Bulletin [J]. 1985, 98 (2): 310 - 357.

[24] Csikszentmihalyiand Hunter, Happiness in everyday life: The uses of experience sampling [J]. Journal of Happiness Studies, 2003, 14 (2): 185 - 199.

[25] Chiang, C., & Jogaratnam, G. Why do women travel solo for purposes of leisure? [J]. Journal of Vacation Marketing, 2006, 12 (1): 59 - 70.

[26] Curcic, N., Zakic, L., Galantic, M., Segmentation of tourist markets-women as consumers [J]. Geogra Temisiensis, 2009, 18 (1 - 2): 67 - 74.

[27] Cave, J., & Ryan, C. Gender in backpacking and adventure tourism. Advances in Culture [J]. Tourism and Hospitality Research, 2007, 1: 189 - 219.

[28] Chen, W. J., Chen, M. L., Factors affecting the hotel's service quality: relationship marketing and corporate image [J]. J. Hospital. Mark. Manage. 2014, 23 (1): 77 - 96.

[29] Churchill Jr G A. A Paradigm for Developing Better Measures of Marketing Constructs [J]. Journal of marketing research, 1979, 16 (1): 64 - 73.

[30] Dawson, D., Leisure and social class: Some neglected theoretical considerations [J]. Leisure Studies, 1986, 8 (1): 47 - 61.

[31] Degler, C.. Can we reconcile the demand of family and women's individuality [J]. Phi Kappa Phi Journal, 1981, 61 (4): 22 - 23.

[32] Davidson, P.. Te holiday and work experiences of women with young children [J]. Leisure Studies, 1996, 15 (2): 89 - 103.

[33] Dahl, R. A. The concept of power [J]. Behavioral Science, 1957,

2 (3): 201 -215.

[34] Deem, R. All work and no play? The sociology of women and leisure. Milton Keynes [M]. UK: Open University Press, 1986.

[35] Deem, R. Women, the city, and holidays [J]. Leisure Studies, 1996, 15 (2): 105 - 119.

[36] Denzin, N. K. The research act: A theoretical introduction to sociological methods (3rd ed). Prentice - Hall, Englewood Cliffs. New Jersey, 1989.

[37] Downing N E, Roush K L. From Passive Acceptance to Active Commitment: A Model of Feminist Identity Development for Women [J]. Counseling Psychologist, 1985, 13 (4): 695 -709.

[38] Durko, A. M. , Stone, M. J. , & Petrick, J. F. (2014, June). Even lovers need a holiday: Toward an understanding of women travelling without their partners. Paper presented at the 45th Travel and Tourism Research Association Annual Conference, Brugge, Belgium.

[39] Durko A M, Stone M J. Even lovers need a holiday: Women's reflections of travel without their partners [J]. Tourism Management Perspectives, 2017, 21: 18 -23.

[40] Ellen Van Velsor and Leonard Beeghley. The process of class identification among employed married women: a repliacation and reanalysis [J]. Journal of Marriage and Family, 1979, 41 (4): 771 -778.

[41] Filep, S. Moving beyond subjective well - being: a tourism critique [J]. Journal of Hospitality & Tourism Research, 2012, 38 (2): 266 -274.

[42] Fullagar, S. P. , & Brown, P. R. Everyday temporalities: Leisure, ethics and young women's emotional wellbeing [J]. Annals of Leisure Research, 2003, 6 (3): 193 -208.

[43] Fullagar, S. . Leisure practices as counter - depressants: Emotion - work and emotion - play within women's recovery from depression [J]. Leisure Sciences, 2008, 30 (1): 35 -52.

[44] Fraser, J. E. (2013). Girls' world: Why women are travelling without men. Retrieved Oct 16, 2014, from http: //www. traveller. com. au/girls - world - why - women - are - travelling - without - men - 2uuq5.

[45] Freysinger, V. J. The meaning of leisure in middle adulthood: Gender differences and changes since young adulthood. Unpublished doctoral dissertation, University of Wisconsin - Madison, Madison, WI. , 1988.

[46] Foster, N. , Botterill, D. , Hotels and the businesswoman: a supply - side analysis of consumer dissatisfaction [J]. Tourism Manage. 1995, 16 (5): 389 - 393.

[47] Glaser B G, Strauss A L, Strutzel E. The discovery of grounded theory: Strategies for qualitative research [J]. Nursing Research, 1968, 17 (4): 364.

[48] Graburn, N. H. H. The anthropology of tourism [J]. Annals of Tourism Research, 1983, 10 (1): 9 - 33.

[49] Green, Eileen. 'Women Doing Friendship': an analysis of women's leisure as a site of identity construction, empowerment and resistance [J]. Leisure Studies, 1998, 17 (3): 171 - 185.

[50] Gunter, B. and Gunter, N. leisure styles: A conceptual framework for modern leisure [J]. The Sociological Quarterly, 1980, 21: 361 - 374.

[51] Grout, P. Girlfriend Getaways: You Go Girl! And I 'll Go, Too. In: Connecticut, Second ed. The Globe Pequot Press, USA, 2005.

[52] Gibson, H. J. , Berdychevsky, L. , & Bell, H. L. . Girlfriend getaways over the life course: Change and continuity [J]. Annals of Leisure Research, 2012, 15 (1): 38 - 54.

[53] Glover, T. D. , Parry, D. C. , Friendships developed subsequent to a stressful life event: the interplay of leisure, social capital, and health [J]. J. Leis. Res. 2008, 40 (2): 208 - 230.

[54] Graburn, N. H. Tourism: Te sacred journey. In V. Smith (Ed.),

Hosts and guests: Te anthropology of tourism (pp. 21 – 36). Philadelphia, PA: University of Pennsylvania Press, 1989.

[55] Haggard, L. M. and Williams, D. R.. Self – identity benefits of leisure activities. In B. L. Driver, P. J. Brown, and G. L. Peterson (Eds.), Benefits of lersure (pp. 103 – 120). State College, PA: Venture Publishing, Inc. 1991.

[56] Hsu C H C, Huang S S. Reconfiguring Chinese cultural values and their tourism implications [J]. Tourism Management, 2016, 54 (6): 230 – 242.

[57] Hu, H. C. Emotions, Real and Assumed, in Chinese Society. Institute for Intercultural Studies, Columbia University, New York, No. RCC – Ch – PR4, 1949.

[58] Huan Zhou, Wanting Liu. The Temporal Experience of Pleasure Scale (TEPS): Measurement In – variance Across Gender in Chinese University Students [J]. Frontiers in Psychology, 2019, 19 (9): 1074 – 1078.

[59] Henderson, K. A. Te contribution of feminism to an understanding of leisure constraints [J]. Journal of Leisure Research, 1994, 23 (4): 363 – 377.

[60] Heimtun, B., & Jordan, F. Wish YOU weren't here!: Interpersonal conflicts and the touristic experiences of Norwegian and British women travelling with friends [J]. Tourist Studies, 2011, 11 (3): 271 – 290.

[61] Hall, D., Swain, M. B., & Kinnaird, V. Tourism and gender: an evolving agenda [J]. Tourism Recreation Research, 2003, 28 (2): 7 – 11.

[62] Harris, C., Ateljevic, I., Perpetuating the male gaze as the norm: challenges for her participation in business travel [J]. Tour. Recreat. Res. 2003, 28 (2): 21 – 30.

[63] Iso – Ahola, S. and Weissiger, E.. Leisure and well – being: Is there a connection? [J]. Parks and Recreation, 1984, 19: 40 – 45.

[64] Iso – Ahola, S. Some social psychological determinant of perceptions of leisure: Preliminary evidence [J]. Leisure Sciences, 1979, 2 (3 – 4): 305 – 314.

[65] Junek, O., Binney, W., & Winn, S. All – female travel: what do women really want? [J]. Tourism, 2006, 54 (1): 53 – 62.

[66] Janke, M. C., Nimrod, G., & Kleiber, D. A. Reduction in leisure activity and well – being during the transition to widowhood [J]. Journal of Women & Aging, 2008, 20 (1 – 2): 83 – 98.

[67] Jordan, F., & Gibson, H. "We're not stupid… but we'll not stay home either": Experiences of solo women travelers [J]. Tourism Review International, 2005, 9 (2): 195 – 211.

[68] Jordan, F., & Aitchison, C. C. Tourism and the sexualisation of the gaze: solo female tourists' experiences of gendered power, surveillance and embodiment [J]. Leisure Studies, 2008, 27 (3): 329 – 349.

[69] James L R, Brett J M. Mediators, moderators and tests for mediation. Journal of Applied Psychology [J]. 1984, 69 (2): 307 – 321.

[70] Kemmer, D., Anderson, A. S., Marshall, D. W., The marriage menu: life, food and diet in transition. In: Murcott, A. (Ed.), The Nation's Diet: The Social Science of Food Choice. Longman, London, UK, 1998: 197 – 209.

[71] Kleiber, D. A., Hutchinson, S. L., Williams, R., Leisure as a resource in tran – scending negative life events: self – protection, self – restoration, and personal transformation [J]. Leis. Sci. 2002, 24 (2): 219 – 235.

[72] Kaplan, M. Leisure: Theory and policy. Springfield, IL: Charles C. Thomas Publisher, 1975.

[73] Kelly. J. R. Leisure indentities and interactions. London, UK: George Allen & Unwin, 1983a.

[74] Kelly. J. R. Leisure styles: A hidden core [J]. Leisure Sciences, 1983b, 5 (4): 321 – 338.

[75] Kawachi, I., & Berkman, L. F. Social ties and mental health. Journal of Urban Health [J]. 2001, 78 (3): 458 – 467.

[76] Kernis M H, Goldman B M. A Multicomponent Conceptualization of

Authenticity: Theory and Research [J]. Advances in Experimental Social Psychology, 2006, 38: 283 -357.

[77] Kasanicky, L.. Te complete idiot's guide to girlfriend getaways. New York: Penguin Group, 2009.

[78] Khoo - Lattimore C, Gibson H J. Understanding women's accommodation experiences on girlfriend getaways: a pragmatic action research approach [J]. Current Issues in Tourism, 2015, 21 (2): 1 -19.

[79] Khoo - Lattimore C, Prayag G, Disegna M. Me, My Girls, and the Ideal Hotel: Segmenting Motivations of the Girlfriend Getaway Market Using Fuzzy C - Medoids for Fuzzy Data [J]. Journal of travel research, 2019, 58 (5): 774 -792.

[80] Khoo - Lattimore C, Prayag G. Accommodation preferences of the girlfriend getawaymarket in Malaysia: Self - image, satisfaction and loyalty [J]. International Journal of Contemporary Hospitality Management, 2016, 28 (12): 2748 -2770.

[81] Khoo - Lattimore C, Prayag G. The girlfriend getaway market: Segmenting accommodation and service preferences [J]. International Journal of Hospitality Management, 2015, 45: 99 -108.

[82] Khoo - lattimore, Catheryn Prayag, Girish. Understanding Asian and Western Women on Girlfriend Getaways: The Relationship between Motivation and Accommodation Performance [J]. Journal of Hospitality Marketing & Management, 2017, 27 (2): 239 -259.

[83] Kinnaird V, Hall D. Understanding tourism processes: a gender - aware framework [J]. Tourism Management, 1996, 17 (2): 95 -102.

[84] Kline R. B Principles and practice of structural equation modeling [M]. New York: Guilford Press, 1988.

[85] Lau K H. Indigenous modeling on Chinese interpersonal behaviors by using Guanxi [D]. Hong Kong: The Chinese University of Hong Kong, 2005.

[86] Lau, K. H. , Au, W. T. , Lv, X. , & Jiang, Y. The Conceptualization of Chinese guanxi of Hong Kong university students by using multi - dimensional scaling: An empirical approach [J]. Acta Psycholgoica Sinica. 2005, 37 (1): 122 - 135.

[87] Lenner, G. . The female experience: An American documentary Indianapolis, IN: Bobbs - Merrill, 1977.

[88] Lenskyj, H. J. , . Sexuality and femininity in sport contexts: issues and alternatives [J]. J. Sport Social Issues 1994, 18 (4): 356 - 376.

[89] Lett, J. W. . Ludic and liminoid aspects of charter yacht tourism in the Caribbean [J]. Annals of Tourism Research, 1983, 10 (1): 35 - 56.

[90] Lee C, Park S, Jeong J. Comprehensive comparison of normality tests: Empirical study using many different types of data [J]. Journal of the Korean Data & Information Sociaty, 2016, 27 (5): 1399 - 1412.

[91] Lewis M. Flourish - A Visionary New Understanding of Happiness and Well - being [J]. Policy, 2011, 471 (7338): 302 - 303.

[92] Lindell M K, Whitney D J. Accounting for common method variance in cross - sectional research designs [J]. J Appl Psychol, 2001, 86 (1): 114 - 121.

[93] Liza B. , Gibson H. J, Bell H. L. Girlfriend Getaways and Women's Well - Being [J]. Journal of Leisure Research, 2013, 45 (5): 602 - 623.

[94] Lucas R E, Diener E, Suh E. Discriminant validity of well - being measures [J]. Journal of Personality and Social Psychology, 1996, 71 (3): 616 - 628.

[95] Lutz, J. , Ryan, C. , Hotels and the businesswoman: an analysis of business - women's perceptions of hotel services [J]. Tour. Manage. 1993, 14 (5): 349 - 356.

[96] Lloyd, K. M. , & Auld, C. J. . Te role of leisure in determining quality of life: Issues of content and measurement [J]. Social Indicators Re-

search, 2002, 57: 43 - 71.

[97] Martin H. The Dilemma of Qualitative Method. Herbert Blumer and the Chicago Tradition [M]. London: Routledge, 1989.

[98] Marwell, G. , & Hage, J. The origanization of role relationships. A systematic description [J]. American Sociological Review, 1970, 35: 884 - 901.

[99] Mandle, J. Women and social change in America. Princeton [M]. NJ: Princeton Book Co. , 1979.

[100] Maxwell, Joseph, A. Using Numbers in Qualitative Research [J]. Qualitative Inquiry, 2010, 16 (6): 475 - 482.

[101] McCleary, K. W. , Weaver, P. A. and Lan, L. "Gender - based differences in business travelers' lodging preferences" [J]. Cornell Hospitality Quarterly, 1994, 35 (2): 51 - 58.

[102] McNamara, K. E. , Prideaux, B. A typology of solo independent women travellers [J]. Int. J. Tour. Res. 2010, 12 (3): 253 - 264.

[103] Micheal Hughes, Carolyn J. Kroehler, James W. Vander Zander. Sociology: The Core [M]. Mc Graw - Hill College, 1999.

[104] Mirehie M, Gibson H J, Khoo - Lattimore C, et al. An exploratory study of hospitality needs and preferences of U. S. Girlfriend Getaways [J]. Journal of Hospitality Marketing & Management, 2018, 27 (7): 1 - 22.

[105] Moscardo, G. Tourism and quality of life: Towards a more critical approach [J]. Tourism and Hospitality Research, 2009, 9 (2): 159 - 170.

[106] Nawijn, J. Happiness through vacationing: Just a temporary boost or long - term benefits? [J]. Journal of Happiness Studies, 2011, 12 (4): 651 - 665.

[107] Nawijn, J. , & Veenhoven, R. . Te effect of leisure activities on life satisfaction: Te impor - tance of holiday trips. In I. Brdar (Ed.), Te human pursuit of well - being: A cultural approach Dordrecht, Netherlands: Springer, 2011.

[108] Neulinger, J. . Leisure lake and the quality of life: The broadening

scope of the leisure professional [J]. Leisure Studies, 1982 (1): 53 -63.

[109] Neal, J. D., Sirgy, M. J., & Uysal, M. Measuring the effect of tourism services on travellers' quality of life: Further validation [J]. Social Indicators Research, 2004, 69: 243 -277.

[110] Newth F. The New Strategic Imperative: Understanding the Female Business Traveler [J]. International Business & Economics Research Journal, 2011, 8 (11): 51 -64.

[111] Obenour, W. L. Te "journeys" of independence for female backpackers. Tourism Review International, 2005, 9 (2): 213 -227.

[112] Pennington - Gray L A, Kerstetter D L. What Do University - Educated Women Want from Their Pleasure Travel Experiences? [J]. Journal of Travel Research, 2001, 40 (1): 49 -56.

[113] Pritchard, A., Morgan, N. J.. Privileging the male gaze: gendered tourism land - scapes [J]. Ann. Tour. Res., 2000, 27 (4): 884 -905.

[114] Ryan R M, Deci E L. Self - determination theory and the facilitation of intrinsic motivation, social development, and well - being [J]. American Psychologist, 2000, 55 (1): 68 -78.

[115] Ryff C D. Happiness is everything, or is it? Explorations on the meaning of psychological well - being [J]. Journal of Personality & Social Psychology, 1989, 57 (6): 1069 -1081.

[116] Ryff C D, Keyes C L M. The structure of psychological well - being revisited [J]. Journal of Personality and Social Psychology, 1995, 69 (4): 719 -727.

[117] Ryff C D, Singer B. The contours of positive human health [J]. Psychological Inquiry, 1998, 9 (1): 1 -28.

[118] Samdahl, D. A symbolic interactionist model of leisure: Theory and empirical support [J]. Leisure Sciences, 1988, 10 (1): 27 -39.

[119] Samdahl, D. M. and Kleiber, D. A. Self - awareness and leisure

experience. Leisure Sciences, 1989 (1): 1 -10.

[120] Samuel, N. Some leisure of their own: One of the key towards women's autonomy. Paper presented at the International Conference on Women and Leisure: Toward a New Understanding, Athens, GA, 1995.

[121] Sammons, G., Moreo, P., Benson, L. F. and Demicco, F., "Analysis of female business travelers' selection of lodging accommodations" [J]. Journal of Travel & Tourism Marketing, 1999, 8 (1): 65 -83.

[122] SHAW S M. leisure in the contemporary family: the effect of female employment of the leisure of canadian wives and husbands [J]. Int Rev Mod oc, 1988, 18 (1): 1 -15.

[123] Symons C S, Johnson B T. The self - reference effect in memory: a meta - analysis [J]. Psychological Bulletin, 1997, 121 (3): 371 -94.

[124] Son, J. S., Kerstetter, D. L., Yarnal, C. M., & Baker, B. L. Promoting older women's health and well - being through social leisure environments: What we have learned from the Red Hat Society [J]. Journal of Women and Aging, 2007, 19 (3/4): 89 - 104.

[125] Small, J. Women's holidays: disruption of the motherhood myth [J]. Tourism Review International, 2005, 9 (2): 139 - 154.

[126] Swain, M. B. Gender in tourism [J]. Annals of Tourism Research, 1995, 22 (2): 247 -266.

[127] Smith, W. W., Carmichael, B. A. Domestic business travel in Canada with a focus on the female market [J]. J. Travel Tour. Mark, 2007, 21 (1): 65 -76.

[128] Stone, G. J., Nichol, S. Older, single female holidaymakers in the United Kingdom - Who needs them? [J]. J. Vacat. Mark, 1999, 5 (1): 7 - 17.

[129] Talbot, M. Women and leisure: A review for the Sports Council/ Sport and Social Research Council. Joint Panel on Recreation and Leisure Research. London, UK: Sport and Social Research Council, 1979.

[130] Tang X, Duan W, Wang Z, et al. Psychometric Evaluation of the Simplified Chinese Version of Flourishing Scale [J]. Research on Social Work Practice, 2014, 26 (5): 591 -599.

[131] Triandis H C. Some Universals of Social Behavior [J]. Personality & Social Psychology Bulletin, 1978, 4 (1): 1 -16.

[132] Trauera B, Ryan C. Destination image, romance and place experience: An application of intimacy theory in tourism [J]. Tourism Management, 2005, 26 (4): 481 -491.

[133] Urry, J. The tourist gaze: Leisure and travel in contemporary societies. London: Sage Publications, 1990.

[134] Veblen, T. The theory of the leisure class. New York, NY: VikingPress, 1899.

[135] Wang N. Rethinking Authenticity in Tourism Experience [J]. Annals of Tourism Research, 1999, 26 (2): 349 -370.

[136] Wartenberg, T. Forms of power: From domination to transformation [M]. Philadelphia: Tem - ple University Press, 1991.

[137] Waterman A S. Two conceptions of happiness: contrasts of personal expressiveness (eudaimonia) and hedonic enjoyment [J]. Journal of Personality and Social Psychology, 1993, 64 (4): 678 -691.

[138] Waterman A S, Schwartz S J, Zamboanga B L, et al. The Questionnaire for Eudaimonic Well - Being: Psychometric properties, demographic comparisons, and evidence of validity [J]. Journal of Positive Psychology, 2010, 5 (1): 41 -61.

[139] Waterman A S, Schwartz S J, Conti R. The Implications of Two Conceptions of Happiness (Hedonic Enjoyment and Eudaimonia) for the Understanding of Intrinsic Motivation [J]. Journal of Happiness Studies, 2008, 9 (1): 41 -79.

[140] Wankel, L. M. Health and leisure: Inextricably linked [J]. Jour-

nal of Physical Education, Recreation & Dance, 1994, 65 (4): 28 -31.

[141] Wilson, E., & Little, D. E. A "relative escape"? the impact of constraints on women who travel solo [J]. Tourism Review International, 2005, 9 (2): 155 -175.

[142] Wilson, E., & Little, D. E. The solo female travel experience: exploring the geography of women's fear [J]. Current Issues in Tourism, 2008, 11 (2): 167 -186.

[143] Wearing, B., & Wearing, S. Refocusing the tourist experience: the flaneur and the choraster [J]. Leisure Studies, 1996, 15 (4): 229 -243.

[144] Wilkeming, D., 2007. Poll finds new trends in girls getaways, Retrieved www. travelmole. com (9 September 2014).

[145] Yang, C. L., Khoo - Lattimore, C., Lai, M. Y. Eat to live or live to eat? Mapping food and eating perception of Malaysian Chinese [J]. J. Hosp. Mark. Manage., 2014: 1 -22.

[146] Yarnal, C. M. Te Red Hat Society ®: Exploring the role of play, liminality, and communi - tas in older women's lives [J]. Journal of Women & Aging, 2006, 18 (3): 51 -73.

[147] Yoo J J, Arnold T J, Frankwick G L. Effects of positive customer - to - customer service interaction [J]. Journal of Business Research, 2012, 65 (9): 1313 -1320.

附录

附录A 女性旅游者参与闺蜜游访谈大纲

在参考相关文献资料的基础上，结合多位旅游领域的专家意见，根据本书的研究目的，为女性旅游者参与闺蜜游访谈准备半结构式的访谈大纲，确保访谈具有针对性和开放性。

一、访谈对象及此次旅游的基本情况

访谈对象编号		姓名	
年龄		职业	
职业		婚姻家庭状况	

二、访谈主要问题

1. 你有几个闺蜜？是否经常联系及沟通？你是如何看待和理解“闺蜜”的？

2. 是什么原因促使你选择和闺蜜一起出游（或者你选择和闺蜜一起出游的主要原因是什么）？多久和闺蜜出游一次？

3. 你和闺蜜旅游采取何种方式？是跟团还是自由行？

4. 请描述你最难忘的一次闺蜜游的经历。你认为闺蜜游和其他形式的休闲游有什么区别？请详细描述和闺蜜一起出游的感受。你觉得跟关系亲密的女性朋友一起出游更愉快还是跟关系一般的女性朋友一起出游更轻松愉快？或是二者无区别？

5. 由谁制订方案或选择目的地、出游方式等事宜？跟闺蜜出游的过程中有哪些经历是你觉得很愉快的/很不愉快的？是什么原因导致的愉快/不

愉快？能给你带来快乐的是旅游这件事情还是在这个过程中跟朋友之间的互动让你有幸福感？你和闺蜜（或女性游伴）之间是如何相处的？你对整个行程中发生在你们之间的印象最深刻的事情或者最有意义的事情是什么？一起出游是否改变了你和闺蜜之间的关系？有哪些改变？

6. 这次和闺蜜出游你感到满意吗？达到了你的目的或预期了吗？通过与闺蜜出游你觉得你的生活或者你自身有变化吗？如果有，是怎样的变化？如果没有，为什么？在跟朋友一起出游的过程中有没有对自己产生更多的认识，有哪些收获？在这个过程中有没有向内寻找自我？

附录 B　闺蜜游中的女性性别角色回归量表专家问卷

尊敬的专家您好！我们在进行一项关于闺蜜游中女性呈现出的性别角色回归现象的研究，鉴于您在这方面的成就和造诣，我们恳请您填写一份专家问卷。本问卷仅用于统计，不涉及个人隐私。谢谢您的宝贵时间和意见。

1. 闺蜜游（girlfriend Getaway）指女性没有带自己的配偶或是另一半出游，而选择了与其他女性朋友或亲戚一起出游的现象。

2. 闺蜜游中的女性性别角色回归（gender Dynamics）指女性与闺蜜结伴出游的过程中由于男性的“缺席”，女性旅游者间互动的方式会呈现出明显的性别特质，并且较少受到男性“权力”的影响。如更擅长多人互动、更愿意分享，沟通中更注重情感和情绪的表达与交流，更容易与同伴产生共鸣等。性别角色回归这一构念下属共六个维度：女性专属时间、没有性别压力、没有性别权力差异、没有男性主宰者、做回少女、自由感。

3. 女性专属时间（woman - to - woman time）：闺蜜游为女性创造了远离有亲密关系的异性，与同性朋友相处的时间，该维度意在测量这个时间内女性在心理和行为上会呈现出一种什么样的特殊状态。

4. 没有性别压力（no sexual tension）：女性在参与闺蜜游时，由于没有男性在场，不必承受来自男性的“凝视”，不必担心自己的行为不符合父权文化下的规则，也不必担心自己在男性眼中的“形象”不够好。因此，男性的缺失为女性带来一种没有性别压力的轻松感和自由感。

5. 没有性别权力差异（no gender power difference）：闺蜜游缩小了由性别产生的权力差异。在传统的社会规则下，通常认为男性是强势的一方，应该时时掌握控制权，而女性是被“安排”和被保护的一方。这一准则延续到旅游活动中可能并不会让女性产生舒适感和愉悦感。闺蜜游中，男性的“缺席”带来的是女性可以自由掌控自己的活动，甚至有些女性很享受在团队中做“领导者”的状态。本维度意在测试性别权力差异的缩小能够让女性感受到哪些特殊的“好处”。

6. 自由感（sense of freedom）：女性在参与闺蜜游时感受到的从家庭和社会责任及性别期望中摆脱出来而产生的自由感。这种自由感具体表现为闺蜜游中女性可以只做自己想做的事情，进而进入一种愉悦放松的精神状态中。

以下题项是否吻合各维度的概念？如果您认为某题项（如“本次旅途中没有男性在场我感到更轻松”）能很好地衡量“没有性别压力”这一维度，请勾选“3—非常符合”，能较好测量“没有性别压力”这一维度，请勾选“2—较为符合”；否则，请勾选“1—不符合”。

维度	序号	题项	吻合程度		
			非常符合	较为符合	不符合
女性专属时间 woman - to - woman time	1	闺蜜游中我有了跟女性好友单独相处的时间	3	2	1
	2	本次旅途中我们分享了彼此的快乐和烦恼	3	2	1
	3	本次旅途中，我们进行了情感的互动和交流	3	2	1
	4	本次闺蜜游中，我们深入了解了对方的感受	3	2	1
	5	本次旅途中，我与多名女性好友保持了良好的沟通与互动	3	2	1
	6	本次旅途中我们有很多的聊天和倾听	3	2	1
没有性别压力 no sexual tension	7	本次旅途中没有男性在场我感到更轻松	3	2	1
	8	闺蜜游中我不必因为有男性在场而改变自己的行为习惯	3	2	1
	9	闺蜜游中没有男性在场我能够做完整的自己	3	2	1
	10	本次闺蜜游中，我感受到女性自身的力量	3	2	1
	11	没有男性在场的旅游让我感到很舒服	3	2	1
	12	本次旅途中我跟闺蜜聊了一些有男性在场时我不会聊起的亲密话题	3	2	1

续表

维度	序号	题项	吻合程度		
			非常符合	较为符合	不符合
没有性别压力 no sexual tension	13	本次闺蜜游中，我可以毫不犹豫地说出我想说的话，表达我当下的感受	3	2	1
	14	本次闺蜜游中，没有男性在场时我可以展现出自己的另一面	3	2	1
没有性别权力差异 no gender power difference	15	本次闺蜜游中，我不再是男性的附属品或被照顾的一方	3	2	1
	16	我与女性同伴之间是平等的	3	2	1
	17	本次旅途中，我与女性同伴之间互相照顾，分享食物、衣服及生活用品	3	2	1
	18	我可以尽情地跟女性同伴一起徒步、购物而不必担心受到指责和质疑	3	2	1
	19	跟闺蜜一起出游更自由，因为女性之间有共同的爱好	3	2	1
	20	旅途中相似的女性思维使我们在交流时更容易“读懂”对方	3	2	1
	21	旅途中我只做自己想做的事情不必去取悦任何男性	3	2	1
没有男性主宰者 no male telling what to do	22	跟闺蜜出游意味着我不必收敛和压抑自己去迎合男性同伴的想法	3	2	1
	23	闺蜜游中我可以尽情展现自己的决策力、判断力和领导力，不必担心被男性指责“太强势”	3	2	1
	24	本次旅途中我可以保持自身的独立性	3	2	1
	25	和闺蜜一起出游让我变得更勇敢	3	2	1
	26	参与闺蜜游让我意识到我可以不依赖男性	3	2	1
	27	我可以自由制订计划，不必再围绕男性同伴/伴侣制订旅行计划	3	2	1
做回少女 being girl	28	和闺蜜一起出游让我觉得自己变年轻了	3	2	1
	29	旅途中和闺蜜一起挑战极限、体验新鲜事物能让我们保持年轻	3	2	1
	30	和闺蜜一起出游让我觉得仿佛回到了学生时代	3	2	1

续表

维度	序号	题项	吻合程度		
			非常符合	较为符合	不符合
自由感 sense of freedom	31	参与闺蜜游可以让我暂时离开男朋友/配偶摆脱家务琐事和照顾孩子的职责	3	2	1
	32	跟闺蜜们在一起，我可以没有负罪感地善待自己	3	2	1
	33	旅途中我可以尽情放纵自己（跟闺蜜一起喝酒、熬夜、尝试新鲜事物等）	3	2	1
	34	我可以随心所欲地做我真正想做的事情，不必担心男朋友/配偶的感受	3	2	1
	35	闺蜜游中我可以和同伴一起尽情探索新奇的事物以及寻求冒险①	3	2	1
	36	本次旅途中我们可以自由地谈论一些关于女性的话题和问题	3	2	1
	37	闺蜜游中我跟同伴可以进入一个绝对自由的精神空间	3	2	1
	38	闺蜜游中我可以做我真正想做的事情而不是应该做的事情和别人期望你做的事情	3	2	1

请您对上述量表提出改进建议：

需要增加的题项：____________________

相互冲突的题项（序号）：____________________

重复的题项：____________________

表述有问题的题项（序号）及修改建议：

专家姓名：__________ 单位：____________________

① 过往的研究显示女性对冒险的理解非常宽泛，比如去一个从未去过的地方或是尝试一些新奇的事物，甚至可能是去不同的地方吃饭，走不同的路。

附录 C　预调研问卷一

女性参与闺蜜游对其心理幸福感的影响预调研问卷

尊敬的女士，您好，本调查问卷是针对有闺蜜游经历的女性群体设计的。闺蜜游指女性没有带自己的配偶或是另一半出游，而选择了与其女性好友一起出游的现象。我们诚邀您基于自己参与闺蜜游的体验填写此问卷，问卷填写需占用您 5—8 分钟时间。本问卷仅用于学术研究，不涉及个人隐私。谢谢您的宝贵时间和意见。

请您回忆最近一次闺蜜游的经历，根据您的真实感受和看法回答以下问题：

第一部分：

请对照您在旅行中与闺蜜互动的情况，判断以下行为发生的频率（数值越高表示此行为发生的频率越高，请根据实际情况选择对应的数字）。

序号	题项	经常发生	较多发生	一般发生	较少发生	几乎不发生	从不发生
1	遇到事情征求闺蜜意见，协商后做决定	6	5	4	3	2	1
2	本次旅途中我们分享了彼此的快乐或烦恼	6	5	4	3	2	1
3	旅途中，我与闺蜜之间互相帮助，互相照顾，分享食物、衣服及生活用品	6	5	4	3	2	1
4	和闺蜜待在一起或共同参加活动项目	6	5	4	3	2	1
5	留下共同回忆，如拍照合影	6	5	4	3	2	1
6	旅途中，我与闺蜜举行了“卧谈会”	6	5	4	3	2	1

请根据您在旅行中的实际感受，判断以下情景是否与您的真实状态相符，选项从 1 到 6 依次表示从“非常不符合”到“非常符合”（分值越高与您的实际情况越一致）。

序号	题项	非常符合	比较符合	有点符合	有点不符合	比较不符合	非常不符合
7	当我发表看法和观点时，会得到闺蜜的认同	6	5	4	3	2	1
8	我与闺蜜具有共同的认知，能谈在一起	6	5	4	3	2	1
9	有些闺蜜的谈话内容能引起我的共鸣	6	5	4	3	2	1
10	当我倾诉问题或挫折时，其他闺蜜会安慰鼓励我	6	5	4	3	2	1
11	互动交流给了我增进友谊的机会	6	5	4	3	2	1

第二部分：

请从你自己的角度考虑，根据与同你一起出游的闺蜜亲身交往的经验回答以下问题（选项从 1 到 6 依次表示从“非常不同意”到“非常同意”）。

序号	题项	非常同意	比较同意	有点同意	有点不同意	不同意	非常不同意
1	你愿意与她有福同享、有难同当	6	5	4	3	2	1
2	你愿意与她分享自己心中的秘密	6	5	4	3	2	1
3	你对她的个性、兴趣及生活习惯非常了解	6	5	4	3	2	1
4	当生活中遇到不如意的时候，你会向她寻求安慰和支持	6	5	4	3	2	1
5	你们的关系非常好	6	5	4	3	2	1

请从你同游闺蜜的角度考虑，根据你们亲身交往的经验回答以下问题（选项从 1 到 6 依次表示从“非常不同意”到“非常同意”）。

序号	题项	非常同意	比较同意	有点同意	有点不同意	不同意	非常不同意
1	她愿意与你有福同享、有难同当	6	5	4	3	2	1
2	她愿意与你分享自己心中的秘密	6	5	4	3	2	1
3	她对你的个性、兴趣及生活习惯非常了解	6	5	4	3	2	1
4	当生活中遇到不如意的时候，她会向你寻求安慰和支持	6	5	4	3	2	1
5	她觉得你们的关系非常好	6	5	4	3	2	1

第三部分：

下列题项反映了您参与闺蜜游后的状态，请问您在多大程度上认可以下说法（数值越高，表示您越认同此说法，请根据实际情况选择相应的数字，1 到 6 依次表示从“非常不同意”到“非常同意”）。

序号	题项	非常同意	比较同意	有点同意	有点不同意	不同意	非常不同意
1	我认为当好友向我诉说他们的烦恼时，做一个好的聆听者是最重要的	6	5	4	3	2	1
2	我很高兴看到自己的思想有所改变并日趋成熟	6	5	4	3	2	1
3	我觉得自己满意比获得他人的赞同更重要	6	5	4	3	2	1
4	对我来说，生活是一个不断学习、变化和成长的过程	6	5	4	3	2	1
5	我只按自己认为重要的标准来衡量自己	6	5	4	3	2	1
6	若有机会，我愿意在很多方面改变自己	6	5	4	3	2	1
7	总的来说，我对自己是肯定的，并对自己充满信心	6	5	4	3	2	1
8	我不是那种会因为社会压力而改变自己思想或行为的人	6	5	4	3	2	1
9	我和我的朋友都认为我们之间是可以相互信任的	6	5	4	3	2	1
10	我早就不想对自己的生活作出重大的改善或改变了	6	5	4	3	2	1

续表

序号	题项	非常同意	比较同意	有点同意	有点不同意	不同意	非常不同意
11	每个人都有他的弱点，但是我的弱点似乎比别人多	6	5	4	3	2	1
12	我喜欢为将来订下计划并努力去实践	6	5	4	3	2	1
13	每当我想到我过去所做的事情和将来希望做的事情时，我都感觉很好	6	5	4	3	2	1
14	我觉得从友谊中获益匪浅	6	5	4	3	2	1
15	我很在乎别人如何评价我在生活中所作出的各种选择	6	5	4	3	2	1
16	虽然过去的日子有好有坏，但总的来说，我并不想改变它	6	5	4	3	2	1
17	有些人的生活没有目标，但我不是这样的人	6	5	4	3	2	1
18	我认为，获得新经验是十分重要的，这些经验可以挑战我们对自己和对世界的既定看法	6	5	4	3	2	1

第四部分：

1. 您与闺蜜出游是：

□参加旅行团 □自由行 □自驾游 □定制游 □其他

2. 您参与闺蜜游的目的是（可多选）：

□放松 □观光 □与闺蜜聚在一起 □探险 □购物 □增长见闻 □其他

3. 您的年龄：

□18 岁以下 □19—25 岁 □26—35 岁 □36—45 岁 □46—55 岁 □55 岁以上

4. 您目前：

□未婚单身 □未婚有男朋友 □已婚无子女 □最小的子女未成年 □最小子女 18 岁以上 □其他

5. 您的学历：

□初中及以下 □高中或中专 □大专 □本科 □硕士及以上

6. 您参与闺蜜游的次数：

□1 次 □2 次 □3 次 □4 次及以上

7. 您的职业：

□全职主妇 □政府及事业单位职工 □教师 □医生 □自由职业者

□企业员工/管理者

问卷结束，再次感谢您的帮助！

附录D　预调研问卷二

女性参与闺蜜游对其心理幸福感的影响预调研问卷

尊敬的女士，您好，本调查问卷是针对有闺蜜游经历的女性群体设计的。闺蜜游指女性与其同性好友而非配偶或是男友一起外出旅游的现象。我们诚邀您基于自己参与闺蜜游的体验填写此问卷，问卷填写需占用您5—8分钟时间。本问卷仅用于学术研究，不涉及个人隐私。谢谢您的宝贵时间和意见。

请您回忆最近一次闺蜜游的经历，根据您的真实感受和看法回答以下问题：

第一部分：

请根据您在旅行中的实际感受，判断以下情景是否与您的真实状态相符，选项从1到6依次表示从“非常不同意”到“非常同意”（分值越高与您的实际情况越一致）。

序号	题项	非常同意	比较同意	有点同意	有点不同意	比较不同意	非常不同意
1	跟闺蜜一起旅游时更加无拘无束、自由自在	6	5	4	3	2	1
2	通过跟闺蜜一起旅游，我更加清楚我要的是什么样的生活	6	5	4	3	2	1
3	旅途中我不必花时间在对我不重要的事情上	6	5	4	3	2	1
4	旅途中我可以释放平时被压抑的自己	6	5	4	3	2	1
5	和闺蜜一起旅游时的我更接近真的我	6	5	4	3	2	1

续表

序号	题项	非常同意	比较同意	有点同意	有点不同意	比较不同意	非常不同意
6	旅途中我发现了我以前没有意识到的优点或能力	6	5	4	3	2	1
7	旅途中我更能独立地面对问题	6	5	4	3	2	1
8	旅途中我能够更好地感知自己	6	5	4	3	2	1
9	旅途中我更加清楚我内心的真实感受	6	5	4	3	2	1
10	跟闺蜜一起旅游时，我更加了解自己的内心需要	6	5	4	3	2	1
11	旅途中我对自己有了新的了解或认识	6	5	4	3	2	1
12	我有时候陶醉其中，忘记了时间的流逝	6	5	4	3	2	1
13	我很享受这次旅游时自己的状态	6	5	4	3	2	1
14	在闺蜜眼中，我就像一个孩子	6	5	4	3	2	1
15	旅途中我和闺蜜一起纵情欢笑，快乐玩耍	6	5	4	3	2	1
16	我感到心胸变得开阔	6	5	4	3	2	1
17	旅途中我无拘无束地与闺蜜谈论旅途中的见闻和感受	6	5	4	3	2	1
18	旅途中与闺蜜相处时我获得了内心的力量	6	5	4	3	2	1
19	旅途中与闺蜜相处时我很容易感受到自由和快乐	6	5	4	3	2	1
20	我与闺蜜共同度过了美好的时光	6	5	4	3	2	1
21	通过本次出游我与闺蜜之间的关系更加亲密了	6	5	4	3	2	1
22	本次闺蜜游加深了我对闺蜜的了解和认识	6	5	4	3	2	1
23	我感到与闺蜜有心灵上的契合	6	5	4	3	2	1

第二部分：

请根据您在旅行中的真实感受和状态打分，选项从 1 到 6 依次表示从“非常不同意”到“非常同意”（分值越高与您的实际情况越一致）。

序号	题项	非常同意	比较同意	有点同意	有点不同意	比较不同意	非常不同意
1	本次旅途中我有了跟闺蜜单独相处的时间	6	5	4	3	2	1
2	本次旅途中我们花了很多时间聊天	6	5	4	3	2	1

续表

序号	题项	非常同意	比较同意	有点同意	有点不同意	比较不同意	非常不同意
3	本次旅途中没有男性在场我感到更轻松	6	5	4	3	2	1
4	旅途中我不必因为有男性在场而改变自己的行为习惯	6	5	4	3	2	1
5	旅途中没有男性在场我能够做完整的自己	6	5	4	3	2	1
6	本次闺蜜游中，我感受到女性自身的力量	6	5	4	3	2	1
7	旅途中我只做自己想做的事情不必去取悦任何男性	6	5	4	3	2	1
8	没有男性在场的旅游让我感到很舒服	6	5	4	3	2	1
9	本次旅途中我跟闺蜜聊了一些有男性在场时我不会聊起的亲密话题	6	5	4	3	2	1
10	我可以尽情地跟闺蜜一起徒步、购物而不必担心受到指责和阻拦	6	5	4	3	2	1
11	女性之间共同的爱好使我跟闺蜜一起旅游时更开心	6	5	4	3	2	1
12	旅途中相似的女性思维使我们在交流时更容易“读懂”对方	6	5	4	3	2	1
13	旅途中没有男性在场时我可以展现出自己的另一面	6	5	4	3	2	1
14	跟闺蜜出游意味着我不必收敛和压抑自己去迎合男性同伴的想法	6	5	4	3	2	1
15	旅途中我可以尽情展现自己的能力不必担心被男性指责“太强势”	6	5	4	3	2	1
16	参与闺蜜游让我意识到我可以不依赖男性	6	5	4	3	2	1
17	旅游时我不用再围绕男性同伴/伴侣制订旅行计划，这让我感到很轻松	6	5	4	3	2	1
18	和闺蜜一起出游让我觉得自己变年轻了	6	5	4	3	2	1
19	旅途中我们曾频繁谈论一些关于女性的话题和问题	6	5	4	3	2	1
20	旅途中和闺蜜一起挑战极限、体验新鲜事物能让我们保持年轻	6	5	4	3	2	1
21	和闺蜜一起出游让我觉得仿佛回到了学生时代	6	5	4	3	2	1
22	参与闺蜜游可以让我暂时离开男朋友/配偶，摆脱家务琐事或照顾孩子的职责	6	5	4	3	2	1

续表

序号	题项	非常同意	比较同意	有点同意	有点不同意	比较不同意	非常不同意
23	旅途中我可以尽情放纵自己（如跟闺蜜一起喝酒、熬夜、尝试新鲜事物等）	6	5	4	3	2	1
24	我可以随心所欲地做我真正想做的事情，不必担心男朋友/配偶的感受	6	5	4	3	2	1
25	闺蜜游中我可以和同伴一起尽情探索新奇的事物以及寻求冒险（去一个从未去过的地方，去不同的地方吃饭，走不同的路）	6	5	4	3	2	1
26	跟闺蜜们在一起，我可以没有负罪感地善待自己（做 SPA，买平时不舍得买的东西等）	6	5	4	3	2	1
27	闺蜜游中我可以做我真正想做的事情而不是应该做的事情和别人期望你做的事情	6	5	4	3	2	1

第三部分：

1. 您与闺蜜出游是：

□参加旅行团　□自由行　□自驾游　□定制游　□其他

2. 您参与闺蜜游的目的是（可多选）：

□放松　□观光　□与闺蜜聚在一起　□探险　□购物　□增长见闻　□其他

3. 您的年龄：

□18 岁以下　□18—25 岁　□26—30 岁　□31—40 岁　□41—50 岁　□51—60 岁　□60 岁以上

4. 您目前：

□未婚单身　□未婚有男朋友　□已婚无子女　□最小的子女未成年　□最小子女 18 岁以上　□其他

5. 您的学历：

□初中及以下　□高中或中专　□大专　□本科　□硕士及以上

6. 您参与闺蜜游的次数：

□1 次 □2 次 □3 次 □4 次及以上

7. 您的职业：

□全职主妇 □政府及事业单位职工 □教师 □医生 □自由职业者

□企业员工/管理者 □其他

问卷结束，再次感谢您的帮助！

附录 E 女性参与闺蜜游及其心理幸福感的调研问卷

尊敬的女士，您好，本调查问卷是针对有闺蜜游经历的女性群体设计的。闺蜜游指女性没有带自己的配偶或是另一半出游，而选择了与其女性好友或亲属一起出游的现象。我们诚邀您基于自己参与闺蜜游的体验填写此问卷，问卷填写需占用您 5—8 分钟时间。本问卷仅用于学术研究，不涉及个人隐私。谢谢您的宝贵时间和意见。

请您回忆最近一次闺蜜游的经历，根据您的真实感受和看法回答以下问题。

第一部分：

请对照您在旅行中与闺蜜互动的情况，判断以下行为发生的频率（数值越高表示此行为发生的频率越高，请根据实际情况选择对应的数字）。

序号	题项	经常发生	较多发生	一般发生	较少发生	几乎不发生	从不发生
1	遇到事情征求闺蜜意见，协商后做决定	6	5	4	3	2	1
2	本次旅途中我们分享了彼此的快乐或烦恼	6	5	4	3	2	1
3	旅途中，我与闺蜜之间互相帮助，互相照顾，分享食物、衣服及生活用品	6	5	4	3	2	1
4	和闺蜜待在一起或共同参加活动项目	6	5	4	3	2	1
5	留下共同回忆，如拍照合影	6	5	4	3	2	1
6	旅途中，我与闺蜜举行了“卧谈会”	6	5	4	3	2	1

请根据您在旅行中的实际感受，判断以下情景是否与您的真实状态相符，选项从 1 到 6 依次表示从"非常不符合"到"非常符合"（分值越高与您的实际情况越一致）。

序号	题项	非常同意	比较同意	有点同意	有点不同意	比较不同意	非常不同意
7	当我发表看法和观点时，会得到闺蜜的认同	6	5	4	3	2	1
8	我与闺蜜具有共同的认知，能谈在一起	6	5	4	3	2	1
9	有些闺蜜的谈话内容能引起我的共鸣	6	5	4	3	2	1
10	当我倾诉问题或挫折时，其他闺蜜会安慰鼓励我	6	5	4	3	2	1
11	互动交流给了我增进友谊的机会	6	5	4	3	2	1

第二部分：

请从你自己的角度考虑，根据与同你一起出游的闺蜜亲身交往的经验回答以下问题（选项从 1 到 6 依次表示从"非常不同意"到"非常同意"）。

序号	题项	非常同意	比较同意	有点同意	有点不同意	比较不同意	非常不同意
1	你愿意与她有福同享、有难同当	6	5	4	3	2	1
2	你愿意与她分享自己心中的秘密	6	5	4	3	2	1
3	你对她的个性、兴趣及生活习惯非常了解	6	5	4	3	2	1
4	当生活中遇到不如意的时候，你会向她寻求安慰和支持	6	5	4	3	2	1
5	你们的关系非常好	6	5	4	3	2	1

请从你同游闺蜜的角度考虑，根据你们亲身交往的经验回答以下问题（选项从 1 到 6 依次表示从"非常不同意"到"非常同意"）。

序号	题项	非常同意	比较同意	有点同意	有点不同意	不同意	非常不同意
1	她愿意与你有福同享、有难同当	6	5	4	3	2	1
2	她愿意与你分享自己心中的秘密	6	5	4	3	2	1
3	她对你的个性、兴趣及生活习惯非常了解	6	5	4	3	2	1
4	当生活中遇到不如意的时候，她会向你寻求安慰和支持	6	5	4	3	2	1
5	她觉得你们的关系非常好	6	5	4	3	2	1

第三部分：

请您回忆最近一次闺蜜游的经历，根据您的真实感受和看法回答以下问题：请根据您在旅行中的实际感受，判断以下情景是否与您的真实状态相符，选项从 1 到 6 依次表示从“非常不同意”到“非常同意”（分值越高与您的实际情况越一致）。

序号	题项	非常同意	比较同意	有点同意	有点不同意	比较不同意	非常不同意
1	跟闺蜜一起旅游时更加无拘无束、自由自在	6	5	4	3	2	1
2	通过跟闺蜜一起旅游，我更加清楚我要的是什么样的生活	6	5	4	3	2	1
3	旅途中我发现了我以前没有意识到的优点或能力	6	5	4	3	2	1
4	旅途中我更能独立面对问题	6	5	4	3	2	1
5	旅途中我能够更好地感知自己	6	5	4	3	2	1
6	旅途中我更加清楚我内心的真实感受	6	5	4	3	2	1
7	跟闺蜜一起旅游时，我更加了解自己的内心需要	6	5	4	3	2	1
8	在闺蜜眼中，我就像一个孩子	6	5	4	3	2	1
9	旅途中我和闺蜜一起纵情欢笑，快乐玩耍	6	5	4	3	2	1
10	旅途中我无拘无束地与闺蜜谈论旅途中的见闻和感受	6	5	4	3	2	1
11	旅途中与闺蜜相处时我很容易感受到自由和快乐	6	5	4	3	2	1

续表

序号	题项	非常同意	比较同意	有点同意	有点不同意	比较不同意	非常不同意
12	我与闺蜜共同度过了美好的时光	6	5	4	3	2	1
13	本次闺蜜游加深了我对闺蜜的了解和认识	6	5	4	3	2	1
14	通过闺蜜游，我与闺蜜之间的关系更加亲密了	6	5	4	3	2	1
15	我感到与闺蜜有心灵上的契合	6	5	4	3	2	1

第四部分：

请根据您在旅行中的真实感受和状态打分，选项从 1 到 6 依次表示从“非常不同意”到“非常同意”（分值越高与您的实际情况越一致）。

序号	题项	非常同意	比较同意	有点同意	有点不同意	比较不同意	非常不同意
1	本次旅途中我有了跟闺蜜单独相处的时间	6	5	4	3	2	1
2	本次旅途中我们花了很多时间聊天和倾听	6	5	4	3	2	1
3	本次旅途中没有男性在场我感到更轻松	6	5	4	3	2	1
4	旅途中我不必因为有男性在场而改变自己的行为习惯	6	5	4	3	2	1
5	旅途中没有男性在场我能够做完整的自己	6	5	4	3	2	1
6	没有男性在场的旅游让我感到很舒服	6	5	4	3	2	1
7	本次旅途中我跟闺蜜聊了一些有男性在场时我不会聊起的亲密话题	6	5	4	3	2	1
8	我可以尽情地跟闺蜜一起徒步、购物而不必担心受到指责和阻拦	6	5	4	3	2	1
9	旅途中相似的女性思维使我们在交流时更容易“读懂”对方	6	5	4	3	2	1
10	旅途中没有男性在场时我可以展现出自己的另一面	6	5	4	3	2	1
11	跟闺蜜出游意味着我不必收敛和压抑自己去迎合男性同伴的想法	6	5	4	3	2	1

续表

序号	题项	非常同意	比较同意	有点同意	有点不同意	比较不同意	非常不同意
12	参与闺蜜游让我意识到我可以不依赖男性	6	5	4	3	2	1
13	旅游时我不用再围绕男性同伴/伴侣制订旅行计划，这让我感到很轻松	6	5	4	3	2	1
14	参与闺蜜游可以让我暂时离开男朋友/配偶，摆脱家务琐事或照顾孩子的职责	6	5	4	3	2	1
15	旅途中我可以尽情放纵自己（如跟闺蜜一起喝酒、熬夜、尝试新鲜事物等）	6	5	4	3	2	1
16	我可以随心所欲地做我真正想做的事情，不必担心男朋友/配偶的感受	6	5	4	3	2	1
17	闺蜜游中我可以和同伴一起尽情探索新奇的事物以及寻求冒险（去一个从未去过的地方，去不同的地方吃饭，走不同的路）	6	5	4	3	2	1
18	跟闺蜜们在一起，我可以没有负罪感地善待自己（做SPA，买平时不舍得买的东西等）	6	5	4	3	2	1
19	闺蜜游中我可以做我真正想做的事情而不是应该做的事情和别人期望你做的事情	6	5	4	3	2	1

第五部分：

下列题项反映了您参与闺蜜游后的状态，请问您在多大程度上认可以下说法（数值越高，表示您越认同此说法，请根据实际情况选择相应的数字，1到6依次表示从“非常不同意”到“非常同意”）。

序号	题项	非常同意	比较同意	有点同意	有点不同意	比较不同意	非常不同意
1	我认为当好友向我诉说他们的烦恼时，做一个好的聆听者是最重要的	6	5	4	3	2	1
2	我很高兴看到自己的思想有所改变并日趋成熟	6	5	4	3	2	1
3	我觉得自己满意比获得他人的赞同更重要	6	5	4	3	2	1

续表

序号	题项	非常同意	比较同意	有点同意	有点不同意	比较不同意	非常不同意
4	对我来说，生活是一个不断学习、变化和成长的过程	6	5	4	3	2	1
5	我只按自己认为重要的标准来衡量自己	6	5	4	3	2	1
6	若有机会，我愿意在很多方面改变自己	6	5	4	3	2	1
7	总的来说，我对自己是肯定的，并对自己充满信心	6	5	4	3	2	1
8	我不是那种会因为社会压力而改变自己思想或行为的人	6	5	4	3	2	1
9	我和我的朋友都认为我们之间是可以相互信任的	6	5	4	3	2	1
10	我早就不想对自己的生活作出重大的改善或改变了	6	5	4	3	2	1
11	每个人都有他的弱点，但是我的弱点似乎比别人多	6	5	4	3	2	1
12	我喜欢为将来订下计划并努力去实践	6	5	4	3	2	1
13	每当我想到我过去所做的事情和将来希望做的事情时，我都感觉很好	6	5	4	3	2	1
14	我觉得从友谊中获益匪浅	6	5	4	3	2	1
15	我很在乎别人如何评价我在生活中所作出的各种选择	6	5	4	3	2	1
16	虽然过去的日子有好有坏，但总的来说，我并不想改变它	6	5	4	3	2	1
17	有些人的生活没有目标，但我不是这样的人	6	5	4	3	2	1
18	我认为，获得新经验是十分重要的，这些经验可以挑战我们对自己和对世界的既定看法	6	5	4	3	2	1

第六部分：

1. 您与闺蜜出游是：

□参加旅行团 □自由行 □定制游 □其他

2. 您参与闺蜜游的次数：

□1 次　□2 次　□3 次　□4 次及以上

3. 您参与闺蜜游的目的是（可多选）：

□放松　□观光　□与闺蜜聚在一起　□购物　□其他

4. 您的年龄：

□18 岁以下　□18—25 岁　□26—30 岁　□31—40 岁　□41—50 岁

□51—60 岁　□60 岁以上

5. 您目前：

□未婚单身　□未婚有男朋友　□已婚无子女　□最小的子女未成年

□最小子女 18 岁以上　□其他

6. 您的学历：

□初中及以下　□高中或中专　□大专　□本科　□硕士及以上

问卷结束，再次感谢您的帮助！